宋會要輯稿效校

劉琳署

百年河大國學舊著新刊編纂出版委員會

主　任　關愛和
副主任　趙國祥　宋純鵬
委　員　(以姓氏筆畫爲序)
　　　　王學春　李振宏　李景文　李經洲
　　　　佟培基　苗書梅　馬小泉　袁喜生
　　　　張雲鵬　張德宗　程民生　劉小敏

百年河大國學舊著新刊

宋會要輯稿攷校

王雲海 著

河南大學出版社

圖書在版編目（CIP）數據

宋會要輯稿考校 / 王雲海著．—開封：河南大學出版社，2008.4（2016.5重印）
（百年河大國學舊著新刊）
ISBN 978-7-81091-753-7

Ⅰ.宋… Ⅱ.王… Ⅲ.①中國—古代史—史料—兩宋時代②會要—中國—兩宋時代③典章制度—中國—兩宋時代④宋會要輯稿—考證 Ⅳ.D691.5

中國版本圖書館CIP數據核字（2008）第026046號

責任編輯	袁喜生	封面題簽	王劉純
封面設計	鳳文傳媒	封底篆刻	劉廣祥

出版發行　河南大學出版社
　　　　　地址：鄭州市鄭東新區商務外環中華大廈2401號
　　　　　郵編：450046
　　　　　電話：0371－86059701（營銷部）
　　　　　網址：www.hupress.com
排　　版　河南第一新華印刷廠
印　　刷　河南新華印刷集團有限公司
版　　次　2008年4月第2版　　　印　次　2016年5月第4次印刷
開　　本　890mm×1240mm　1/32　印　張　14.375
字　　數　335千字　　　　　　　印　數　2501—3500冊
定　　價　36.00圓

（本書如有印裝質量問題，請與河南大學出版社營銷部聯繫調換）

出 版 説 明

　　河南大學是一所有近百年歷史的老校。自建校以來,一向重視國學研究,并形成了一支實力雄厚、傳承有序的研究隊伍,在國學研究領域可謂人才濟濟,成果豐碩。經初步調查梳理,近百年來在河大工作過的有高深國學造詣的學者包括大師級學者有數十人,出版有關著作近百種。爲弘揚我國優秀傳統文化,促進國學研究的進一步繁榮發展,我們從中遴選在學術史上有一定地位、至今仍有研究參考價值的作品分批整理出版,這便是"百年河大國學舊著新刊"的由來。現對本叢書編纂出版的有關問題説明如下:

　　一、建校以來在河南大學(包括其前身河南留學歐美預備學校、中州大學、河南中山大學以及後來的河南師範學院、開封師範學院、河南師範大學)曾經任教或求學的校友,都在叢書作者的入選範圍。

　　二、一生大部分時間服務於河南大學,以及離、退休或終老於河南大學的作者,其所有國學著作均在叢書入選範圍;曾經在河南大學求學或任教,後來離開河南大學的作者,入選作品則以在校時寫作或出版者爲限。

　　三、叢書所收作品,以曾經正式公開出版者爲主。少數確有較高學術價值而由於種種原因未曾正式公開出版過的作品，則據稿本或可靠的印本收入。

四、叢書所收作品都是特定歷史條件下的産物，代表的是當時的學術水平，難免帶有當時的種種局限。這次整理出版，在內容上悉以底本爲準，不依據後來的研究成果進行校訂。

五、叢書統一用繁體字排印。在編校過程中，對原底本中的異體、俗體、簡體字做了規範化處理，錯、漏、衍、倒等技術性差錯做了糾正。根據古籍整理慣例，對傳統典籍中約定俗成的通假字、古字和特殊人名、地名等用字不加改動。

六、由於河南大學在近百年間屢經分合，數易其名，加之抗戰時期輾轉遷播，人員進出頻繁，爲叢書作者作品的遴選增添了不少難度。此外，"舊著新刊"作爲一種特殊的出版形式，有許多問題還在探索之中。因此，叢書第一批的出版，無論書目的選定還是具體的技術性處理，都一定存在不少缺憾。誠望廣大讀者特別是河南大學知情校友和有關專家不吝賜教，以便使以後陸續推出的叢書逐步臻於完善。

"百年河大國學舊著新刊"編纂出版委員會
二〇〇八年三月

序　言

鄧廣銘

《宋會要輯稿》是在19世紀初葉，主持編修《全唐文》的徐松，利用機會，從《永樂大典》中輯録出來的。此書之被輯出，對於宋代史事的研究工作所能作出的貢獻，與編修《四庫全書》時從《永樂大典》中輯録出來的《續資治通鑒長編》，是完全可以相提并論、先後媲美的。

據説，編纂《四庫全書》時之所以不曾把《宋會要》從《永樂大典》中輯録出來，是因爲它的内容過於繁富，唯恐輯録出來之後，編次和整理的工作必還十分費力之故。此説如確，則恰可證明，主修《四庫全書》的那些人員，對於學術、文化遺産的繼承和傳布，對於學術、文化事業的繼承和發展等問題，怎樣地無所用心，怎樣地不肯認真負責；同時還反映出來，徐松當搜集唐人文章時而能注意到《宋會要》這部書，知道它的重要性，并因利乘便而把它輯録出來，其識力之高明，造福於後代學人之深遠，至少是每一個有志於鑽研宋史的人所應深致其敬佩和感戴的。

《續通鑒長編》在輯出後的三十幾年内就有印本行世，而

《宋會要》則在輯出之後不久，在還没有得到加工整理之時，就陷入了顛沛流離的過程當中：有時爲書賈所居奇，有時爲官紳所秘匿，如是者達一百二三十年，迄未得印行機會。直到抗日戰争前夕，才得第一次影印出來，距今僅四十餘年。

我們似乎可以説，《宋會要輯稿》乃是一部先天不足、後天失調的書。説它先天不足，是因爲在明代編修《永樂大典》時，工作非常草率，曾把《宋會要》分别採録於各韵之中，因而既有前後重出的，也有大段脱漏的，也有把别種史書中的文字羼混進來的；而當徐松從《永樂大典》輯録《宋會要》時，《永樂大典》已經散失了兩千多卷，約爲全書的十分之一，其中必然有《宋會要》的一些門類條目。説它後天失調，是因爲在從《永樂大典》中把它匆忙輯録出來之後，徐松原是打算，由他本人或另邀幾名助手，對它進行一次精細的校勘補正的，然而終其生并未得如願；其後繆荃孫、屠寄、劉富曾都曾着手過整理工作，也全都做得不多。據《影印宋會要輯稿緣起》所説，經劉富曾"整理"出來的所謂"清本"，"總類子目，離合無端，雜引他書，不注所本，有竊改蘭臺漆書之嫌"。這樣的整理，正所謂非徒無益而又害之了。

在《宋會要輯稿》影印本行世之後，受到了中外宋史研究者們的熱烈歡迎。然而在這四十多年之内，研究者們大都是要從這部影印本中蒐討這樣那樣的一些資料，却很少人把《宋會要輯稿》本身作爲研究的對象。河南師範大學歷史系的王雲海同志，却獨獨選取了這一課題，不聲不響地，從事於《宋會要輯稿》的考訂、校勘等類工作達二十餘年。在中華書局把當世殘存的《永樂大典》影印出來之後，他便又對《永樂大典》的各册、各卷、各韵遍行披檢，力求把《宋會要輯稿》中的某些種類的毛病,盡最大可能使之減少。盡管現尚殘存的《永樂大典》,與徐松輯録《宋會要》時相較,已只是什一之於千百,然而經王雲海同志反復考索、比勘之後,畢竟取得了突破前人對它所作的校訂成果。舉其大且要者如下:

(1)重新輯出了當年徐松輯録時被漏掉的一些條目;

(2)校改和補充了大量訛誤和脱漏字句;

(3)對於《輯稿》各卷重復出現的長篇或小段文字,大都已從《永樂大典》殘卷中查明其原由所在;

(4)凡屬編修《永樂大典》時闌入《宋會要》中的别種文籍,大都臚舉出來,并説明其闌入緣由;

(5)凡屬在籌劃影印時所造成的錯誤,能查明的也都臚舉出來,并説明其致誤緣由。

經過這樣一番細致的考索和整理,《宋會要輯稿》中原有的重重迷霧,讀者常會在此書中遇到的一些疑難,我想,其中的大部分必已被撥開、被袪除了。

《宋會要輯稿》盡管是一部殘缺不完整的書,然而依然是一部卷帙繁富、門類衆多的書,而影印本於書前所附《目録》却過於簡單,對於使用此書、檢索此書的人來説,實在太不方便。爲解決此項困難,王雲海同志特地編制了《宋會要輯稿篇目索引》,使今後翻檢此書者可省却無限時光,得到極大方便。

由於上述種種,我敢斷言:王雲海同志這本著述的出版,必將使《宋會要輯稿》能較以前發揮更大的作用。

説　　明

宋代官修本朝《會要》，後人稱之爲《宋會要》。趙宋政權，對編修本朝《會要》是異常重視的。在秘書省下設立會要所，與國史實録院并列，均以宰臣提舉，其辦事官員與使用印記也是共同的。不過編修《會要》，并非只是修史，更重要的作用在於提供處理朝政的參考文獻。王應麟在《玉海》中説：

　　自昔帝王之興，必有一代之制，著在方册，作則垂憲。若夫國有大典，朝有大疑，於是稽以爲决，操以爲驗，使損益廢置之序，離合因革之原，不待廣詢博考，一開卷而盡見。此《會要》之書所以不可廢也。①

宋代《會要》的記載，對處理朝政，具有指導作用。《孝宗會要序》説：

　　繼今立政立事，其一以孝宗爲準。②

王珪《乞續修國朝會要劄子》説：

臣伏見《國朝會要》，凡殃廷檢用故事，未嘗不用此書。③

所以宋高宗把《會要》看成"祖宗故事之統轄，不可缺"④。

宋代編修本朝《會要》，除參考《日曆》、《實錄》、《國史》外，更重要的是調集詔令。乾道六年（1170年）十一月六日，秘書省上言稱：

本省編修《國朝會要》，已降指揮，自建炎元年接續修至乾道五年。續準指揮，許逐旋關用建炎以後《日曆》編修。緣其間多經去取，未爲詳備。欲望特降指揮，在內令六部行下所屬，在外令諸路監司行下所管州軍，將建炎元年以後至乾道五年終，應被受詔書及聖旨指揮，內百司限一月，外路州軍限一季，并錄全文，赴省送納，照用編修，所貴大典不致疏略。⑤

各級官府，如不能按照要求抄送，就要受到懲罰。乾道九年（1173）三月十六日，秘書少監陳騤等上言：

奉旨續修太上皇帝《會要》，取索內外官司，自建炎元年以後應申請畫降被受改更聖旨指揮，參照本末，編類成書。其諸處視爲閑慢，或作緣故不行供報。伏望嚴限依應回報，如違，依見行條法施行。⑥

兩項建議都得到批準。因此，編修《會要》有豐富的第一手材料爲依據，能夠全面而系統地將有關政務的政治、經濟、文化資料編集起來。也正因爲《會要》具有檔案匯編的性質,勢必包括大量的國家機密,在兩宋外患長期存在的形勢下,就有一個需要保密的問題。元祐五年(1090年)七月二十五日,禮部上言中提到:

本朝《會要》、《實錄》,不得雕印。違者徒二年,告者賞緡錢十萬。⑦

趙宋政權,雖然對本朝《會要》嚴禁刻印,但由於當時封建官員需要參考,實際上是可以傳抄的。北宋滅亡時,圖籍北運,南宋初年,仍可在臣僚家中搜集到抄本。理宗嘉熙(1237—1240年)以後,禁令放寬,將李心傳所修《十三朝會要》在蜀中刻版,由國子監控制發行。⑧

宋代自天聖八年(1030年)詔修《慶歷國朝會要》,至淳祐二年(1242年)《寧宗會要》第四次進書,凡二百十三年中,共修《會要》十一種,總計三千餘卷。計有:

《慶歷國朝會要》一百五十卷,起建隆元年(960年)至慶歷三年(1043年),章得象監修。

《元豐增修五朝會要》三百卷,起建隆元年至熙寧十年(1077年),王珪奏上。

《政和重修國朝會要》一百十一卷,僅成帝系、后妃、吉禮三類,起建隆元年至徽宗政和(1111—1118年),蔡攸等編修。

《乾道續四朝會要》三百卷,起治平四年(1064年)至靖康二年(1127年),汪大猷等纂修。

《乾道中興會要》二百卷,起建炎元年(1127年)至紹興三十二年(1262年),陳騤等編類。

《淳熙會要》三百六十八卷，起紹興三十二年至淳熙十六年（1189年），趙雄等進上。《宋會要輯稿》中的《乾道會要》，即爲此書的第一次進本。

《嘉泰孝宗會要》二百卷，起紹興三十二年至淳熙十六年，邵文炳請修。

《慶元光宗會要》一百卷，起淳熙十六年至紹熙五年（1194年），京鏜等進奏。

《宋宗會要》一百五十卷，起紹熙五年至嘉定十七年（1224年），史嵩之奏上。

《嘉定國朝會要》五百八十八卷（一作《總類國朝會要》），起建隆元年（960年）至乾道九年（1173年），張從祖類輯。

《十三朝會要》五百八十八卷（一作《國朝會要總類》），起建隆元年至嘉定十七年，李心傳續修。

上述十一種宋代官修本朝《會要》，只有李心傳繼張從祖之後續修的《十三朝會要》，通兩宋十三朝爲一書，并曾刻版蜀中，得以流傳。明正統六年（1411年），楊士奇所編《文淵閣書目》，著録"《宋會要》一部，二百三册，缺"。《宋會要輯稿》中有一些"原本缺"的注文，據此判斷，明初修《永樂大典》所收《宋會要》當是根據這一殘本，原書則於明朝中期散佚。

清嘉慶十四年（1809年），徐松在全唐文館，將《永樂大典》中的《宋會要》，作爲唐文簽注，交寫官抄出。此後，徐氏對稿本進行過排比校勘，但由於篇幅大，問題多，未能完成而去世。同治年間（1862—1874年），徐氏藏書散出，稿本爲繆荃孫購得。光緒十三年（1887年），兩廣總督張之洞在廣州創建廣雅書局，繆氏將稿本交書局，由屠寄負責整理，將職官、禮兩類及帝系、后妃的一部分録成清稿。此後，張之洞改督兩湖，屠寄離開書局,整理中斷。稿本被書局提調王秉恩占有,於1915年售給吴興劉承幹的嘉業堂。此時,廣雅清稿的禮類,已保存甚少了。

嘉業堂先後聘劉富曾、費有容,有十多年的時間,在廣雅書局整理的基礎上,修成清本,其職官一類,就是將廣雅稿本編入的。

1931年,北平圖書館從嘉業堂購得徐輯原稿,并借去清本,由該館編纂葉渭清對照研究。發現原稿已被剪裁并有所丢失。清本"分類隸事,頗多失檢","雜引他書,不注所本";得出的結論是:"如以劉氏新編之清本,與被剪裁之原稿較,吾人寧取原稿而舍清本⑨。"以陳垣爲首的編印委員會,據以決定影印原稿,名之曰《宋會要稿》,以綫裝二百册發行。1957年,中華書局再度影印,以綫裝四頁合并爲一頁,精裝八册,這就是當前通行的《宋會要輯稿》。

從《宋會要輯稿》成書的過程中可以看出,它與原書已有很大不同。首先,《永樂大典》收録《宋會要》,是按照各韵字中的事目分散節取的,原書次第已被打亂;而且徐松輯録時,《永樂大典》已殘缺"幾二千册"⑩。其次,《輯稿》在流傳過程中有所丢失,影印本較《永樂大典》所採篇幅,又殘缺不少。盡管如此,它仍然是八百萬言的巨著,保存了豐富的宋代史料,爲研究宋史最基本的文獻之一。但此書畢竟還只是一部有待進一步整理的殘稿,存在問題是很多的。編寫本書的目的就是想爲今後的整理做一點初步工作,同時也給使用《輯稿》者提供一些方便。

1960年,中華書局從國内外搜集了現存《永樂大典》七百三十卷影印出版,雖然只占全書的百分之三强,却已是現存總數(約八百卷)的百分之九十以上⑪。從而給《宋會要輯稿》的部分校補,提供了條件。本書中的《校補》從中華影印本《永樂大典》標明《宋會要》的一百零七篇中,補《輯稿》全篇或部分殘缺者四十四篇;校《大典》與《輯稿》并存者五十九篇。另有非宋代事《大典》誤標《宋會要》者四篇,僅附存篇目。實際校補一百零三篇。用殘本《永樂大典》能夠校補的篇幅雖然不多,但却是整理工作的起步;同時,直接見到《宋會要》在《永樂大典》中的原始狀况後,也加深了對輯稿的了解。至於整理全書,尚是史學界的一個較爲艱巨的任務。

《宋會要輯稿》中,有些正文和附注,出自南宋晚期、元朝或明初的著作。本書《增入書籍考》,對引用諸書作了考查,從中搞清了附入的書籍二十多種,并從現存《永樂大典》找到根據,證明是修《永樂大典》時附入的。

《宋會要輯稿》整門重出的篇幅甚多,有的如《免役》門,出現三次。《重出成因考》則考查了造成整門重出的原因,除《永樂大典》不同事目中本來重出的篇幅外,尚有羼入的廣雅清稿,從而了解到影印稿本,并非全是徐輯原稿。

《宋會要輯稿》各門的標題不全。有標題者,或夾在史文中間,難以辨識。後人補入的標題,或與《大典》原題不合,或與史文内容不合,問題甚多。影印本篇首目録,僅列册、類、頁碼,全無標題,檢閲十分不便。本書所附《篇目索引》,除補正各門標題外,并注明各門起迄時間、頁碼、《大典》卷數,及見於中華影印本《永樂大典》外。此外,還將已發現的有關重出及應銜接諸門和羼入的廣雅清稿等,分别注明。在起迄時間中,遇有《輯稿》缺年號或年號有錯誤處,則盡可能予以補、改。

《宋會要輯稿》内容豐富,具有很高的史料價值,同時也存在各種各樣的複雜問題。整理這部稿本,早爲史學界所企盼。但限於本人的水平和條件,還有許多應該做而没能做的工作,已做的這一點,也難免存在錯誤,誠懇地希望得到批評和指正。

本書稿本,曾請裴汝誠同志系統校訂,多有匡正,趁此機會,謹表謝忱。

注:

①② 王應麟:《玉海》卷五一。
③ 王珪《華陽集》卷八。
④ 《玉海》卷五一。
⑤ 《宋會要輯稿》職官一八之三五。
⑥ 《宋會要輯稿》職官一八之三五。
⑦ 《宋會要輯稿》刑法二之三八。
⑧ 陳振孫:《直齋書録解題》卷五。
⑨ 《影印宋會要輯稿緣起》。
⑩ 全祖望:《鮚埼亭集》外編卷十七《鈔〈永樂大典〉記》。
⑪ 郭沫若:《影印〈永樂大典〉序》。

目　次

序言 ································· 鄧廣銘（1）

説明 ··（1）

上編　《宋會要輯稿》校補

凡例 ··（3）
一、《輯稿》殘缺部分之補充 ····················（5）
  1. 全篇殘缺，以《大典》全文補入 ·············（5）
    （一）美人 ······························（5）
    （二）牙門 ······························（5）
    （三）馬黄弩椿 ··························（5）
    （四）喪禮① ····························（5）
    （五）喪禮② ····························（6）
    （六）喪禮③ ····························（6）
    （七）喪禮④ ····························（7）
    （八）喪禮⑤ ····························（7）
    （九）惠民倉 ····························（7）
    （十）僧隸 ······························（8）

(十一) 僧衣 …………………………………………… (8)
(十二) 禁私度僧 ………………………………………… (9)
(十三) 樞密院都副承旨① ……………………………… (9)
(十四) 樞密院都副承旨② ……………………………… (9)
(十五) 撫州府·建置沿革 ……………………………… (10)
(十六) 燕享二 …………………………………………… (10)
(十七) 宋太祖九 ………………………………………… (17)
(十八) 宋太祖十一 ……………………………………… (17)
(十九) 太常寺主簿 ……………………………………… (17)
(二十) 大理寺主簿 ……………………………………… (17)
(二一) 司農寺主簿 ……………………………………… (17)
(二二) 國子監主簿 ……………………………………… (17)
(二三) 將作監主簿 ……………………………………… (18)
(二四) 軍器監主簿 ……………………………………… (18)
(二五) 縣主簿 …………………………………………… (18)
(二六) 令茸畫像 ………………………………………… (22)
(二七) 太乙像 …………………………………………… (22)
(二八) 問宗戚大臣疾 …………………………………… (23)
(二九) 郡縣社稷① ……………………………………… (29)

2. 全篇殘缺，但別卷尚存復文之校勘 …………………… (32)
(三十) 城池 …………………………………………… (32)
(三一) 月椿 …………………………………………… (33)
(三二) 常平倉 ………………………………………… (33)
(三三) 廣惠倉 ………………………………………… (46)
(三四) 度僧① ………………………………………… (47)
(三五) 度僧② ………………………………………… (49)

（三六）度僧③ ………………………………（50）
　　（三七）汰僧 ………………………………（51）
　　（三八）光禄寺主簿 …………………………（51）
　　（三九）奉迎聖像 ……………………………（51）
　　（四十）奉安聖像 ……………………………（52）
　3.部分殘缺之校補 ………………………………（53）
　　（四一）僧官 …………………………………（53）
　　（四二）僧籍 …………………………………（54）
　　（四三）宋漕六 ………………………………（55）
　　（四四）公服 …………………………………（58）
　4.附《大典》誤標爲《宋會要》之事目 …………（60）
　　（一）常平倉 …………………………………（60）
　　（二）河陽倉 …………………………………（60）
　　（三）渭橋倉 …………………………………（60）
　　（四）柏崖倉 …………………………………（60）
二、《大典》與《輯稿》并存部分之校勘 …………（61）
　　（一）御史臺二① ……………………………（61）
　　（二）御史臺二② ……………………………（61）
　　（三）御史臺二③ ……………………………（61）
　　（四）御史臺二④ ……………………………（62）
　　（五）御史臺二⑤ ……………………………（62）
　　（六）貴人 ……………………………………（64）
　　（七）才人 ……………………………………（64）
　　（八）美人·事實① …………………………（64）
　　（九）美人·事實② …………………………（64）
　　（十）斗門① …………………………………（65）

· 3 ·

（十一）斗門② ……………………………………… (65)
（十二）斗門③ ……………………………………… (65)
（十三）坤道人門 …………………………………… (65)
（十四）郊祀神位① ………………………………… (65)
（十五）郊祀神位② ………………………………… (65)
（十六）郊祀神位議論① …………………………… (66)
（十七）郊祀神位議論② …………………………… (66)
（十八）郊祀神位議論③ …………………………… (67)
（十九）郊祀神位議論④ …………………………… (67)
（二十）沙州 ………………………………………… (67)
（二一）封椿 ………………………………………… (68)
（二二）挽郎 ………………………………………… (69)
（二三）京諸倉 ……………………………………… (69)
（二四）諸州倉 ……………………………………… (70)
（二五）司農倉 ……………………………………… (75)
（二六）折中倉 ……………………………………… (75)
（二七）南京 ………………………………………… (75)
（二八）北京 ………………………………………… (75)
（二九）南昌府城 …………………………………… (76)
（三十）贛州府城 …………………………………… (76)
（三一）饒州府城 …………………………………… (76)
（三二）僧號 ………………………………………… (76)
（三三）市糴糧草三 ………………………………… (76)
（三四）備御四 ……………………………………… (79)
（三五）急遞鋪① …………………………………… (80)
（三六）急遞鋪② …………………………………… (91)

（三七）御史臺主簿 …………………………（94）
（三八）五運 ………………………………（94）
（三九）親廟·濮安懿王園廟 ……………（96）
（四十）親廟·秀安僖王園廟 ……………（97）
（四一）休沐 ………………………………（98）
（四二）諸局沿革四·裕民局 ……………（98）
（四三）諸局沿革四·編估打套局 ………（99）
（四四）諸局沿革四·軍器局 ……………（99）
（四五）天子服 ……………………………（100）
（四六）皇太子服 …………………………（100）
（四七）后妃服① …………………………（101）
（四八）后妃服② …………………………（101）
（四九）朝服 ………………………………（101）
（五十）祭服① ……………………………（102）
（五一）祭服② ……………………………（103）
（五二）祭服③ ……………………………（104）
（五三）祭服④ ……………………………（104）
（五四）祭服⑤ ……………………………（105）
（五五）祭服⑥ ……………………………（105）
（五六）章服 ………………………………（106）
（五七）郡縣社稷② ………………………（106）
（五八）內職 ………………………………（106）
（五九）牙職 ………………………………（108）

三、《宋會要輯稿》校補（續）………………（110）

下編　《宋會要輯稿》考論

《永樂大典》所收《宋會要》的底本問題 ………………（129）
徐輯《宋會要》原稿的"副本"問題 ………………………（142）
宋朝《總類國朝會要》考 …………………………………（147）
《永樂大典》本《宋會要》增入書籍考 ……………………（175）
《宋會要輯稿》重出篇幅成因考 …………………………（206）
《宋會要輯稿》校勘舉例 …………………………………（225）
《宋會要輯稿·崇儒》校勘紀要 ……………………………（233）

附編　《宋會要輯稿》篇目索引

凡例 …………………………………………………………（251）
索引 …………………………………………………………（253）
　卷首 ………………………………………………………（253）
　（一）帝系類 ………………………………………………（253）
　（二）后妃類 ………………………………………………（259）
　（三）樂類 …………………………………………………（261）
　（四）禮類 …………………………………………………（265）
　（五）輿服類 ………………………………………………（294）
　（六）儀制類 ………………………………………………（299）
　（七）瑞異類 ………………………………………………（305）
　（八）運曆類 ………………………………………………（307）
　（九）崇儒類 ………………………………………………（308）
　（十）職官類 ………………………………………………（311）
　（十一）選舉類 ……………………………………………（358）
　（十二）食貨類 ……………………………………………（369）

（十三）刑法類 …………………………………………（401）

（十四）兵類 ……………………………………………（404）

（十五）方域類 …………………………………………（414）

（十六）蕃夷類 …………………………………………（424）

（十七）道釋類 …………………………………………（427）

再版感言 ……………………………………………………（431）

上　　編
《宋會要輯稿》校補

上 编

《宋會要輯稿》校勘

凡 例

一、校補内容,以中華書局影印殘本《永樂大典》所保存的《宋會要》爲限。

二、校補資料共分下列諸項:

1.《輯稿》殘缺部分之補充。

全篇殘缺,《大典》尚存者,全文補入。

部分殘缺,則以《大典》補其缺漏,校其復文。

附《大典》誤標《宋會要》之事目。

2.《大典》與《輯稿》并存部分之校勘。

三、上列諸項,均以《大典》原標事目爲題,分別依《大典》原序排列先後。其同一事目散見數篇者,乃以①②……相區別。

四、各事目下,皆以小字注明原注書名,如《宋會要》、《續宋會要》,標題《兩朝國史志》文後注《國朝會要》、《續會要》等。其全文補入部分,則將原注書名按《大典》原來體例置於篇首。

各篇原在《大典》之韻、字、卷、頁,亦注於事目之後。其有復文者,并注明見《輯稿》之類、卷、頁及其原在《大典》卷數。無複文者,則注明應補入《輯稿》之類、卷。

五、《輯稿》本卷殘缺，却於別卷存有復文者，則根據具體情況，分別處理。

與《輯稿》別卷部分重出，《大典》另作一篇者，仍加輯補。

與《輯稿》別卷全門大部分重出，僅據《大典》校其異同，補充缺漏。

六、校勘以對校法爲主，本校、他校和理校爲輔。於不同卷之復文，一般不改動原文，只分列其不同字句，或於按語中指出"當作某"、"疑作某"，以供參考。出於同卷，除分列其不同字句外，間或附以按語。通用字、假借字、俗體字、簡體字等一般不出校。

對於《大典》原文中的問題及兩書兼誤者，一般均加注説明，其中重要的問題，則提出根據，作必要的考證。其未能確定者，存疑。

校補中凡屬對勘部分，均納入表格，以清眉目。表下如有按語，則所按爲表中末條校記。補文不入表格。

七、《輯稿》中的昏、殘、缺字，亦據原書加以補正。凡昏字作 昏 、殘字作 殘 。

一、《輯稿》殘缺部分之補充

1. 全篇殘缺，以《大典》全文補入

（一）美人　　沿革《大典》《九真》人字，卷2972，頁7。（補入后妃3·21。）

"《宋會要》皇后之下有美人。"

（二）牙門　　《大典》《九真》門字，卷3525，頁8。（補入輿服3·4。）

"《事物紀原》:《宋會要》曰:古者天子出建大牙，今制錯綵爲神人象，中道前後各一，左右道五門，門二旗。蓋取周制立旌表門及天子五門之制。"

（三）馬黃弩樁　　《大典》《十八陽》裝字，卷6524，頁14。（補入兵26·33。）

"《宋會要》神宗元豐六年六月，上批付劉昌祚，所進器械具悉，今於京師見作軍仗賜卿槍刀弓甲等備，并透蠍尾馬黃弩樁一，以備出入，卿更省閱，具便否以聞。"

（四）喪禮①　　《大典》《十八陽》喪字，卷7378，頁7。《中興禮書》孝宗"安恭皇后"喪禮，附《宋會要》注文。（補入禮34篇尾"憲聖慈

烈皇后"下）

"《宋會要》[乾道三年]七月二日，詔：以岳陽軍節度使、開府儀同三司、充萬壽觀使居廣爲總護使，刑部侍郎史正志爲頓遞事（按：據下文，'事'當爲'使'），禮部尚書周執羔爲按行使，賈竑爲按行副使。故事，園陵當差五使。昭慈聖獻、顯仁皇后欑宮，止差總護、頓遞二使。又園陵按行使故事差内侍，正副二員，顯仁皇后欑宮，差侍從官爲使，内侍副之。故今皆遵用之。"

（五）喪禮②　《大典》《十八陽》喪字，卷7378，頁8。《中興禮書》"安恭皇后"喪禮，附《宋會要》注文。（接前條，補入禮34。）

"《宋會要》[乾道三年七月]九日，中書舍人兼權直學士院洪邁言：竊以國家多事，費用百出，凡所施爲，當節以制。今大行皇后喪事，一切引用顯仁皇太后舊例，略以裁減爲名，總護使官屬至三十九人。夫以十里之間，一日之事，内有都大主管治其目，外有兩浙漕臣供其費。而所置僚屬，雖宰執出使開置軍府，蓋未嘗有此數。且周執羔爲按行使，史正志爲頓遞使，其所差官，比之前例，十去其八。三使一也，或多或寡，於理安在。揆之事理，總護一司，官屬不宜過十人。欲望特賜裁處，仍自今有所陳請，皆從朝廷審處具奏。從之。"

（六）喪禮③　《大典》《十八陽》喪字，卷7378，頁9。《中興禮書》"安恭皇后"喪禮，附《宋會要》注文。（接前條，補入禮34。）

"《宋會要》[乾道三年]七月一日，臣僚上言：臣竊見自大行皇后上僊，陛下首差内使省（疑當作'内侍省'）押班賈竑爲都大主管官，付以一切喪事，可謂簡而得其要矣。然臣竊見差竑之次日，又置承受官一員；其次日，又置主管支費官二員；其次日，又置主管事務官一員。各置司開局，辟置官屬無慮二十

一、《輯稿》殘缺部分之補充

員。各支破請給驛券至於逐料銀絹、日給食錢，下及吏卒差次而支，雖名比舊三分減一，總而會之，已不可勝計。欲乞併省，止從諸司見任官內選差兼領，以免添破請受之費，痛裁吏卒人數，制爲日限，庶免亡益妄費。從之。二日，詔：以主管侍衛步軍司公事郭振爲修奉總管，入內內侍省押班林肇爲都監，睿思殿祗候劉慶祖爲承受。故事，園陵有監修官及鈐轄都副。至昭慈聖獻皇后欑宮，止差修奉總管、都監各一員；顯仁皇后欑宮，又有承受內臣一員，故今遵用之。"

（七）喪禮④　《大典》《十八陽》喪字，卷7378，頁18。《中興禮書》"安恭皇后"喪禮，附《宋會要》注文。（接前條，補入禮34。）

"《宋會要》[乾道三年七月]九日，左右金吾街仗司言：將來大行皇后發引，嚴更儆場，合差押當官一員、職掌二人、兵八十八人，前期教習唱和警場。從之。"

（八）喪禮⑤　《大典》《十八陽》喪字，卷7379，頁7。《中興禮書》"安恭皇后"喪禮，附《宋會要》注文。（接前條，補入禮34。）

"《宋會要》[乾道三年]閏七月八日，梓宮進發，百官常服黑帶，奉辭於城外。是日申時掩欑宮，百官常服赴後殿門進名奉慰，總護使率應在欑宮官進表奉慰。梓宮進發，親王宗室、本宅親屬幷隨從；余行事官侍中已下，幷俟遣奠陪位訖，先赴欑宮。梓宮至欑宮幷掩欑各前一日，合奏告於安穆欑宮，以發引掩欑。同日，乃一就奏告。"

（九）惠民倉　《大典》《十八陽》倉字，卷7513，頁5。（補入食貨53"廣惠倉"前）

"《宋會要》眞（應爲'太'字）宗淳化五年十月，令諸州惠民倉，故（《通考·市糴》作'如'）穀遇糴稍貴，即減價糴與貧民。人不過一斛。

"咸平二年十月，庫部員外郎成肅請於福建路置惠民倉。從之。先是三司言：福建不須置倉，肅以遠俗尤宜存恤，故有是詔。是月敕：先詔諸州惠民倉，如在市斛斗價高，人户闕食，速具聞奏，當差官往彼減價出糶。深慮申奏遲延，自今止委知州通判幕職官吏互監開倉，比市價減錢零紐出糶。"

"咸平二年十月十七日，詔令諸路轉運司，管內有惠民倉處，置（《續資治通鑑長編》卷四十五作'歲'）豐熟則增價以糴，歉則減值而出之。"

（十）僧隸　《大典》《十九庚》僧字，卷8706，頁10（補入道釋1。）

"《宋會要》咸平五年十月詔：天下有竊買祠部牒冒爲僧者，限一月隸軍籍陳首，釋其罪，違者論如律，少壯者隸軍籍。"

（十一）僧衣　《大典》《十九庚》僧字，卷8706，頁12—13。（補入道釋1。）

"《宋會要》乾德三年十二月，滄州僧道圓詣西域還，表獻貝多葉梵經四十二夾。道圓晉天福中往，在塗十二年，住天竺六年，還經于闐與其使偕至。太祖召問所歷山川道里，賜紫衣器幣，館於京寺。

"開寶七年，知鄜州王龜從表上中天竺摩加陀國僧法天、河中府梵學僧法進所譯聖無量壽、尊勝二經，七佛讚。詔法天等赴闕，召見慰勞，賜紫衣。

"雍熙二年詔：應西天僧有精通梵語可助翻演者，悉館於傳法院，自是梵僧至者，悉召見，賜以紫服束帛，華僧自西域還者，亦如之。

"太平興國三年三月，開寶寺僧繼從等自西天囬，獻所得梵夾經等，詔賜繼從等紫衣。自是每獻者，多詔賜方袍焉。《山堂

一、《輯稿》殘缺部分之補充

考索》:太宗崇尚釋教,得西域僧法天及息天災、施護等,取所獻梵夾翻譯焉。息天災等,賜紫袍師號,皆至朝散大夫、光禄鴻臚卿以卒。

"五年,北天竺迦濕彌羅國僧息天災、烏填國僧施護至京。詔賜紫衣。

"天禧二年正月詔:應聖節後求諸州奏到僧道正及五周年者,其西川、廣南,特與師號,餘俟次年無過犯,結罪保明以聞。諸州道正僧正,亦須衆所推許而任之。宮寺綱首,亦有詔補者,舊皆五周年第賜紫衣師號,后詔加爲七年。"

(十二)禁私度僧　《大典》《十九庚》僧字,卷8 706,頁21—22。(補入道釋1。)

"《宋會要》天禧元年十月,河北緣邊安撫使劉承宗言:僧人有從北走來者,自今望令勘會,如不系兩地供輸人,及近里州軍因虜到北界爲僧,過來即令結罪保明,委無虛誑,試經申奏,給與祠部。從之。時邊民有私度爲僧,隱於村院,妄稱自北界走來,求給祠部牒者,故條約之。"

(十三)樞密院都副承旨①　《大典》《二紙》旨字。卷10 116,頁1。《文獻通考》附《續會要》注文。(補入職官6"樞密院承旨司"後)

"《續會要》初,[李]評受命(按正文:'熙寧二年,始以東上閤門使李評爲樞密都承旨,李綬爲之副,不用院吏而用士人,自評始也。'),文潞公爲樞使,以舊制見,不爲禮。評訴於上,命檢故事不獲,乃詔:都承旨、副承旨見樞密使副,并如閤門使禮。"

(十四)樞密院都副承旨②　《大典》《二紙》旨字,卷10 116,頁1。(補入職官6"樞密院承旨司"後)

"《宋會要》五代樞密有承旨,以諸衛將軍充,國朝始有樞密都承旨、副承旨,又別置諸房副承旨也。"

· 9 ·

（十五）撫州府·建置沿革　《大典》《六姥》撫字，卷10 949，頁10。《輿地紀勝》附《宋朝會要》注文。（補入方域 5"諸路節鎮陞降。）

"《宋朝會要》云：僞吳爲昭武軍節度。開寶八年，降爲軍州事。"

（十六）燕享二　《大典》《十八養》享字，卷11 849，頁12—16。（補入禮45"宴享"後）

"《宋會要》太祖建隆元年四月十六日，帝御廣政殿，宴中書門下，端明、翰林、樞密直學士，文武常參官，見任前任節度、觀察、防御、團練使，刺史，諸軍將校，諸道進奉使，外國蕃客，酒九行而罷。八月二十三日，大宴廣政殿。《玉海》：八月庚午，宴近臣於廣德殿，江南吳越朝貢使皆預。九月辛丑，宴近臣於萬春殿。後九日，又宴於廣德殿，皆曲宴也。凡曲宴無常，惟上所命。四年八月十一日，宴廣政殿。乾德三年九月十九日，開寶三年九月十七日、五年九月六日、六年九月十三日、七年九月五日、八年九月一日，并宴大明殿。

"太祖朝，以長春節在二月，故止設秋宴。二年九月，以昭憲皇太后喪罷。三年九月，以修大內，十月十九日大宴廣政殿。四年九月十一日，大宴廣政殿，始奏樂，昭憲皇太后喪制終也。

"乾德元年十一月二十三日，以南郊禮成，大宴廣政殿，謂之飲福宴。三年三月一日，大宴廣德殿，時長春節後，未賜宴，會孟昶降表使至，故緩。《玉海》：四年八月九日辛丑，宴紫雲樓。

"開寶元年七月二十日，河東旋師，大宴大明殿，賜宰臣、樞密使、翰林學士、節度、觀察襲衣金帶。四年五月一日，受劉鋹降，大宴大明殿。鋹及江南、兩浙、泉州、占城、三佛齊進奉使皆預。九月以郊祀近罷。十二月三日，以南郊禮成，大宴大明殿。九年四月六日，西京南郊禮成，大宴廣壽殿，賜親王近臣列校襲衣金帶鞍勒馬器幣有差。《賈氏談錄》：太祖大宴，雨暴作，上不悅。趙普

一、《輯稿》殘缺部分之補充

奏曰：外面百姓正望雨，官家大宴何妨，只得(是)損得多(些少)陳設，濕得多(些少)樂官衣裳(以上改字均見《丁晉公談錄》)。但令雨中作雜劇，更可笑。此時雨難得，百姓快活時，正好飲酒宴樂。大(當是'太'字)祖大喜，宣令雨中作樂，宣勸滿飲，盡飲而罷。

"太宗《玉海》：太平興國進士賜宴。二年正月戊辰，御講武殿試進士，賜呂蒙正以下及第，始分甲次。庚午，試諸科，賜緑袍鞾笏，錫宴開寶寺，爲詩二章賜之。唐時，禮部放榜後，醵飲曲江，號聞喜宴。五代多於佛舍名園。周顯德中，官爲主之。上命中使典領，供帳甚盛。三年九月甲申朔，試進士，加論一首，自是以三題爲準，賜胡旦以下及第，又賜綠袍鞾笏，自此爲定制。乙酉，賜諸科及第，始賜宴於迎春苑。八年三月丙子，賜王世則等及第。四月辛卯朔，始就瓊林苑賜宴。舍法行，改賜於辟雍，宣和復舊。中興士子申免賜，紹興十七年十一月，禮部侍郎周執羔請舉行舊制，賜聞喜宴於禮部貢院。十八年六月三日就宴賜御書儒行篇。

[太平興國]二年十一月九日，帝御大明殿，宴親王及中書門下、翰林學士，文武常參官，節度、觀察、防禦、團練使，刺史，諸軍將校，諸州進奉使，吳越國、契丹、西南蠻、渤泥國使，酒九行而罷。時始許群臣舉樂，會冬至受朝，特設此宴。三年三月二日，大宴大明殿。五年三月七日、六年三月十一日、七年三月十一日、八年三月十日、九年三月二日，雍熙二年三月二十八日、三年三月五日、四年三月四日，端拱元年二月五日，並宴大明殿。淳化元年三月一日、二年三月七日、三年三月十日、五年三月十二日，至道元年三月二十六日、二年二月五日，並宴含光殿。太宗朝，以乾明節在十月，故止設春宴。

"十一月二十三日，以南郊禮成，大宴大明殿。四年二月，以親征太原罷。六年十二月九日，以南郊禮成，大宴大明殿。端拱二年三月詔罷。淳化四年正月二十四日，以南郊禮成，大宴含光殿。

"眞宗咸平二年九月十一日，帝御含光殿，大宴群臣。三年九月十日、四年九月十一日、五年九月二十二日、六年九月十五日，景德三年九月七日，大中祥符元年八月十七日、二年九月六日、五年九月十九日、七年九月十三日，並宴含光殿。八年九月十日，天禧三年九月十四日、四年九月四日，並宴大明殿。

"十一月十一日，以南郊禮成，大宴含光殿。

"[咸平]三年二月十一日，大宴含光殿。四年三月十六日、五年三月六日、六年三月十四日，大中祥符五年三月十七日、六年三月九日、八年三月十九日，並宴含光殿。九年三月七日，天禧二年三月六日、三年三月六日，並宴大明殿。真宗朝，始備設春秋宴。五年十一月十四日，以南郊禮成，大宴含光殿。

"景德元年春，以明德皇太后喪罷。二年二月二十四日，大宴含光殿，以明德皇太后喪，不舉樂。九月十一日、三年二月二十三日，亦如之。十一月十六日，以南郊禮成，大宴含光殿，不舉樂。是後南郊罷宴，唯賜福酒而已。三年七月二十五日，大宴含光殿，始用樂，明德皇太后喪再朞也。四年九月三日，大宴含光殿，以章穆皇后喪，不舉樂。大中祥符元年二月，以賜酺罷。十二月八日，以東封還，大宴含光殿。二年三月，以賜酺罷。三年閏二月二十五日，大宴含光殿。前一日大風，夜漏未盡，微雨，及旦，景色和霽。亭午，有黃赤暈珥雲如葩聚爲五色，鶴數隻飛翔，群臣在席，莫不瞻嘆。九月十三日，以雨罷，文武百官，諸軍將校，并賜酒食，諸司賜與如例。四年三月十三日，車駕駐西京，大宴大明殿。四月十三日，祀汾陰禮成，大宴含光殿，帝作慶成開宴七言詩，羣臣皆和。六年九月十三日，以雨罷。七年八月五日，以奉祀禮成，大宴含光殿。九年八月十七日，詔以愆雨罷。天禧元年二月，以賜酺罷。九月十三日，詔以蝗災罷。二年九月，以賜酺罷。四年三月十八日，大宴會慶殿，內出牡丹花，分賜群臣。帝作紫牡丹花賜花七言詩，命近臣和。

"仁宗天聖二年九月十八日，帝御會慶殿，大宴羣臣。三年九月二十三日、四年九月二十五日、五年九月二十六日、六年九月二十三日、七年九月二十日、八年九月二十九日、九年九月二十一日，並宴會慶殿。景祐三年九月二十四日、四年九月二十三日、五年九月二十二日，寶元二年九月二十三日，康定元年九月二十五日、二年九月二十三日，慶曆二年九月二十九日、三年九月二十三日、四年九月二十一日、五年九月二十四日、六年九月二十二日，皇祐元年九月二十七日、三年九月十八日、四年九月二十五日，至和元年九月十八日、二年九月二十四日，嘉祐二年九月二十九日、二年九月二十六日、五年九月二十八日、六年九月二十四日，並宴集英殿。十一月二十三日，以南郊禮畢，大宴會慶殿。

"三年正月十一日，大宴會慶殿。四年正月九日、五年正月九日、六年正月九日、七年正月九日、八年正月九日、九年正月九日、十年正月九日，並宴會慶殿。明道二年正月十日，景祐三年三月九日、五年三月二十七日，慶曆二年三月三十日、三年三月十七日、六年三月七日，皇祐二年三月十八日、四年三月十九日，至和二年三月二十四日，嘉祐二年三月二十三日、三年三月十八日、四年三月二十一日、五年三月二十六日，並宴集英殿。

"十年九月，以大內火罷。

"明道二年三月二日，以耕籍禮成，大宴集英殿。九月，以章憲明肅皇太后喪罷。景祐元年，以章憲明肅皇太后喪，罷春秋宴。二年九月十三日，始大宴集英殿，以雨，午時罷。四年二月十七日，詔以莊惠皇太后祔廟方畢罷。寶元二年三月，以魏國夫人喪罷。康定元年三月二十三日，以風霾罷。二年二月二十二日，詔以豫王喪罷。慶曆四年三月，以燕王喪罷。五年三月四日,詔以安國夫人在殯罷。七年三月十三日,詔以歲旱罷。九月七日,詔以河北水災罷。八年三月二日,以雨罷。八月二十三日,詔以河北、京東西水災罷。皇祐元年三月六日,詔罷。二年八月十三日,詔以明堂禮近罷。十月十二日,以明堂禮成,大宴集英殿。五年三月十三日,詔以三聖御容進發罷。九月八日,詔以郊社近罷。六年三月十三日,詔以日食罷。至和三年三月二十四日,以帝不豫罷。八月三日,詔以恭謝近罷。嘉祐元年九月十八日,詔恭謝禮成,以十月五日賜飲福宴。後以來詣神御殿恭謝罷。四年八月十五日,詔以祫饗近罷。十月二十六日,以祫饗禮成,大宴集英殿。六年三月十七日,以宰臣富弼毋(疑爲'母')喪罷。七年三月十七日,詔以久旱罷。七月八日,詔以明堂禮近罷。十月十三日,以明堂禮成,大宴集英殿。

"英宗治平二年九月二十二日,以霖雨罷。三年九月二十七日,帝御集英殿,大宴群臣。

"神宗熙寧二年八月四日,以兩朝實錄成,宴近臣於垂拱殿。修纂檢討官預。九月二十四日,上御集英殿,大宴群臣。三年九月十五日、五年九月十三日、六年九月二十六日、七年九月二十二日、八年九月十九日、九月(當爲'年'字)九月二十八日、十年九月十九日,元豐元年九月二十九日、二年九月二十二日、六年九月二十二日,並宴集英殿。閏十一月五日,以皇子生,大宴集英殿。

"二年二月二日,大宴集英殿。五年三月二十二日、六年三月二日、七年三月二十二日、八年三月十三日、十年三月十七日,元豐元年闕、二年三月六日、五年三月六日、六年二月十八日、七年三月十八日,並宴集英殿。四年三月十七日,詔以陝西出師,罷春宴。十月三日,以明堂禮成,大宴集英殿。《玉海》:五年七月二十八日,兩朝國史成,宴垂拱殿。七年三月丁巳,大燕群臣於集英殿。皇子延安郡王,年九歲,立侍於御座之側。左僕射王珪,率百官廷賀。及升殿,上命珪與王相見。久之,王乃退。王未出閤,上特令侍宴,以見群臣。九年二月十三日,詔以南方出師,罷春宴。元豐三年,以慈聖光憲皇后喪,罷春秋宴。四年亦如之。五年九月,以帝不豫,罷秋宴。七年九月十四日,大宴集英殿,以帝服藥,酒五行罷。

"哲宗元祐二年九月十八日,大宴集英殿。五年九月十四日、七年九月十九日,並宴集英殿。三年二月十二日,以雪久陰,罷春宴。八月二十二日,以魏王出殯,罷秋宴。四年三月十六日,以時雨稍愆,罷春宴。十月八日,以明堂禮成,大宴集英殿,飲福酒也。五年三月十八日,以時雨未足,罷春宴。六年二月十二日,以三月集英殿試舉人,罷春宴。秋闕。七年三月十日,大宴集英殿。八年三月二十三日,紹聖四年三月二十五日,元符元年三月二十三日、二年三月二十日,並宴集英殿。

"八年九月,以宣仁聖烈皇后喪,罷秋宴。紹聖元年、二年春秋宴亦如之。三年三月二日,以尚書省火、嗣濮王宗綽喪,罷春宴。九月十三日,以邠國公主未葬,罷秋宴。四年九月,以彗出西方,罷秋宴。元符元年五月十一日,以受寶畢,宴紫宸殿。九月二日,以霖雨,罷秋宴。二年八月二十二日,以皇子生,宴集英殿。

"徽宗政和元年三月十七日,大宴集英殿。七年三月一日、八年三月八日,宣和二年三月十七日、四年三月十日、五年三月六日、七年三月九日,並宴集英殿。余並闕。三年二月二十八日,詔罷春宴。是月九日,崇恩太后崩。

"五年九月八日,宴集英殿。宣和二年八月二十八日、三年八月二十五日、七年八月二十七日,並宴集英殿。余並闕。

· 15 ·

"孝宗乾道元年四月二十六日,宴宰執以下及金國報問使副於紫宸殿。二年正月五日,宴宰執以下及金國賀正旦使副於紫宸殿。自此至九年同。《玉海》:淳熙二年五月辛卯,賜輔臣燕於澄碧。在苑中(按'在苑中'三字,《玉海》原爲注文)。上曰:朕嘗觀《無逸》篇,真後世龜鑒。又語及君臣相遇之難,又汎論用人,不可分別黨與,須當盡公。又曰:朕常日所行,乃執其兩端用其中於民。上曰:今日所謂坐而論道,豈不勝絲竹管弦。葉衡等各起謝。夏啓鈞臺之會,周武在鎬之飲。《易》著需雲之象,《書》紀槀飫之篇。周歌宴鎬,漢樂橫(按《玉海》作'橫')汾。堯樽禹膳,五嶽爲豆,四溟爲杯。肴馴連鑣,酒駕方軒,千鐘電酹,萬燧星繁。湯鼎舜壺,天開蕭幄,日麗繒峰,冠蓋雲集,樽俎星陳,需雲上覆,湛露下滋。置酒乎顏天之臺,張樂乎瞙(《玉海》作'膠')葛之寓。撞千石之鐘,立萬石之虡。族居遞奏,金鈹迭起。鏗槍闛鞈,洞心駭耳。陰陽爲庖,造化爲宰。飡元氣,酌太和,雲油雨霈,恩鴻溶而澤汪濊。葆倅陳階,金鉋在席,戚奏翹舞,籥動邠詩。上膺萬壽,下禔百福。五筵之堂,九凡(《玉海》作'几')之室,大小定位,左右有秩。禽牢餚饋,交錯文質。饗有嘉樂,宴有庭實。登降好賜,犧象畢出。犒勞贈賄,率禮無失。翠鳳棲梧,丹魚在藻,爲俎孔碩,或燔或炙。爲豆孔庶,爲賓爲容。獻酬交錯,禮儀卒度。籩豆有楚,淆核維旅。鐘鼓既設,舉酵逸逸。庭燎晣晣,璧玉華光。皇慈霧洽,聖渥天浮。百末旨酒,酌彼金罍。亦既醉止,於胥樂兮。惠過加籩,恩優置醴。天錫難老,如岳之崇。含和吐氣,蹈德詠仁。外饔百品,酒正六物。臺鼎資庖,天星奉酒。羣后戾止,有來雍雍。豐肴萬俎,旨酒千鐘。禮儀卒度,物有其容。晣晣庭燎,喤喤鼓鐘。禮充樂備,簫韶九成。愷樂飲酒,酣而不盈。賓之初

一、《輯稿》殘缺部分之補充

筵，藹藹濟濟。既朝乃宴，以洽百禮。觀頤養正，降福孔皆。

（十七）宋太祖九　　《大典》《一送》宋字，卷12 306，頁13。
"李燾《續通鑒長編》"附《會要》注文。（補入職官6。）

"《會要》云：時［開寶五年九月庚午］樞密使沈義倫一人。六年義倫作相，以楚昭輔爲副使，亦止一人在院。"

（十八）宋太祖十一　　《大典》《一送》宋字，卷12 308，頁4。
"李燾《續通鑒長編》"開寶九年二月庚戌條附《會要》注文。（補入職官38"節度使雜錄"）

"《會要》云：[曹]彬以平江南故，不罷旄越（按：《長編》開寶九年二月庚戌作'旄鉞'），才九月而罷。"

（十九）太常寺主簿　　《大典》《六暮》簿字，卷14 607，頁3。
（應補入職官22"太常寺"後）

"《宋會要》宋皇祐中，宋祈乞增置一員，勾檢在寺文書及掌出納，遂除胡瑗。後省不置。元豐正名，初除王子奇。建炎三年省。紹興十年復置。"紹興十二年，太常少卿王賞言：本寺主簿劉璨，強記洽聞，文深禮樂。所有討論文字，欲令共同討論。從之。

（二十）大理寺主簿　　《大典》《六暮》簿字，卷14 607，頁10。
（補入職官24"大理寺"後）

"《宋中興會要》宋元豐正名，初除二員，建炎三年省，後廷尉聽獄弊訟，凡目見於簿書。"

（二一）司農寺主簿　　《大典》《六暮》簿字，卷14 607，頁12。
（補入職官26"司農寺"後）

"《宋會要》治平三年，置主簿一員。熙寧中，新法行，詔增一員。後置六員，仍與丞輪出按察逐年保甲。元豐四年，罷三員，建炎罷，紹興復置。"

（二二）國子監主簿　　《大典》《六暮》簿字，卷14 608，頁3。

（補入職官 28 "國子監" 後）

"《宋會要》宋置主簿一人，以京官或選人充。掌文簿，或勾考其出入焉。元豐元年詔省主簿。三年罷書庫官，復置主簿。"

（二三）將作監主簿　　《大典》《六暮》簿字，卷 14 608，頁 6。
（補入職官 30。）

"《宋會要》元豐正官名，置一人，掌宮室、城郭、橋梁、舟車營繕之事。凡出納籍帳，歲受而會之，上於工部。"

（二四）軍器監主簿　　《大典》《六暮》簿字，卷 14 608，頁 15。
（補入職官 16。）

"《宋會要》建炎三年併歸工部，紹興三年復置。"

（二五）縣主簿　　《大典》《六暮》簿字，卷 14 609，頁 3—5。
（補入職官 48 上"縣丞"門後。）

"《宋會要》淳熙五年十二月四日，詔楚州山陽縣復置主簿一員。從守臣翟畋請也。

"十九日詔：南平軍隆化縣主簿員闕，破格差注，日後從轉運司使闕，任滿不許推賞。

"六年十一月三日，臣僚言：百姓輸納苗稅，官置簿籍，以防猾吏之姦。縣置主簿，專掌勾稽。今所在縣道，人户輸納既足，爲簿者多不即對與鈔勾銷，率至再被追呼，重叠監納。乞詔監司郡守，應主簿秩滿之日，在任內所掌簿書，責令勾銷了畢，方許放行，批書仍專委通判稽考核實。從之。

"八年十二月三日，詔臨安府昌化縣置主簿一員。從知臨安府王佐言，昌化縣縣令外，止有武尉一員，請增置縣丞，故命置簿焉。

"十一年五月十六日，詔改鄂州蒲圻縣主簿，置西（疑爲'兩'之誤）尉，以縣丞兼主簿。

· 18 ·

一、《輯稿》殘缺部分之補充

"十二年七月二十五日，詔置岳州華容縣主簿一員。知岳州張溥，以縣無丞簿，乞增改故也。以上孝宗朝。

"紹熙三年七月十一日，新權知房州章騆言：官司遞年旋造版簿，而租簿漫不加省，舊簿不存，其有科敷差役，或民交爭，吏胥因而變易，無從考正。乞行下州縣，根刷舊籍，常存二十年二稅版簿，委逐縣主簿交管封鑰。或有替移，爲交割之數，方許去官。戶部看詳，欲行下諸路轉運司，令拘收十年版簿，封鎖在縣，以備勾稽。所有十年以前者，如皆存在，亦仰拘收。從之。以上光宗朝。

"慶元三年二月二日，詔今後諸縣主簿，并不許差出。以臣僚言：國家之財，取之於總漕，總漕取之於州，州取之於縣。則縣者，財賦之根柢也。總一縣之簿籍，凡稅賦之推收，夏秋之輸納，簿實主之。使爲簿者而怠其事，則稽考之無法，而稅額或至於走失；銷注之不時，而稅賦或至於乾沒。或使之催督綱運、推鞫刑獄，兼攝他職。三考之間，居官者月日無幾，間有材幹之彊敏、知慮之精明者，尤不得一日安於其職。而不知簿職既闕，亦不過委之丞尉而已。丞尉既非己職，則亦視爲不急。姦吏得以走弄，姦民得以請求，而賦稅爲之暗失，此則簿職差出之所由致也。故有是命。

"嘉泰元年十二月十八日，知巴州馮圖南奏：所管化城、曾口兩縣，乃縣令兼簿，而加以入銜，其於民事，大爲不便。且簿書勾稽、民戶銷鈔、招（疑是'推'字）排家業、收支官錢，縣令一身，催科之外，何能一一更能辦此。以此簿書有時而不明，戶鈔有時而不銷，家業有時而不改，收支有時而難考。縣尉又自以非職，不預縣事。此兩邑幾於廢事，賬籍率多不明。訪聞軍興之初，以本州迫近金、洋邊界，偶差武臣縣尉，所以令兼簿職。

其後改差文臣已久，不應尚令縣令兼簿，而尉不警捕，反爲閑局。乞行下吏部，并利路漕司，如遇銓選，仍舊令化城、曾口兩縣尉司兼簿，例與入銜，縣令得專一邑之事。從之。

"開禧元年閏八月七日。臣僚言：州縣之間，視版籍爲不急之務，而銷注之不明。夫以銷注爲先，催科爲後，則其權在官。急於催科，緩於銷注，則其權在吏。權在官，則民受其惠；權在吏，則民受其害者可勝言耶！未（據下文，疑是'朱'字）鈔之不銷注，是爲主簿而不任職也，乞行下州郡覺察，或主簿不即銷注，歲取之不爲虐（疑爲'虐'字），而窮鄉細民，未免有愁恨嘆息之聲。何哉？銷注不時，已納而復催者，不勝追呼之擾。手執赤鈔，而名挂交引者，搥門叫呼，莫能自脱。有力者或能辯訴（疑爲'訴'字），厥費已倍；無力者吞聲飲恨，質鬻重納，求寬目前。乃有至於再至於三而未已者，民力安能不困。臣嘗推求其故，此縣主簿之責也。縣有主簿，專以銷注朱墨爲職。今癃老者不得作尉，故特恩進士，率多注簿，年事既高，苟得寸禄，豈復以職事爲意？而才力雋偉者，又不安職守。或攝職於郡幕，有終三年不曾在任者。官賦版簿，悉付於鄉書之手，弊端百出。乞申嚴法禁，行下監司郡守，不得容令主簿營求攝職，日就縣廳銷注官簿。仍仰監司郡守，不時取索諸縣版簿點閱，視其勤惰，以爲舉刺，仍不許差出，俾各安厥職，盡心銷注，以革重複追納之擾，以銷愁恨嘆息之聲，天下幸甚。從之。

"九月二十九日，權發遣盱眙軍陳師文奏：盱眙縣主簿，從來係是縣尉兼領。昨因邊境調發，一時申明添創，遂蒙省部接續出闕，今已三政。照得本軍天長縣，較之盱眙，頗爲地廣事繁，猶且以尉兼簿。盱眙比之天長，職事絶簡，地分甚狹，并無簿書可以勾稽，委是不須添置主簿。於理只今照本縣從來不差簿職舊例，并照天長、招信兩邑事體，止令縣尉兼領。乞下省部，將盱眙縣主簿窠闕省罷，今後不許使闕，或有已差下人，許令別注一等差遣，庶幾少革冗濫之弊。從之。

"十二月一日，廣西諸司奏：梧州蒼梧一縣户口雖不滿萬，而予決民事，全賴縣官。夏秋二税，既違省限，及至點追，有鈔者常是三分之二，實緣縣事繁冗，無暇銷注。今雖名縣尉兼簿，然尉職在巡警，差出不時，則銷注有闕，勢所必至。使已納之人，被追呼之擾，其弊坐此。乞將蒼梧縣許令長官申聞上司，任滿批書，亦比類縣尉捕盜之法。從之。

"二年正月二十九日，詔減罷盱眙軍沿進（疑爲'邊'字）巡檢一員，更不差人。增置盱眙縣主簿一員，堂差一次，日後却令吏部使闕。從前後守臣之請也。

"三年三月二十八日，權發遣池州韓茂卿奏：管下東流縣，縣境瀕江，最爲僻陋。如沿江商販往來，已有鴈漢監官專主征榷。至於本縣，相去既近，已不可得而再征矣。日得税錢，不過取之於居民服食之間。户口蕭條，艱於趁辦。稽之版籍，一歲所入，僅足以了監官之俸，豈非有名而無實乎？照得本縣無丞，以尉兼簿，緩急之際，乏官差使。乞省罷税官，將其俸給添置主簿一員。所有征税一事，却委縣令自行措辦。從之。

"嘉定五年三月二十八日，臣僚言：臣聞賦役之不均，皆由簿書之不正，簿書之不正，皆由銷注之不職。蓋主簿之官雖卑，而系百里休戚甚大，不可忽也。臣見二廣諸邑，銷丁有錢、割産有錢、銷鈔又有錢，主簿多掩爲己有，視省簿爲職租。往往端坐簿廳，私行銷割，而縣多不預。長官庸懦，則唯唯退聽，然而漫不知之，桀猾則互申取簿，有如聚訟。又有主簿之昏老，爲吏所侮，處己不正，爲吏所持者。其簿書又歸於吏人之私舍，或自花銷而無官司印押者。或與姦民措改,而簿扇不全者。或有當質錢物而全簿去失者。如此則追呼重疊,騷擾百出,賦役何由而均。乞下監司郡守,將諸色省簿,并照條置櫃封鎖於長官廳事之側。主簿日詣長官廳取簿批銷訖,則封鎖於櫃,不得携歸簿廳。上件批銷等錢,并與除罷。其主簿並免差出,專一在縣銷注。如有怠惰不職之人,不親書押,而令吏輩用手記銷注省簿者,并以違制論。從之。

"五月二十三日,臣僚言:賦斂之害,慘於兵戈,追呼之擾,甚於寇盜。今之夏秋租税,循用常制。雖置主簿一員,通差攝官以助縣司勾稽之勞,俾縣尉得專意警捕。從之。

"六年二月三日,四川制置大使司奏:廣安軍先據守臣奏請,以管下新明縣封疆闊遠,繁劇難治,乞分三鄉,增創和溪一縣。已準朝廷從所請施行。所有本縣縣官,系依做渠州分創大竹縣體例,減新明縣丞一員充知縣。移本軍駐泊,兼本縣簿尉。有分縣之利,而無增員之費。大凡縣道有詞訟簿書等件,非縣令一身所能辦集,全藉佐官得人。今來本軍駐泊,多是離軍右選,往往目不識字,不能銷注簿書,又不諳曉民事。乞將上件駐泊員闕廢罷,改左選一員,充和溪縣簿尉。許於本路漕司差注,將駐泊合得之俸,就支作簿尉俸給。庶幾左選通曉銷注簿書等件,誠爲利便。從之。"

(二六)令葺畫像　《大典》《十八漾》像字,卷18 223,頁9。(補入崇儒6。)

"《宋會要》大中祥符元年十二月二十三日,令江州葺唐白居易所居舊第畫像。"

(二七)太乙像　《大典》《十八漾》像字,卷18 224,頁9。(補入禮12。)

"《宋會要》高宗紹興十七年十月十三日，禮部太常寺言：準詔討論太一典故，今所屬踏逐吉地，隨宜修建太一宮，塑十神太一神像。俟宮成，擇日奉安。遇四立日，就本宮行禮。詔依，令兩浙轉運司畫圖，申尚書省取旨。初，司天監楚芝蘭言：按太一有五福、君萁、大游、小游、天一、地一、四神、臣萁、民萁、置符凡十。太一凡行五宮，四十五年一移。自雍熙（脱'元'字）年入黃室巽宮，在吳分蘇州，請（脱'於'字）其地預築宮祀之。"

（二八）問宗戚大臣疾　《大典》《二質》疾字，卷20311，頁17—21。（補入禮47。）

"《宋會要》國朝之制，諸王、公主、宗室、將軍以上，每疾，皆乘興臨問；如小疾在假，或乘興幸其第，有至三四者；其官邸在禁中，多不時而往。惟宰相、使相、駙馬都尉疾，亟幸其第，或賜榮加禮，及非此例者，皆備載之。

"太祖建隆元年五月八日，幸宰臣魏仁浦第視疾。七月十四日，幸宰臣范質第視疾，賜黃金器二百兩、銀器千兩、絹二千匹，八月八日，再臨視，賜錢百萬。

"乾德四年四月二十五日，幸駙馬都尉高懷德第，問燕國長公主疾。

"六年四月一日，建雄軍節度使趙彥徽來朝有疾，帝幸其第臨問，賜錢五百萬。

"開寶二年二月二十一日，幸侍衛親軍馬軍都虞侯、彰國軍節度使張廷翰第視疾。

"十一月三日，鎮寧軍節度使張令鐸來朝被疾，帝幸其第臨問。賜帛五千匹、銀五千兩，又賜其家甚厚。

"十二月十日，幸中書視宰臣趙普疾。三年三月十九日，幸趙普第視疾，賜銀器五千兩、絹五千匹。又賜其妻和氏銀器二千兩、衣着二千匹。先是正月，幸普第視疾，至是再幸焉。

"四年四月六日，幸永興軍節度使吳廷祚第視疾。

"七月三十日，以建武軍節度使何繼筠來朝疽發背，帝幸其第，賜賚甚厚。

"五年十二月十二日，幸皇弟開封尹光美第，以足疾臨視。十三日，再臨視。

"太宗太平興國三年五月二十一日，以殿前指揮使楊信久病瘖忽能言，帝異之，遽幸其第，厚加賜賚。

"四年八月二十七日，幸武功郡王德昭第視疾。

"五年八月二十五日，幸淮海國王錢俶第視疾。賜俶白金萬兩、錢百萬、絹萬匹、黃金千兩，子惟濬、惟治白金各萬兩。

"六年八月一日，彰德軍節度使、滄州總管李漢瓊被病，召還京師。帝親視之，賜白金萬兩。

"十一月八日，樞密使楚昭輔以足疾請告。帝幸其第臨問之。觀所居湫溢，賜白金萬兩，令以市宅。昭輔被病，周歲家居，亦不求解職。會郊祀，罷爲左驍衛上將軍。

"八年四月三十日，幸樞密使石熙載第視疾。

"端拱二年四月二十一日，幸宰相趙普第視疾。

"淳化元年三月二十一日，以西京留守趙普被疾，不任朝謁，帝臨省之。

"十一月十五日，幸涇國公元偁宮視疾。

"十八日，幸許王元僖宮視疾。

"三年六月六日，天雄軍節度使劉延翰被病，表求解官，肩輿還京師。帝臨幸其第撫問之，賜白金萬兩。

"至道二年三月一日，幸晉國公主第視疾。

"咸平元年六月九日，幸駙馬都尉王承衍第視疾。

一、《輯稿》殘缺部分之補充

"十二月五日,幸許國長公主第視疾。二年閏三月四日,再臨視。

"二年閏三月四日,幸左武衛將軍德愿第視疾。

"五月二十四日,幸樞密使曹彬第視疾,賜白金萬兩,手和藥以賜之。

"十二月二十四日,車駕駐天雄軍,幸宣徽北院使周瑩屯所視疾。

"三年正月六日,幸樞密副使宋湜所居視疾。湜扈從駐天雄軍得疾,特尤(疑爲"優"字)恤之,仍令先還京師。賜御衾褥一副。又遣内侍護送,供帳優厚,至澶州而卒。

"三十日,幸太子太保呂端第視疾。端以久疾罷相,居京師,帝思之,故臨問焉。

"十月十七日,幸雍王元份宮視疾。十二月十二日,四年四月二十四日,六年三月十八日,景德元年十二月二十四日,二年正月七日,三月十八日,五月十二日,六月七日,七月二日、七日、二十四日、二十九日、三十日,八月一日,再臨視。

"四年正月八日,幸殿前都指揮使、河西軍節度使范廷召第視疾。

"六年二月十九日,幸北宅右羽林將軍德閏院視疾。

"三月二十五日,幸安定郡公惟吉宮視疾。大中祥符元年九月二十日,二年七月十六日,十二月十五日、二十四日,三年五月一日,再臨視。

"四月十九日,宰臣呂蒙正暴中風眩,帝即時臨問,賜白金五千兩。

"真宗景德元年六月六日,幸魯國長公主第視疾,賜錢百萬、繒采二千匹。又幸北宅視右羽林將軍德欽疾,賜白金三百兩。

"七月四日，幸宰臣李沆第視疾。

"二年正月二十四日，幸山南東道節度使李繼隆第視疾。

"三年二月一日，幸北宅視樂平郡公德恭疾。五月十六日，再臨視。

"九月二十三日，幸寧王元偓宮視疾。大中祥符元年九月十一日，四年四月二十二日，八年三月五日，天禧二年二月二十一日、二十九日，四月二十四日，閏四月十一日、十四日、二十日，五月一日，再臨視。

"十二月二十四日，幸北宅視右羽林將軍德均疾。

"四年五月二十三日，幸舒王元偁宮視疾。九月二十四日，大中祥符元年四月十日，十二月二十四日，三年六月十八日，八月六日，四年四月九日，五年正月十四日，六年四月二十四日，九月一日，十一月二十四日，七年三月十九日、二十六日，再臨視。舊制，每歲三月金明池習水嬉，以備遊豫，帝以元偁疾，特罷臨賞。

"大中祥符元年五月十八日，幸南宮，視右羽林將軍惟能疾。

"二年九月二十四日，幸晉國公主第視疾。十月十七日、十一月十八日，再臨視。

"三年閏二月二十八日，幸韓國長公主第視疾。三月四日、九月六日，再臨視。

"三月十六日，幸駙馬都尉石保吉第視疾。前一日，保吉疾亟，帝將臨視之。會翌日大忌，輔臣言，於禮非便，遂遣內侍以諭保吉，至是始臨省焉。

"六月二十五日，幸翰林侍講學士、禮部尚書邢昺第視疾，賜白金千兩、帛千匹、名藥一奩。又召其子太常博士知東明縣仲寶、國子博士知信陽軍仲恩視疾,并許馳驛赴闕。昺以舊恩,故特用此禮,儒者榮之。

"九月二十日,幸資聖院視吳國公主疾。

"四年五月十八日,幸北宅,視右羽林將軍德存疾,賜白金五百兩,錢五十萬。

"八月五日,幸南宮,視左千牛衛將軍惟敘疾。

"九年四月二十七日,樞密使、同中書門下平章事陳堯叟,以足疾屢請告,帝臨視之。

"五月十日,幸南宮視資州團練使惟憲疾。

"天禧元年七月二十三日,幸駙馬都尉魏咸信第視疾。

"九月十一日,幸太尉旦第視疾,賜白金五千兩。旦命家人還獻所賜,作奏畢,自益四句云:益懼多藏,況無所用,見謀散施,以息咎殃。亟令昇至,內閣有詔,不許及門,旦已薨云。

"二年四月二十四日,宣徽南院使、知樞密院馬知節以病足,久在假。帝臨視,賜白金五千兩。

"三年七月十三日,幸殿前都指揮使、忠武軍節度使曹璨第視疾。

"仁宗天聖七年正月二十七日,幸參知政事魯宗道第視疾,留賜白金三千兩。

"八年九月十五日,幸樞密副使姜遵第視疾,賜錢帛有差。

"九年八月二十八日,幸馮翊郡公德文第視疾,賜錢百萬、絹五千匹。

"明道二年七月十三日,幸駙馬都尉柴宗慶第,視楚國大長公主疾。

"景祐五年八月三日,幸駙馬都尉李遵勗第視疾。

"慶歷三年十二月八日,荊王元儼疾,帝幸其第,親臨臥內,手自調藥,屏人語久之,所對多忠言,賜白金五千兩,辭不受,再三敦諭,又固辭。曰:臣羸憊不能支,且死,重廢國家不爲少。帝嗟泣,從之。

"六年五月二十二日,東平郡王德文有疾,帝臨視,親以太醫所調藥進之。

"八年六月二十六日,參知政事明鎬疽發背。帝謂鎬忠亮有勞,欲及其未亂,一往見之。既至,惻然曰:方賴卿謀國事而遽有此疾。鎬氣已索,猶能頓首稱謝。

"十月六日,幸彰信軍節度使、同中書門下平章事李用和第視疾。皇祐二年七月十一日,再臨視。

"皇祐三年正月十二日,幸魏國大長公主第視疾。初,主病,日遣內侍挾太醫診視,爲禱禬之法無不至。自皇后、貴妃以下偕至第候門進拜,用家人禮奉藥進主甚恭。車駕臨幸,侍者掖主迎立,帝命主先坐,設御座於西,主固辭,乃移榻東南鄉。因親舐主目,左右皆感泣,帝亦悲慟。復顧問子孫所欲。主曰:豈可利母病而邀賞邪!賚白金三千兩,辭不受。帝因謂從臣曰:太主之疾儻可移於朕,亦不避也。因命寢門垂簾,使從臣問候。又募天下能醫者,授以官秩。賜御書金字大悲千手千眼菩薩,又賜玉石金字太宗謚,皆以祝疾祈福也。

"嘉祐元年五月七日,幸樞密使王貽永第視疾。時貽永以疾求退,手詔存問,遣太醫診視,車駕臨問,頒禁中珍藥,及面取糜粥以食之。貽永自言寵祿過盛,願罷樞密使兼侍中,還第。帝冀其愈,乃聽罷侍中,改彰德軍節度使、同平章事,而樞密使如故。

"神宗熙寧二年四月九日,幸參知政事唐介第視疾。

"閏十一月四日,幸楚國大長公主第視疾。

"哲宗紹聖元年二月十四日,幸徐王第視疾。

一、《輯稿》殘缺部分之補充

"徽宗崇寧五年十一月十一日,幸隸華宅,視陳王疾。

"眞宗景德三年七月十一日,忠武軍節度使高瓊病亟,將幸其第省視。輔臣曰:瓊雖久掌禁兵,備守宿衛,然未嘗臨戎破敵,非威名將也。且車駕臨問,國家異禮,所以待功臣也。施之於瓊,恐無以視甄別。乃止。

"仁宗慶曆四年五月十六日,汝南郡王母、潤王夫子(疑是'人'字)李氏病甚,車駕欲臨省之。詔問禮官,以夏至大祠致齋,不宜問病,乃止。

"神宗熙寧七年十二月十八日,詔頒新式,凡臨幸問疾者,賜銀絹,宰臣及樞密使帶使相者使侍中充樞密使、同平章事二千五百兩司疋,樞密使、使相二千兩疋,知樞密院事、參知政事、樞密副使、同知樞密院事一千五百兩疋,僉書樞密院事、同簽書樞密院事、宣徽使七百五十兩疋,殿前都指揮使一千五百兩疋,駙馬都尉任使相以下者二千五百兩疋、任節度觀察留後以下者一千五百兩疋,并入內侍省取賜。

"高宗皇帝紹興二十五年十月二十一日,車駕幸太師、尚書左僕射、益國公秦檜第問疾。"

(二九)郡縣社稷① 《大典》《二質》稷字,卷20 424,頁6—8。(補入禮21)

"《宋會要》眞宗景德四年四月八日,判太常禮院李維言:按開寶通禮,諸州祭社稷,刺史致齋三日,從祭之官,齋於公館。祭日,刺史爲初獻,上佐爲亞獻,博士爲終獻。令(疑爲'今'字)諸州長吏多不親行,恐非爲民祈福之道也,請今(疑爲'令'字)禮官,申明舊典,頒之天下。詔太常禮院檢討以聞。禮院言,按五禮精義,州縣刺史、縣令初獻,上佐、縣令丞亞獻,州博士、縣簿尉終獻。如有故,以次官攝祭社稷。請詔天下州縣,并用此禮。若長吏職官少處，即許通攝，或別差官。從之。

"十月十一日，詔春秋祭社諸縣合用禮料，三司支系省錢收買供應。

"大中祥符二年正月八日，詔太常禮院定諸州縣祭社稷禮器數以聞。禮院請正配座，樽各二，籩、豆各八，簠、簋各二，俎三；從祀籩、豆各二，簠、簋、俎各一，從之。仍畫其狀，模印分給。

"七月十四日，通判淄州石中孚上言，州縣祭社稷，所用祭器祭服，請頒立制。詔太常禮院詳定以聞。禮院言：按典禮，諸州縣祭社（《長編》卷七十二作'祭社稷'），雖載祭官服祭服三獻，又緣用八籩八豆八禮料（《長編》卷七十二無此三字，下文'與'前有'禮'字），與在京詣（《長編》作'諸'）小祠同。小祠獻官，止以公服行事，請依小祠例。從之。

"十月十日，知白州曾世南請定諸州祭社稷儀。詔太常禮院約開寶通禮定儀注，雕印頒下諸路。

"三年二月十九日，詔開封府諸縣祭社稷禮料，并從官給。

"四年十月十三日，詔曰：訪聞天下州縣，祭社稷壇多不如禮，而踩踐無禁，祭之日始加完飾。宜令太常禮院檢定高下丈尺制度，頒之天下，依禮修築，務令嚴護。

"仁宗天聖七年九月八日，屯田員外郎杜曾上言：諸州祭社稷儀注所載祝文，稷云以后稷棄配。伏以棄者，后稷之名，今於神座之前，名呼以饗，正辭致祝，理所未安。今請除去棄字。詔太常禮院參酌以聞。禮院上言：勾龍，后土之名，棄，后稷之名。對社稷尊神故稱名以配饗，皆是正禮舊禮。又按《春秋左氏傳》曰：共公氏有子曰勾龍為后土，后土為社稷田正也。有烈山氏之子曰柱，為稷，自夏以上祀之。周棄亦為稷，自商以來祀之。且柱與棄，皆嘗為后稷，不稱棄何以別於柱。望且如舊。從之。

"英宗(應是'神宗')元豐七年詔,諸州社稷於壇側建齋廳三楹,以備望祭。

"八年二月十六日詔:州縣社壇用石爲主。先是州縣社稷,不用石主,禮部以謂社稷不屋而壇,當受霜露風雨,以達天地之氣,則用石爲主,取其堅久。今太社以用石主,長五尺,方二尺,剡其上,方其下,埋其半。又按禮制,天子社壇方五丈,諸侯半之。州縣社壇石主尺寸、廣長,謂宜半太社之制。於是下太常寺修入禮祀儀。

"哲宗元祐七年四月十二日,禮部言:請諸州長吏到任,親詣社稷壇壝檢視,及春秋祈報,非有故不得委官。從之。

"七月五日,禮部言:朝廷奉祀郊廟社稷最爲重事。按諸司齋宮壇壝,冕服祭器牲牢,禮部皆以措置外,今具舉令:諸祠壇壝及齋宮,每歲春秋二季,丞、博士分行檢視。應修葺者,報將作監關到,限三日,令人作司(疑是'八作司')檢計工料,仍差官覆視,限五日支差物料人匠。功畢遣官按視,及申太常寺。從之。

"徽宗崇寧('崇'字原誤作'從')二年九月二十二日詔:自京師至於郡縣,春秋祈報,遍於天下者,唯社稷爲然。今守令不深推其故,以是爲不急之祀,壇壝不修,民得畜牧種藝於其間。春秋行事,取具臨時。乃或器用弗備,粢盛弗蠲,齋祓弛懈,祼獻失度,甚不副稱秩祀典之意。其令監司,戒勅郡縣,遵奉詔條,祗肅祀事。巡歷所至,察不如儀者以聞。

"大觀元年七月十七日,議禮局言:國家祈報社稷,上自京師,下逮郡邑,以春秋社日行事。然太社獻官、太祝、奉禮,皆以法服。至於郡邑,則用常服,因習既久,未之建明。望詔有司,降祭服於州郡,凡行事官,各服其服,以盡事神之儀。詔以衣服制度頒之,使州郡自制,弊則聽其改造,庶簡而易成。

"政和元年四月十三日,權發遣提舉江東路常平等事沈延嗣奏:恭維皇帝陛下,昨降詔旨,崇修祭祀社稷之制,令州縣監司同行檢察,仰見上契天心,下恤黎庶,誠爲萬世之休,元元之幸也。伏望聖慈,特詔有司按式作圖,鏤板頒行。仍於壇壝之外,別爲大墻,墻圍之外建一門,常加封鎖,以絕穢迹。被受之日,限一月了當,仍於齋廳立石刊刻,增立法制。守令上之三日,躬詣社稷壇,按圖修治。監司隨分定州縣檢視,歲終具所歷去處申奏。從之。

"六月,知襄州俞桌言:準勑州縣壇壝,多不如法,社稷風師雨師壇,皆畫圖付有司增損。今所畫圖,其飾以青,不隨五方之色。所謂苴以白茅,燾以黄,圖中皆不載,與古義未合,乞賜裁定。議禮局、禮部、太常寺言:諸州社稷壇飾,各隨方色,實合典禮。從之。"

2. 全篇殘缺,但別卷尚存復文之校勘

（三十）城池　《宋會要》《大典》《二支》池字,卷1 056,頁1,乾德三年一條,與卷7 699復。復文見《輯稿》方域1·11。

本篇已見復文,兹校其不同如後:

方域1		輯　稿	大　典
頁	行		
11	版口	卷七千六百九十九	卷"一千五十六"
11	16	"乾德三年四月十三日"	"乾德三年四月"
11	17	"導五夫河水,通皇城爲池"	"導五夫河水,通皇□爲池"

一、《輯稿》殘缺部分之補充

（按《宋史》太祖紀二，作"導五丈河，通皇城爲池"。）

（三一）月樁　《宋會要》《大典》《十八陽》樁字，卷6 524，頁12—13，紹興七年一條，與錢字韵月樁錢條複。復文見《輯稿》食貨64·79。

本篇已見復文，兹校其相異如後：

食貨64		輯　稿	大　典
頁	行		
79	版口	（原缺卷數，補作"六千五百二十三"）	"卷六千五百二十四"

（按《大典》卷6 523并無此篇内容。又據卷6 524紹興七年條下注"詳見錢字"，可知此篇系出自《大典》錢字韵，而卷6 523并無錢字。所補卷數誤。）

| 79 | 6 | "實有窠名者幾何" | "實有窠民者幾何" |
| 79 | 7 | "合認納岳飛軍月樁錢" | "……月樁錢詳見錢字" |

（三二）常平倉　《宋會要》《大典》《十八陽》倉字，卷7 506，頁9—26。與卷17 541複。復文見《輯稿》食貨53·6—19。

兹就兩篇互異及堪供補充内容，逐條依次排列如後：

食貨53		輯　稿	大　典
頁	行		
1—19	版口	"卷一萬七千五百四十一"	"卷七千五百六"
6	7注	"唯沿邊州郡則不置"	"……㨿（疑作'皆'）不置"
6	8	"小州或三二十貫，付司農寺係帳"	"小州或二三千貫，付司農寺係帳"
6	9	"每歲夏加錢收糴"	"每歲秋夏加錢收糴"
6	9	"遇貴減減價出糶"	"遇貴減價出糶"

續表

食貨53		輯　稿	大　典
頁	行		
6	10	"凡收糴北市價量增三五文"	"比市價量增三五文"
6	11	"止委本等專掌"	"止委本寺專掌"
6	12	"御史知雜王濟"	"御史知雜事王濟"
6	13	"開封府浚議縣"	"開封府浚儀縣"
6	14	"從判司農寺王濟等所舉也"	"判司農寺王濟等所舉也"
6	17	"官吏敢今后令提舉官體受行人請求高其價直者"	"官吏敢受行人請求高其價值者"
6	17—18	"許諸人糾告"	"許人糾告"
6	21	"所置七場糶糧米"	"所置七場分糶糧米"
6	背3	"或許人中"	本卷同。疑當作"入中"
7	1	"六月三司農言"	"六月三司言"
7	2	"及諸支遣"	"及諸友遣"

同卷(食貨53)7頁17行"諸路轉運施行"下脱《九朝紀事本末》注文16行，茲據《大典》卷7 506補之如後：

"《九朝紀事本末》景祐元年七月，天下常平倉置已久，領於司農寺，至是月壬子，始詔諸路轉運使與州長吏舉所部官專主常平錢粟。既而淮南轉運副使吳遵路言：本路丁口百五十萬，而常平錢粟才四十余萬，歲饑不足以救恤，願自經畫，增爲二百萬，它無得移用。許之。樞密直學士杜衍，亦嘗建議曰：歲有豐凶，穀有貴賤，計本量委，散滯取贏，宜究其術。若官以法平之，則農人有利，粟有所泄。今豪姓蓄賈，乘時賤收，而拙業之人，旋致罄竭。水旱則稽伏而不出，須其翔踴，以牟厚利，而農民貴糴。九穀散於穰歲，百姓困於凶年。雖勸課官家至日見，亦奚益於事哉！蓋常平倉制度不立，有名而無實。謂量州郡遠近，戶口衆寡，時其饑熟，取賤出貴，嚴以賞罰，課責官吏，出納無壅，增損有宜。公糴未充，則禁爭糴以規利者。糴畢而儲之，則察其以供軍爲名而借假者。夫香象珠璣，久藏府庫，非衣食之急。若州郡闕母錢，願斥賣以賜之，補助其乏。《杜衍傳》常平議在衍爲中丞後，今掇出附見。衍爲中丞，乃明年二月也。康定元年十二月丙戌，詔司農寺以常平錢百萬緡助三司給軍費。自景祐末不許移用常平，數年間有餘積矣，而兵食不足，故降是詔。慶曆二年八月壬申，詔河南府、孟、鄭、滑、陳、許、潁、蔡、鄧、唐、隨等州發常平倉粟以賑貧民。”

7頁18行"減價以市貧民"下，脱《九朝紀事本末》注文10行。據《大典》卷7 506，補之如後：

"《九朝紀事本末》慶曆四年正月，陝西穀價翔貴。丁丑，詔轉運司出常平倉米賤糴貧民。七月，先是范仲淹以災異數見，請行數事，其三曰：今諸道常平倉，司農寺管轄，官小權輕，主張不逮。逐處提點刑獄，多不舉職，盡被州府借出常平倉錢本使用，致不能及時聚糴。每有災沴，及遣使安撫，雖民委溝壑，而倉廩空虛，無所賑發。徒有安撫之名，而無救恤之實。又國家養民之政，本在務農，因民之利而利之，則朝廷不勞心，而民自養。臣請選輔臣一員，兼領司農寺。力主天下常平倉，使以時聚糴，以防災沴。并詔諸路提點刑獄，今後得替上殿，并先進呈本路常平倉斛斗數目，方得別奏公事。移任者，亦須依此發奏後，方得起離。仰司農寺常切糾舉，及委輔臣等速定勸農賞罰條約，頒行天下。"

7	21	"下逐路轉運司"	"下逐路轉運使"
7	25	"川中,國初無常平倉"	"川峽中,國初無常平倉"
7	26	"州縣收糴,多是約攔入場"	"州縣收糴,多爲約攔入場"
7	末	"置場差官,收糴積貯,鋪襯折耗,費用不少"	"廢用不少"

8頁2行"依原糴價出糶"下,脫《九朝紀事》注文2行。據《大典》卷7506,補之如後:

"《九朝紀事》皇祐三年十二月癸巳,詔天下常平倉其依元糴價糶,以濟貧民,毋得收餘利,以希恩賞。"

8	3	"賣到戶絶莊田價錢"	"賣戶絶莊田價錢"
8	4	"四路轉司"	"四路轉運司"
8	4	"并依此"	"并令依此"
8	11—12	"并乞不許賣"	"并乞不計賣"
8	14	"常平倉廣惠倉,移那出納"	"常平、廣惠倉,移那出納"
8	20	"及系省錢斛"	"及系省錢"
8	22—23	"務在憂民"	"務在優民"

8頁25行"并從之"下,脫《宋續通鑒長編》注文3行。據《大典》卷7506,補之如後:

"《宋續通鑒長編》神宗熙寧三年己未,條例司言,天下常平倉穀元價貴者,乞令入中省倉,易錢以充青苗支用。從之。"

8	26—27	"已糴下者,即兑充軍糧"	"已糴下者兑充軍糧"
8	背3	"河北、河東、陜四三路"	"河北、河東、陝西三路"

8頁末行"只留本處"下脫《能改齋漫録》注文4行。據《大典》卷7506,補之如後:

一、《輯稿》殘缺部分之補充

"《能改齋漫錄》神宗熙寧二年,天下常平錢谷,見在一千四百萬貫石。諸路各置提舉常平廣惠倉,相度農田水利差役利害二員,以朝官爲之,管幹一員,以京官爲之,路共置二員(按:《能改齋漫錄》卷13《置天下常平官》'路'前有'小'字),開封府界一員,凡四十一人。"

8	末	"訪聞河北……"	"訪問河北……"
9	3	"會恤貧乏"	"惠恤貧乏"
9	10	"公家無所利於人"	"國家無所利於人"
9	11	"今豫俵青苗價錢"	"今如俵青苗價錢"
9	13	"所以防遇納時價貴"	"所以防遏納時價貴"
9	15—16	"況近今若遇物價極貴……"	"況近令若遇物價極貴……"
9	16	"賒貸之息"	"振貸之息"
9	19	"不免爲貧户代倍"	"不免爲貧户代陪"
9	20	"即別行遣"	"即別作行遣"
9	22	"河内每保……"	"河北每保……"
9	25	"急於功刮"	"急於功利"
9	26	"若有官吏故壞新法"	"若有官吏或設新法"
9	26—27	"抑勒百姓,自當按劾,言者謂……"	"抑勒百姓,首言者謂……"
9	27	"又生此一重"	"又生出一重"
9	28	"逐此承例科斂"	"逐路承例科斂"
9	29	"迺濟其難急"	"迺濟其艱急"
9	背2	"躬行節儉,當節浮費"	"……撙節浮費"
10	1	"朝廷但有徭役加之"	"朝廷但有徭役加之"
10	2	"棄數百里爲汙萊"	"棄數百里爲汙萊"
10	5	"以供暴令"	"以供暴令"

· 37 ·

10	7	"令常平千餘萬緡散在民間……"	"今常平三十萬緡散在民間……"
10	8	"但以舊法廣儲蓄抑兼并"	"但以舊法儲蓄抑兼并"
10	13	"□□案,常平舊法"	"本司案,常平舊法"
10	13	"亦⑥與坊郭之人"	"亦糴與坊郭之人"
10	17	"御史張戩、程顥□等皆言"	"御史張戩、程顥等皆言"（無空格）
10	18	"或謂且召刮利"	"或謂且召□□"
10	18—19	"付置司令申明法意"	"付制置司令申明法意"
10	21	"一十八日詔"	"十八日詔"
10	23	"如願分兩料請者"	"如願分作兩料請者"
11	13—14	"將合挺河東……"	"將合撥河東……"
11	14	"河北提點刑獄王廣兼"	"河北提點刑獄王廣廉"
11	16	"仍許自京召人供抵當賒買,於本路送納見錢"	"仍許自京召入供抵當賒買,於本路送納見錢"
11	18	"詔二司"	"詔三司"

11頁19行"或借支用"下,脱《續通鑑長編》注文1條。據《大典》卷7 506,補如後:

"《續通鑑長編》神宗熙寧七年,司農寺請下廣西安撫司,依涇原等五路,置常平倉。從之。"

11	24—25	"自來未有明降令畫一職守"	"自來未有明降著令畫一職守"
12	4	"乞別立法條"	"乞別立條法"
12	10	"以備賑糶"	"以備賑糶"

續表

12	14	"分夏秋納"	"分秋夏納"
12	17	"詔諸(補一字昏)提舉司"	"詔諸路提舉司"
12	19	"常平錢四萬緡"	"借常平錢四萬緡"
12	20	"……提舉常平倉司,所散濱□滄州饑民食,至五日止"	"……提舉常平倉司,依散□滄州饑民食,至五月上"

（按:《輯稿》食貨57,又食貨68"賑貸"門,俱作"所散濱棣滄州饑民食,至五月止"）

12	22	"歲計軍食二十七萬餘碩"	"……一十七萬餘緡"
12	23	"權法遣司農寺都丞……"	"權發遣司農寺都丞……"
12	24—25	"如向去價稍高"	"如後去價稍高"
12	28	"六月十二日"	"六月十三日"
13	1—2	"連歲稔稔"	"連歲豐稔"
13	2	"昨嘗㆑存留揚州……"	"昨嘗乞存留揚州……"
13	2	"充淮浙常平都倉"	"充浙淮常平都倉"
13	3	"轉運糧斛"	"轉般糧斛"
13	5	"據米平等所奏"	"據朱平等所奏"
13	23—24	"提舉京東路常平等㆑"	"提舉京東常平等事"
13	24	"州縣積欠錢斛對移令佐催督看詳"	"……令佐催督看詳"
13	27	"洺州水災,籵料不足"	"洺州水災,糧料不足"
13	背2	"常平倉息錢"	"常平倉積剩錢"
13	背2	"二百九十二萬緡"	"二百三十二萬緡"
13>14	末>1	"減磨勘年月有差"	"減磨勘年有差"

续表

| 14 | 9—10 | "自今後常平錢穀,令州縣依舊法糶糴" | "自今後常平錢,令州縣……" |
| 14 | 12 | "止將常平斗兑糴" | "止將常平斛斗兑糴" |

14頁14行"從之"下"二年"上,脱《九朝紀事本末》注文44行。據《大典》卷7506,補之如後:

"《九朝紀事本末》哲宗元祐元年八月丁亥,司馬光札子:勘會熙寧之初,執政以舊常平法爲不善,更將糴本作青苗錢,散與人户,令出息二分,置提舉官以督之。豐歲則農夫糶穀,十不得四五之價,凶年則屠牛賣肉,伐桑賣薪,以輸錢於官。錢貨愈重,穀直愈輕。朝廷深知其弊,故罷提舉官,令將累年蓄錢積穀財物(按:《長編》作'蓄積錢穀財物'),盡椿作常平倉錢物,委提點刑獄交割至管(按:《長編》作'主管'),依舊常平倉法施行。今歲諸路除有水災州軍外,其餘豐熟處多。今欲特降指揮,下諸路提點刑獄司,乘有此糴本之時,委豐熟州縣官員,體察在市斛斗實價,多添錢數,廣行收糴。如闕少倉敖之處,以常平倉錢添蓋,仍令少糴麥豆,多糴穀米。其南方及川界卑濕之地,有斗斛難以久貯者,即委提點刑獄相度逐州縣合銷數目,抛降收糴。纔候將來市物貨價比元糴價稍增,即行出糶,不得令積壓損壞。仍令州縣各勒行人,將十年以來在市斛斗價例比較,立定貴賤,酌中價例,然後將逐名(按:《長編》作'逐色')價分爲三等,自幾錢爲中等價錢,幾錢以上爲上等價錢,幾錢以下爲下等價錢,令逐處臨時斟酌加減,務在合宜。既約定三等價,仰自今後州縣每遇豐歲,斛斗價賤至下等之時,即比市價相度添錢開場收糴。凶年斛斗價貴至上等之時,即比市價相度減錢開場出糶。若在市見價只在中等之内,即不糶糴,更不申取

一、《輯稿》殘缺部分之補充

本州及上司指揮,免有稽滯失時之患。仍委提點刑獄常平(按:《司馬光集》作'切')提舉覺察。若州縣斛斗價及下等而不收糴,價及上等而不出糶,及收貯不如法,變轉不以時,致有損壞,并監官不逐日入場,致壅滯糴糶人户,并取勘施行。若州縣長吏及監官,能用心及時糴糶,至得替時酌中價錢,與斛斗通行比折,與初到任時增剩及十分中一分以上,許批書上歷子,候到吏部日,與升半年名次,及二分以上,許指射家便差遣一次。所貴官吏各各用心,州縣皆有儲蓄,雖遇薦饑,民無菜色。又得官中所積之錢,稍稍散在民間,可使物貨流通。其河北州縣,有糴司(按:《長編》作'糴便司')斗斛見多,緣邊州縣轉運司見糴軍糧處,更不糴常平倉斛斗。若今來指揮內有未盡未便事件,委提點刑獄司逐旋擘劃,申奏施行。從之。其後王巖叟言:臣伏睹昨降朝旨,文雖詳而未通,四方來者更言其未便。臣按常平舊法,但遇年豐物賤,即於市價上添錢收糴,如年歉物貴,即相度在市實直價例特減錢出糶,此所以為常平。今既限以價賤,至下等方許收糴,貴至上等始得出糶,乃是必待豐歉十分而後行法。稍不及等,即官司拘文,束手坐視,而不敢糶糴。臣恐久之天下救災之備寡,而傷農之患深,失常平本意遠矣。臣乞依舊法,不分立三等,仍更不申取本州及上司指揮外,餘約新降朝旨,別行修定頒降。戶部尚書李常建言:伏見今常平、坊場、免役積剩錢共五千餘萬貫,散在天下州縣,貫朽不用,利不及物。切緣泉貨流通,乃有所濟,平民作業,常若幣重。方夏蠶畢工,秋稼初斂,絲帛米粟,充滿廛市,而坐賈富家,巧以賤價取之,曾不足以酬其終歲之勤,而未免寒饑之患,良可憫也。臣愚欲乞命有司議於天下州縣,各置平糴一司,以選人領之,縣欲只今(按:《長編》作'欲令')主簿兼管,仿古常平糴糶之法,於夏蠶

· 41 ·

秋稼之時，就其直加數分而斂之。及其價騰也，裁數分而出之。但無虧元價，靡有贏息，無事酬賞，唯以利農桑之民爲務，庶乎泉貨流通，四海蒙福。三代之仁澤也。十一月辛巳，臣僚上言：朝廷罷俵青苗錢，今諸路提刑司委豐熟州縣廣行收糴，意欲常有儲蓄，而户部乃請轉運司更不收糴。年計止將常平斛斗兑糴，失朝廷養民之意。欲乞諸路轉運司，合糴年計并先糴（按：'糴'字據《長編》補），次令常平糴買。若轉運司不予備本錢，過時占糴，與常平倉有妨者，委提刑司覺察以聞。從之。"

14	15	"常平谷價比市價不毁"	"常平谷價比市價不虧"
14	15	"通計不及二分者"	"通計不及一分者"
14	16	"或指二税聽人户從便納錢"	"或止二税聽人户從便納錢"
14	17	"曉諭人户，願者聽"	"……願請者聽"
14	17	"仍隨夏秋税納"	"仍隨夏秋納"

14頁18行"從之"下"三年"上，脱《九朝紀事本末》注文42行。據《大典》卷7 506，補之如後：

"《九朝紀事本末》四年七月丙申，右司諫劉安世言：臣聞國無九年之蓄，曰不足；無六年之蓄，曰急；無三年之蓄，曰國非其國。蓋先王之制，三年耕必有一年之食，以三十年之通，則可以有十年之備。故堯湯之水旱至於累歲，而無捐瘠之民者，用此道也。三代而下，井田廢缺，利民之法無善於常平，由漢迄今，莫能變易。唯自近世有名無實，凡所以養民之具，月計不足，豈議三年蓄哉！是以歲或不登，民輒菜色，强者轉而爲盜賊，弱者不免於餓殍。保民之術，如此其踈。臣等竊謂：自罷青苗錢，後來天下州縣皆有積鏹，朝廷雖更立常平之制，條目甚詳,而上下因循,未嘗留意,既無統屬以糾其乖繆,又無賞罰以爲之勸沮。加之轉運司苟紓目前之急,多端借貸,日朘月削,殊無償足之期。非有懲革,將不勝弊。伏望聖慈,特賜睿旨,取今日以前應干常平敕令,嚴責近限,專委户部删爲一書,付之有司,悉俾遵守。仍先行指揮,將天下見在常平錢,乘今秋豐稔之時,令五路糴粟一色,其餘路分,并相度逐處可以久留斛斗,廣行收糴,仍以本司錢修蓋合用倉廪,將一路所有錢衮同應副。一路之中,不得偏聚一州,一州之境,不得偏聚一縣。各隨户口之多寡,以制糴之大數。每遇凶歉,依法出糶。糴糶之法,常比市價增減。如此,則官本常存,而物價不能翔踴,或遇旱乾水溢之災,則民有所濟,不致流散,朝廷之惠澤可繼,而無乏絶之患。相因日久,漸至九年之蓄。太平之策,莫大於此。惟陛下推至誠惻怛之意,明詔執政,協力施行。所有官吏殿最,亦乞參酌修定。將來頒降之后,或有違犯,州縣委監司,監司令户部、御史臺覺察奏劾,庶使二聖恤民之仁,不爲徒善之政。傳之萬世,天下幸甚。詔户部指揮諸路提刑司,下豐熟州縣,依條量添錢,廣行收糴,仍覺察違慢。六年七月辛巳,御史中丞趙君錫言:伏睹元祐編勑文,諸常平錢斛,州縣遇價賤量添錢糴,價貴量減錢糶,仍申知提刑司。又條諸州縣長吏及監糴官,任内如能用心及時收糴,據用過錢本,等第酬獎。臣切謂,元祐初年,懲散斂常平錢斛之弊,專用糴糶爲常平法,然自更制之後,州縣官吏多熟視詔條,恬不奉行。故自二聖臨御,雖恤民深切,蠲除賦斂尤多,以理論之,當漸蘇息。然比歲以來,物力彫弊,甚於熙寧元豐之間,至人心復思青苗之法行而不可得,豈非諸路錢貨在官者,大抵亡慮數千萬貫,錢常壅滯不發。舊法雖未盡善,逐年猶有錢貨千百(按:《長編》此處有'萬'字)貫流布民間。糴糶之法雖善而不行,則民間錢貨,無從而得。所以艱難困匱,反甚於前,無足怪也。欲望聖慈指揮尚書户部下諸路提刑,令州縣先次計置倉敖,今後每遇物斛收成日,廣行收糴,逐年終具本并支出糴到色額數目、價例高下,畫一申尚書户部,點檢類聚聞奏。仍關牒御史臺照會,内有豐熟州縣,當職官不能用心收糴,致穀賤傷農,并闕食之際,無以備出糴,濟助人户者,并從本臺糾奏,嚴賜黜責施行。仍乞下有司,改修元條賞格,務令優厚;及添入糾奏黜責一節,所貴勸沮兩立,上下盡心。如此,則泉貨流布,民力紓緩,倉廩充實,公私皆獲利濟,可以副聖政敦本厚生,富而後教之意。取進止。紹聖元年正月辛丑,户部言:淮東提刑司奏,乞於本路户部封樁并續收到坊場錢内,撥賜五十萬貫,充常平錢,應副乘時收糴斛斗。欲依所乞,撥三十萬緡,充常平糴本支用。除助役錢外,於所乞坊場錢内撥賜。從之。"

14頁18行—22行"三年"至"從之"5行3條。本卷脱此3條。

14頁26行"準此"下、"元符"上,脱《續長編》注文6行。據《大典》卷7 605,補之如後:

"《續資治通鑒長編》元符二年五月辛亥,淮南兩浙察訪孫傑言:被命按察兩浙路監司職事,體訪得偏遠州縣,多有提舉常平官不曾到處。臣詳提舉司所總常平、免役、農田、保甲等,乃先朝復古之法,所以爲民之意至厚。條令委曲纖悉,在提舉官躬親講究,開諭州縣,以次推行,姑(按:《長編》作'始')可布宣惠澤。乞自今提舉官,雖與監司互分巡歷,并雖(按:《長編》作'須')本司官二年,遍所部州縣。"

15	3	"以待乃用"	"以待那用"
15	8—9	"糴本闕處,時許借支"	"糴本闕處,即便借支"
15	11	"甚非我神考立法之本意"	"甚非神考立法之本意"
15	13	"三萬碩"	"三萬石"

續表

15	26	"加倍收糴"	"加倍收糴"
15	背5	"今將糴折到斛斗"	"今持糴折到斛斗"
16	8	"責限撥運"	"責限撥還"
16	8	"按劾以聞"	"按罪以聞"
16	12	"知汝州慕容彥󰀀奏……"	"……慕容彥達奏……"
16	13	"逐歲於今佐印紙"	"逐歲於令佐印紙"
16	14	"󰀀或偷惰"	"罔或偷惰"
16	15	"所糴二麥,倍斛斗"	"所糴二麥,加倍斛斗"
16	19	"更交一倍"	"更加一倍"
16	21	"人户有苗錢"	"人户青苗錢"
16	21—22	"其餘斛提刑司封樁"	"其餘斛斗,提刑司封樁"

17頁2行"以大不恭論"下、"宣和"上,脱八年1條。據《大典》卷7 506,補之如後:

"[政和]八年御筆,常平斂散法,利天下甚博。而比年以來,諸路欠闕,至未及散,而遽收之,甚失神考制法之意。今常平司恪遵條令,斂散必時,違者以大不恭論。"

17	3	"詔曰神考常平之政,以年之上下制穀價"	"詔神考常平之政,一年之上下制穀價"
17	4	"兼併󰀀所牟大利"	"兼併無所牟大利"
17	4	"他司殆用殆盡"	"他司移用殆盡"
17	12	"并樁留舊雇者户長壯丁剩錢"	"并樁留舊顧者户長壯丁剩錢"
17	14	"即許逐族以常平錢……"	"即許逐旋以常平錢……"
17	18—19	"任其人"	"任非其人"
17	25	"給受納乞"	"給受納訖"

續表

17	背 5	"比年借支"	"比來借支"
18	5	"今年限滿"	"今年限已滿"
18	13	"提舉潼州府路……"	"提舉潼川府路……"
18	15—16	"未得歸着數日，令常平司疾速根究"	"未得歸着數目令常平司疾速根究"
18	18	"當依重行黜責"	"當議重行黜責"
18	19	"意在侵魚"	"意在侵漁"
18	26	"⬚倚公市私"	"或依公市私"
18	26 注	"謂如以本同錢物獻納之類"	"謂如以本司錢物獻納之類"
18	背 2	"灼見稽弊"	"灼見積弊"

19 頁 2 行篇末"申尚書省"下，脱建炎至乾道 3 條。據《大典》卷 7 506，補之如後：

"高宗建炎二年，巨僚言：常平和糴，州縣視爲文具。以新易舊，法也，間有損失蠧腐，而未嘗問。不許借貸，法也，間有悉充他用，而實無所儲。詔委官遍行按視。

"紹興九年，宗丞鄭鬲言：乞以常平錢，於民輸賦未畢之時，悉數和糴，即詔行之。上因諭宰執曰：常平法不許他用，惟時賑饑。取於民者，還以予民也。

"孝宗乾道八年，知臺州唐仲友言：鰥寡孤獨老幼疾病之人，乞依例取撥常平義倉賑給（疑爲'濟'字）。上以常平米低價出糴，以義倉米賑濟。"

（三三）廣惠倉 《宋會要》《大典》《十八陽》倉字，卷 7 513，頁 15。與《大典》卷 17 514，義倉門後所附廣惠倉複，見《輯稿》食貨 53·24。故僅校其異同而不録原文。

一、《輯稿》殘缺部分之補充

食貨53		輯　稿	大　典
頁	行		
34	版口	卷一萬七千五百四十一	卷七千五百十三
34	1	"仁宗嘉祐二年八月二十三日,詔置天下廣惠倉,樞密使韓琦……"	"嘉祐二年八月丁卯,置天下廣惠倉,初,樞密使韓琦……"
34	2	"給在城老幼貧乏疾不能自存者"	"給在城老幼貧乏不能自存者"
34	3	"仍詔逐路提點刑獄司專領之"	"乃召逐路……"
34	3—4	"十萬户已上留一萬碩"	"十萬户以上留一萬石"
34	4—5	七處"碩"字	本卷七處皆作"石"
34	5	"四年二月十一日詔……"	"四年二月詔……"
34	6	"應係户絕納官田土未出賣者"	"應户絕納官田土未賣者"
34	6	"并撥隸廣惠倉"	"并撥隸廣惠倉"
34	8	"別差官檢視老幼殘疾不能自給之人"	"分差官檢視老幼貧疾不能自存之人"
34	8—9	"人給米一升"	"給米一升"
34	9—10	"三日一給至(下空半行)明年二月尚有餘,即量諸縣大小而均給之"	"三日一給,至明年二月止,餘即量大小均給之"

(三四)度僧① 《宋會要》《大典》《十九庚》僧字,卷8 706,頁17—18,其至道元年六月一條,與《輯稿》道釋1·15—16復,復文缺原在《大典》卷數。兹據《大典》卷8 706,其有復文部分僅校其異同,殘缺部分補錄如後:

· 47 ·

道釋1		輯　　稿	大　　典
頁	行		
15—16	版口	（缺原在《大典》卷數）	"卷八千七百六"
15	背6—5	"應衷私剃度及買僞濫文書爲僧者"	"……及買得僞濫文書爲僧者"

"《宋會要》至道元年……故立此制（詳見道釋1·15—17）

"太平興國七年九月，詔曰：朕方隆教法，用福邦家，眷言求度之人，頗限有司之制，俾申素欲，式表殊恩。應先係帳沙彌，長髮未剃度者，并特與剃度，祠部即給牒。今後不得爲例，不得將不係帳人夾帶充數，犯者當行決配。

"咸平三年二月，福州言：兩浙僞命，首僧二千九十四人，準詔試經，合格者給公憑爲僧，不者還俗。欲望更不比試，止蒙會見在數給公憑，仍舊爲僧。從之。

"景德三年八月，諸王府侍講孫奭轉對，請減修寺度僧。真宗曰：（疑脫'佛'字）道二門有助世教，人或偏見，往往毀譽。假使僧道輩時有不檢，安可即廢也。

"四年七月，詔西京永昌禪院，今後逐年許剃度行者五人。仍勘會的實係帳日月編排，并逐年依上名下次剃度驀越，候度到行者，并舊管僧人，共五千人爲額，更不在此限。若今後額內有闕，逐年遇承天節，即時剃度行者充填。不得過五人，兼依例逐年具帳，通計人數以聞。不得將本院差出及遊禮諸處僧人，便爲闕額。

"大中祥符二年十月詔：天下寺觀曾賜得太宗御書處，自今除承天節比試額定數外，於見在童行外，從上名特度一人。

"三年五月，詔懷安軍雲頂山大中祥符寺，每年承天節，特與度行者三人。

一、《輯稿》殘缺部分之補充

"五年六月詔：開寶寺靈感塔福聖禪院主紹寵、知塔沙門守願，除逐年依例撥放七人外，每年承天節，紹寵特與度行者五人，守願特與度行者一人。

"九月，詔泗洲（疑爲'州'字）僧正文秘，每年承天節，特與度行者一人。

"天禧元年五月詔：應今年閏四月終以前，在京住房僧及五年以上者，各與弟子一人係帳，俟至來年承天節，依例試驗經業，後不得爲例。

"八月十五日，詔昇州蔣山太平興國寺，歲度行者二人，給米百石。《山堂考索》：天禧二年八月詔普度道士女冠僧尼。凡度二十六萬二千九百余人。

"天聖二年十二月，尚書右丞、集賢學士馬亮言：天下僧徒數十萬，多遊惰凶頑，隱迹爲僧，結爲盜賊，污辱教門。欲望今後除額定數剃度外，非時更不放度。及常年聚試之際，先委僧司看驗保識，如行止不明，身有雕刺，及犯刑憲者，并不得試經。仍於逐年試帳前，榜此條貫。從之。"

（上條所補內容部分散見於《大典》卷14 706，見《輯稿》道釋1·17—37。與其他有關諸門間，個別事條之重復情況同。其"度僧"應專列一門。以下諸篇同）

（三五）度僧②　《宋會要》《大典》《十九庚》僧字，卷8 706，頁19。散見《大典》卷14 706，見《輯稿》道釋1·17—37。（補入道釋1）

"《宋會要》熙寧八年六月十六日，詔增河南府超化寺歲增度僧二人，賜紫衣一人。以上批寺乃釋迦佛舍利所在，於畿內最爲靈跡，兩禱雨隨獲嘉應，聞歲止度僧一人，頗缺人脩奉故也。

"元豐元年四月二十一日，河州請慈濟院依太原府例，二年度僧一人。從之。

"七月九日詔,故西天譯經三藏試鴻臚卿日稱,依法護例,遺恩度僧七人,慧辨院歲增度僧一人。"

（三六）度僧③　《宋會要》《大典》《十九庚》僧字,卷8 706,頁19。部分內容散見卷14 706,見《輯稿》道釋1·17—37。（補入道釋1。）

"《宋會要》元豐七年五月十一日詔:皇后父祖墳寺,左街資福禪寺,可除每年撥放外,遇同天節,度僧二人、紫衣一人。

"七月十六日詔:雍王顥乳母孫氏,葬報先禪院,每歲同天節,度僧一人。

"崇寧二年十月九日,詔崇寧寺觀,并依十方住持,其披剃并紫衣,自崇寧二年天寧節爲始。如未有童行,即仰所差主管僧道,保的手下童行披剃。崇寧三年以後,即依此施行。

"大觀二年十月三十日詔:大相國寺慧林禪院住持長老元正坐化,賜絹三百疋、錢三百貫。賜寂照之塔看塔人間歲度僧一名。

"乾道元年六月六日,詔以上天竺觀音院祈禱感應,賜空名度僧牒二道。

"九年閏正月十八日,詔昭慈永祐陵泰寧寺每歲度僧一人。紹興初,以本寺焚脩殯宮香火,詔度僧二人,後罷度牒,本寺因不復有請,至是自言。事下禮部,乃引紹興七年應臣僚恩例,許本部執奏指揮,持之不決。本寺復言,係崇奉陵寢之所,豈臣僚恩例事體可比。特有是命。

"三月五日(按:《大典》卷14 706作'十五日')詔敍州男子郭惠全,給賜度牒一道,披剃爲僧。以本州言惠全自少出家,母死負土成墳,孝節感著,故有是命。

"凡僧道童行,每三年一造帳上祠部,以五月三十日至京師。童行念經百紙,或讀五百紙;長髮念七十紙,或讀三百紙合格。每誕聖節,州府差本州判官、錄事參軍,於長史廳試驗之。

宋初，兩京諸州僧尼六萬七千四百三人，歲度千人。平諸國後，籍數彌廣，江、浙、福建尤多。"

（三七）汰僧　《大典》《十九庚》僧字，卷8 706，頁28。散見於卷14 706，見《輯稿》道釋1·33—34。（補入道釋1）

"《宋會要》紹興六年四月九日，尚書省言：近年僧徒猥多，寺院填溢，冗濫奸蠹，其勢日甚。諸州每年經試，其就試者，率不過三四十人，經業往往不通，州郡姑息，惟務足額。蓋降度牒許人進納，官中舊價百二十貫，民間止賣三十千。稍能營圖，便行披剃，誰肯勤苦試經。顯見此科，亦是虛設，權住三分之二（按：《大典》卷14 306，作'三分之一'）。

"十三年六月八日，三省言：壽星寺乞每年撥放，有礙昨降權住指揮。上曰：既有指揮權住，且休放行。朕觀昔人有惡釋氏者，欲非毀其教，絕滅其徒。有喜釋氏者，即崇尚其教，信奉其徒。二者皆不得其中。朕於釋氏，但不使其太盛耳！獻言之人，有欲多賣度牒，以資國用者。朕以為不然。一度牒所得不過一二百千，而一人為僧，則一夫不耕，其所失豈止一度牒之利。若住撥放，十數年之後，其徒當自少矣。"

（三八）光祿寺主簿　《大典》《六暮》簿字，卷14 607，頁9。部分內容與卷13 337重復，見《輯稿》職官21。（補入職官21"光祿寺"後）

"《宋會要》宋元豐官制行，置主簿一人。政和六年，監察御史王桓言：祭祀牲牢之具，掌於光祿，而寺官未嘗臨視。請大祠以長貳，朔祭及中祠以丞簿，監視宰割，禮畢頒胙，有故及小祠聽以其屬攝。從之。"

（三九）奉迎聖像　《宋會要》《大典》《十八漾》像字，卷18 224，頁1—2，與《輯稿》禮51·13—14重復，原屬《大典》卷17 302。僅校其異同如後：

禮51		輯　稿	大　典
頁	行		
13—14	版口	卷一萬七千三百二	卷一萬八千二百二十四
13	23	"營繕將就,請命良工鑄造尊像"	"營繕將就,命良工鑄造尊像"
13	24	"於兩浙訪㘓"	"於兩浙訪鑄匠"
13	28	"北作坊使"	"作作坊使"
13	背3—2	"宰臣王旦爲迎奉像大禮使"	"宰臣王旦爲迎奉聖像大禮使"
13	末	"參知政事丁謂爲橋道頓遞使"	"……爲橋道頓迎使"
14	4	"用申近奉之儀"	"用伸迎奉之儀"
14	16	"有司奉安於綵殿"	"有司奉安於絑殿"

（四十）奉安聖像　《宋會要》《大典》《十八漾》像字,卷18 224,頁6。與《輯稿》禮51·14—16重複,原屬《大典》卷17 302。僅校其異同如後:

禮51		輯　稿	大　典
頁	行		
14—16	版口	卷一萬七千三百二	卷一萬八千二百二十四
14	18 標題	"玉清和陽宮奉安聖像"	"奉安聖像"
14	20—21	"元天太聖后"	"元天大聖后"
14	25	"克禮儀使"	"充禮儀使"
14	26	"克都大主管官"	"充都大主管官"
14	26	"科素饌"	"料素饌"
15	3	"左有十二籩,右有十二豆"	"左十有二籩,右十有二豆"
15	5	"捧盤內侍在執匜內侍之西堦,北向"	"捧盤內侍在執匜內侍之西,皆北向"
15	7	"良醖令人實尊罍,樂工師工人二舞以次入……"	"良醖令人實尊罍樂罍,樂正帥工人二舞以次入……"

・52・

續表

禮51		輯　稿	大　典
頁	行		
15	8	"䚦殿庭北向"	"詣殿庭北向"
15	16	"執元圭詣神像前,北向跪"	"執元圭諸神像前,北向跪"
15	17	"皇帝受幣"	"呈帝受幣"
15	18	"盥帨"	"盥悦"
15	20	"奉爵官詣尊所,良醞今酌酒"	"奉爵官奉爵詣尊所,良醞令酌酒"
15	21—22	"内侍舉祝版"	"内侍奉祝版"
15	22—23	"詣次位行禮"	"詣諸次位行禮"
15	24	"宫架樂止一成止"	"宫架樂作一成止"
15	背4	"……恭謝各二晝夜"	"……恭謝各三晝夜"
15	背3	"冬至年節"	"冬年節"
15	背2	"皇帝行酌獻之理"	"皇帝行酌獻之禮"
16	2	"登東階"	"升東階"
16	3	"皇帝盥帨"	"皇帝盥悦"
16	6	"攝太官"	"攝大官"
16	10—11	"仍令本宫一月前檢舉以聞"	"仍今本宫一月前檢舉以聞"

3. 部分殘缺之校補

（四一）僧官　《宋會要》《大典》《十九庚》僧字,卷8706,頁7—8。見《輯稿》道釋1·11—12,原屬《大典》卷數缺。

道釋1		輯　　稿	大　　典
頁	行		
11	2	（標題）"僧道官"	"僧官"
11—12	版口	（缺《大典》卷數）	"卷八千七百六"

12頁1—6行空格5行係脱元豐三年1條。據《大典》補之如後：

"元豐三年十月九日，詳定官制所言：譯經僧官，有授試光禄、鴻臚卿者，今除散階已罷外，其帶卿少官名，實有妨礙。欲乞以授試卿者，改賜譯經三藏大法師。試少卿者，改賜譯經三藏法師。其師號及請俸之類并依舊。詔試卿者，改賜六字法師，試少卿者四字，并冠譯經三藏，餘依舊。"

（四二）僧籍　　《宋會要》《大典》《十九庚》僧字，卷8 706，頁14。見《輯稿》道釋1·15。原屬《大典》卷數缺。

道釋1		輯　　稿	大　　典
頁	行		
15	版口	（缺《大典》卷數）	"卷八千七百六"
15	8	（無標題）	"僧籍"

15頁7行《山堂考索》注文前，脱卷首一段。兹據《大典》補之如後：

"《宋會要》景祐元年，僧三十八萬五千五百二十人。慶歷二年，僧三十四萬八千一百八。熙寧元年，僧二十二萬七百六十一人。"下接"山堂考索……"（注文）

按前補僧數已散見《大典》卷14 706，見《輯稿》"披度普度度牒"門序文，疑爲前人理整《輯稿》時有意删除者。但删後殘文上下不接，而且《大典》關於《僧籍》原專作一篇，故仍補爲完

一、《輯稿》殘缺部分之補充

篇。

（四三）宋漕六　《宋會要》《大典》《九震》運字，卷15 948，頁1—14。見《輯稿》食貨45·8—19，屬《大典》卷15 948。

食貨45		輯　　稿	大　　典
頁	行		
8	1	標題"綱運令格"	（無此題）
8	8	"所失官物準給價三分"	"所失官物準價給三分"
8	20	"諸以私錢貿易綱運所盤錢監上供錢者"	"……所般錢監上供錢者"
8	背4注	"受贓重者亦從重"	"受贓重者自從重"
9	11注	"州縣兌及官錢"	"州縣兌支官錢"
9	背7注	"私充見錢"	"私兌見錢"
10	16	"水手大下……"	"水手火下……"
10	25	"諸押綱部綱兵級梢工……"	"諸押綱人部綱兵級梢工……"
10	背6注	"杖罪兩大同"	"杖罪兩火同"
11	4	"至罪正應配者"	"至罪止應配者"
11	5	"應干罪賞條置"	"應干罪賞條制"
11	9	"今來車駕駐㝉"	"今來車駕駐蹕"
11	13	"或㝉不足者"	"或償不足者"
12	4	"篙子減一等"	"篙手減一等"
12	18	"去官不兌"	"去官不免"
12	18	"雖會恩不充"	"雖會恩不免"
12	18—19注	"不覺㝉者非"	"不覺盜者非"
12	背6注	"等截批㝉有綱可㝉者附綱"	"等截書有綱可附者附綱"

續表

食貨45 頁	行	輯　　稿	大　　典
13	13	"……申明照用——押綱賞　詐僞敕"	"……申明照用　押綱賞詐僞敕"
13	15	"雖會典原免……"	"雖會恩原免……"
13	18	"俟獲到內足"	"俟獲到納足"
13	21	"諸人因事故別差人……"	"諸人因事故別差募人……"
13	背10注	"謂如錢帛與軍囻之類"	"謂如錢帛與軍器之類"
13	末	"減磨勘一年——全綱……"	"一年"下爲空格
14	8注	"準某州囻押"	"準某州差押"
14	9	"合行囻併推賞"	"合行團併推賞"
14	背4—3	"二二千四百里……"	"二千四百里"
16	2—3	"減三千半磨勘"	"減三年半磨勘"
16	9	"三百里支賜絹六疋"	"三伯里支賜絹六匹半"
16	末注	"如止一千貫以上"	"如止及一千貫以上"
17	17—18	"轉一官減一年名次"	"轉一官升一年名次"
18	4	"六千里百里"	"六千五百里"
18	17—18	"如無欠損違殘"	"如無欠損違程"
18	背5	"鎭江府總領所"	"鎭江總領所"
18	背4—3	"在朝奉郎"	"左朝奉郎"
19	3	"及外路總領所缺納"	"及外路總領所卸納"
19	9	"往由平河綱運"	"經由平河綱運"
19	11	"如違更不推行"	"如違更不推賞"
19	16	"計緣路催綱司……"	"及沿路催綱司……"

一、《輯稿》殘缺部分之補充

19頁18行"亦次第行之"後脱原引《中書備對》一段。補之如後：

"《中書備對》發運。三門白波并廣濟河輦運、蔡河撥發司年額斛斗、行運綱船造船數。并發運司水脚工錢。斛斗六百九十四萬六千九百石。綱七百五十五。水脚工錢三十三萬貫，米九萬石。造船三千三百八十九隻。發運司斛斗六百二十萬石。六百萬石正額。二十萬石補填抛失破拜。每年截卸二十萬石與南京，二十萬石與咸平、尉氏縣下卸，并充軍糧；陳留、雍丘、襄邑、太康縣，每年旋準三司指揮支截萬數不足。兩浙一百五十萬石。淮南路一百五十萬石。江南東路九十九萬一千一百石。江南西路一百二十八萬一千一百石。荆湖北路三十五萬石。荆湖南路六十五萬石。水脚工錢米發運司起發全額斛斗，淮南轉運司出辦水脚工錢口食，計四千二萬貫石。錢三十三萬貫。米九萬石。綱六百八十九。見管四百三十五綱。二百五十四綱見門圓。

"四排岸。在京四排岸司，熙寧八年、九年、十年，三年諸路綱船并船（疑爲'般'）到斛斗數。綱船：汴河綱、淮南監綱、江東、江西、湖南、湖北綱并爲監糧綱外，兩浙只運糧。八年，七千九百一十二隻。九年，三千九百七十三隻。十年，一萬二千七百一十三隻。景德四千九百三十一隻。皇祐一萬五千二百二十三隻。治平一萬九千九百三十五隻。斛斗：八年，二百七十六萬二千二百二十二石四斗五升五合三夕（疑作'勺'）一抄。九年，一百三十萬二百六十一石六斗五升。十年，五百六十二萬一千六十二石三斗四升一合。折會、收糴、透堵、納價錢、破拜、抛失并見欠，各不在此數。八年，四萬四千二百六十石。九年，四千三百一十三石。十年，八萬二十（疑作'千'）五百二十一石。皇祐四百六十二萬六千九百二十八石，治平七百二十六萬六千七十八石。東排岸司汴河綱：八年，船七千五十六隻，斛斗二百五十四萬七千七百二十九石九斗五升五合三夕（疑作'勺'）一抄。收糴、透堵、納價錢、破拜、抛失并見欠四萬三千五百六十石一升四合九勺一抄。九年，船二千三百七十五

· 57 ·

隻,斛斗八十七萬三千八百三十石九斗三合八勺。折會、收糴、見欠二千五百八十九石七斗六升一合五勺。十年,船一萬一千二百九隻,斛斗四百七十八萬八千六百四十七石。拋失少欠八萬二百六十五石。西排岸司黃河綱:八年,船四十四隻,斛斗一萬三千四百四十四石二斗五升。九年,船九十二隻,斛斗三萬四千六百三十二石。少欠九十石六斗四升。十年,船三十一隻,斛斗七千五百七石五斗五升。少欠一百一十八石四斗七升。南排岸司蔡河綱:八年,廢罷本司。九年,七月復置行運。船七百隻,斛斗一十九萬一千九百三十三石二斗一升七合二勺。透堵少欠一十二石七斗五升。十年,船七百隻,斛斗六十一萬九千三百五十九石四斗八升一合。拋失少欠九百三十九石七斗六升五合。"

(四四)公服　《宋會要》《大典》《一屋》服字,卷19 792,頁2—4。見《輯稿》輿服4·28—29,原屬《大典》卷19 792。

輿服4		輯　稿	大　典
頁	行		
28	5—6	"太平興國二年二月三日"	"太平興國二年二月八日"
28	背3	"自賜出身人起理"	"自賜出身日起理"
29	7	"乞下吏部(改作'禮')部參酌施行"	"乞下禮部參酌施行"
29	11	"九年十二月十名"	"九年十二月十日"
29	14	"三品轉使使"	"三品轉運使"

29頁末行"并改轉服色"后,脫淳熙以下11條。茲據《大典》補如後:

"淳熙七年三月四日,詔新知明州范成大朝見許服繫昨賜笏頭金帶。以成大曾任參知知(疑為'政'字)事,今赴闕奏事,上繫黑帶佩金魚。有司取旨,故有是命。

一、《輯稿》殘缺部分之補充

"九年九月十七日,詔趙伯圭除少保封郡王,乃賜玉帶。

"十年十月十六日詔,權侍郎以上,罷任不帶職名,許服紅鞓排方黑犀帶。

"十二年二月二十三日詔,武臣知州軍,官未陞朝者,可依文臣守倅借服色例,許權繫紅鞓角帶,候囬日依舊。

"十三年二月四日,詔新授太傅、保寧軍節度使致仕魏國公史浩,賜玉帶,令繫赴朝參。

"淳熙十六年七月十一日,詔閤門宣贊舍人、帶玉器械(按:《大典》卷15 226作'帶御器械'是)霍漢臣,昨在殿陛應奉日久,所有左藏庫元關借到金帶一條,特令就賜。紹熙元年正月,閤門宣贊舍人張進之,十月,閤門宣贊舍人潘師稷,二年六月,閤門宣贊舍人、帶玉器械(按:《大典》卷15 276作'帶御器械'是)郭抃,并以應奉日久,亦有是賜。

"十六日,詔成忠郎吳睍特除閤門祗候,令祗候庫關金帶一條,許令服繫,仍與家便差遣。

"紹熙二年正月一日,宰臣進呈四川制置使京鏜因任上曰,且與加寶文閣侍(當作'待')制令再任,特賜帶。

"嘉定二年十一月十一日,樞密院劄子:勘會已降指揮,鎮江軍統制馮榯、盧彥,各特賜金腰帶一條,許令服繫,所合具申,取自指揮。詔令左藏封樁庫證應取撥給付。

"四年三月十五日,樞密院奏:檢會已降指揮,鎮江都統司統制官盧彥特賜金束帶一條。詔令封樁庫於見管金束帶內支撥給賜。

"七年二月十一日,樞密院奏:勘會鎮江都統司統制蔣世顯,赴都堂禀覆職事訖。詔蔣世顯特改差楚州駐劄御前武鋒軍統制,填見闕。特賜金束帶一條,許令服繫。仍於封樁庫日下支給盤纏錢二千貫,付蔣世顯起發歸司,疾速前去本州管幹軍馬。各具知稟申樞密院。

"十二年正月十九日,樞密院關檢會已降指揮節文:李全特賜金腰帶一條,許令服繫。詔令封樁庫日下取撥給賜,具知稟申樞密院。

"十二月二十六日,詔鄭莊孫昨任閤門看班祇候,曾於户部關借金腰帶一條,可特與就賜,許令服繫。

"十四年五月二十三日,奉直大夫、直寶謨閣、主管建康府崇禧觀趙不憿,詔以不憿行尊年高,中外屢更事任,自爲司農卿,今已十二年,理宜優異。可特換授保康軍承宣使,提舉佑神觀,仍奉朝請。賜金帶一條,許令服繫。"

4. 附《大典》誤標爲《宋會要》之事目

（一）常平倉　　《宋會要》《大典》《十八陽》倉字,卷7 507,頁24。

爲元世祖至元六年(1269 年)、八年(1271 年)、二十三年(1286 年)事。誤文略。

（二）河陽倉　　《宋會要》《大典》《十八陽》倉字,卷7 513,頁3。

爲唐高宗咸亨元年(670 年)事。誤文略。

（三）渭橋倉　　《宋會要》《大典》《十八陽》倉字,卷7 513,頁3。

爲唐高宗咸亨三年(672 年)事。誤文略。

（四）柏崖倉　　《宋會要》《大典》《十八陽》倉字,卷7 513,頁3。

爲唐高宗咸亨三年(672 年)事。誤文略。

按前條誤入材料,湯中在《宋會要研究》一書中,曾提到《輯稿》中"渭橋倉,柏（原作柏）崖倉"的問題,知最初曾被輯出,後因非宋事而被删除。

二、《大典》與《輯稿》并存部分之校勘

（一）御史臺二① 《中興會要》《大典》《七皆》臺字,卷2607,頁2—3。見《輯稿》職官55·1,原屬《大典》卷2607。

職官55		輯　　稿	大　　典
頁	行		
1	6	"以尚書省郎中員外充"眉批"大字居中"	"郎中員外"四字原爲小字旁書

（二）御史臺二② （標題《兩朝國史志》,文後注"以上《中興會要》",係《會要》採《國史》文。）《大典》《七皆》臺字,卷2607,頁3。見《輯稿》職官17·1—2,原屬《大典》卷數缺。

職官17		輯　　稿	大　　典
頁	行		
1	14—15	"凡文武嘗參……"	"凡文常參……"
1、2	版口	（缺《大典》卷數）	"卷二千六百七"

（三）御史臺二③ （標題《神宗正史》,文中注"以上《續國朝會要》",文後注"以上《國朝會要》",係《會要》採《國史》文。）《大典》《七皆》臺字,卷2607,頁3—4。見《輯稿》職官17·3—4,原屬《大典》卷數缺。

職官 17		輯　稿	大　典
頁	行		
3	11	"非吏察官司亦如之"	"非隸察官司亦如之"
3、4	版口	(缺《大典》卷數)	"卷二千六百七"

（四）御史臺二④　（標題爲《兩朝國史志》,文中注"以上《續國朝會要》"、"以上《國朝會要》",係《會要》採《國史》文。)《大典》《七皆》臺字,卷2607,頁4—5。見《輯稿》職官17·38—40,原屬《大典》卷數缺。

職官 17		輯　稿	大　典
頁	行		
38	2	(缺篇目)	"御史臺二"
38—40	版口	(缺《大典》卷數)	"卷二千六百七"

（五）御史臺二⑤　《宋會要》《大典》《七皆》臺字,卷2607,頁5—20。見《輯稿》職官55·2—8,原屬《大典》卷2607。

職官 55		輯　稿	大　典
頁	行		
2	2	(缺標目)	"御史臺二"
3	3—4	"眞宮監視"	"直官監視"
4	9	"推眞宮七千"	"推直官七千"
4	9—10	"二月(旁改'年'字,原字未删)閏三月詔"	"二月閏三月詔"
(按此條在咸平元年十月條後。)			
5	4	"須令剖杦"	原本同,疑是"析"字之誤
5	4	"母致有抑屈"	原作"母",疑是"毋"字之誤
6	4—5	"五品已下宮"	"五品已下官"

二、《大典》與《輯稿》并存部分之校勘

續表

職官 55		輯　稿	大　典
頁	行		
10	16—17	"所有被察宫司"	"所有被察官司"
12	6—7	"乞依元豐四月以前指揮"（按此條係元符元年事）	《大典》同
12	背 3—2	"不沾激以徼名"	"不沾激以徼名"
13	11—12	"有以一道德言（'言'已校改，然字昏莫辨）分守者"	"有以一道德嚴守分者"
13	15	"非職千預"	"非職干預"
14	12—13	"廣行營救，以及其罪"	"廣行營救以反其罪"
15	背 4—3	"苟有勢援憑（補一字昏）"	"苟有勢援憑藉"
16	8	"治忽所擊"	"治忽所繫"
16	13	"殿中御史許景衡"	"殿中侍御史許景衡"
16	背 6	"母憚大吏"	"毋憚大吏"
17	12	"關報御史臺"	"關報御史臺"
18	16	"可上簿藉"	"可上簿籍"
19	12	"吏部書令吏"	"吏部書令史"
21	16	"二曰右正言張修請刊聖詔"（疑'曰'字爲'日'字之誤）	大典同
23	7	"葉顒（旁改作'顗'）奏曰……"	"葉顒奏曰……"
26	3	"姓閤人傳意"	"姓閤人傳意"
26	14—15	"今來御御史張叔椿"	"今來侍御史張叔椿"
27	12	"百官之脚也"	"百官之脚色"

（六）貴人 《宋會要》《大典》《九眞》人字，卷2972，頁2。見《輯稿》后妃3·26，原屬《大典》卷2972。

后妃3		輯　稿	大　典
頁	行		
26	1	標題"順容"	"貴人"

（七）才人 《宋會要》《大典》《九眞》人字，卷2972，頁4—5，見《輯稿》后妃3·24—25，原屬《大典》卷2972。

后妃3		輯　稿	大　典
頁	行		
24	背5—4	"大觀三年"	"太觀三年"

（八）美人·事實① 《宋會要》《大典》《九眞》人字，卷2972，頁9。見《輯稿》后妃3·21，原屬《大典》卷2972。

《輯稿》后妃3·21二行，標目爲"美人"。原題"美人"下則注明"事實"，以與前條之"美人沿革"相區分。

本文校無訛。

（九）美人·事實② 《宋會要》《大典》《九眞》人字，卷2972，頁11。見《輯稿》后妃3·22—23，原屬《大典》卷2972。

后妃3		輯　稿	大　典
頁	行		
22	1(標題)	"美人"	"美人事實"
22	2	補"張美人"	（原無此三字）
22	13	"賜名囶非"	"賜名格非"
22	13—14	"建中靖國元正月"	"建中靖國元年正月"
22	14	"……追復美人朱美人……"	"朱美人"上當空一格。別爲一條（《大典》此處置提行，未空）

二、《大典》與《輯稿》并存部分之校勘

（十）斗門① 《宋會要》《大典》《九真》人字,卷3526,頁9。見《輯稿》食貨8·51,原屬《大典》卷3526。

《輯稿》眉批標題,當移入第二行。

（十一）斗門② 《乾道會要》《大典》《九真》門字,卷3526,頁9。見《輯稿》食貨8·52,原屬《大典》卷3526。

食貨8		輯　稿	大　典
頁	行		
52	2	（無標題）	"斗門"
52	9	"以沙扳安閘"	"以沙板安閘"

（十二）斗門③ 《宋會要》《大典》《九真》門字,卷3526,頁23。《輯稿》食貨8·51,原屬《大典》卷3526。

食貨8		輯　稿	大　典
頁	行		
51	8	（無標題）	"斗門"

（十三）坤道人門 《宋會要》《大典》《九真》人字,卷3527,頁6。見《輯稿》禮12·16,缺《大典》卷數。

禮12		輯　稿	大　典
頁	行		
16	7	（脫標題）	"坤道人門"
16	版口	（缺《大典》卷數）	"卷三千五百二十七"

（十四）郊祀神位① 《宋會要》《大典》《十四爻》郊字,卷5453,頁5—6。見《輯稿》禮25·64,原屬《大典》卷5453。

校無訛。

（十五）郊祀神位② 《續宋會要》《大典》《十四爻》郊字,卷5453,頁15。見《輯稿》禮25·69—70,原屬《大典》卷5453。

禮 25		輯　稿	大　典
頁	行		
70	2	"太社太（旁補'係'字）稷四腰揜匣"	"係"字在"稷"字後

(十六)郊祀神位議論① 《宋會要》《大典》《十四爻》郊字，卷5 454，頁8—9。見《輯稿》禮25・65—67。原屬《大典》卷5 453(?)。

禮 25		輯　稿	大　典
頁	行		
65	2(標題)	"郊祀神位"	按：《大典》卷首雖僅標"郊祀神位"，但第三頁三行，另標"議論"二字，故當爲"郊祀神位議論"
65—66	版口	"卷五千四百五十三"	"卷五千四百五十四"
65	3	"元豐（二字補）四年"	原無"元豐"二字，系據前此《九朝長編紀事本末》元豐四年條推補
65	3	"禮運日"	"禮運曰"
65	6—7	"青圭禮東方，圭璋禮南方"	"青圭禮東方，赤璋禮南方"
65	11	"……此五行之禮也"	"……此五行之神也"
65	18	"崇慶元年"	《大典》同

（按"崇慶"爲金衛紹王年號，本條下文有3處提到"神宗皇帝"；此條之上接元豐條，似當爲"崇寧元年"）

65頁末行"雖從享於祇……"　　"雖從享於大祇……"

(十七)郊祀神位議論② 《宋會要》《大典》《十四爻》郊字，卷5 454，頁9—10。見《輯稿》禮25・67—68，原屬《大典》卷5 453(?)。

二、《大典》與《輯稿》并存部分之校勘

禮25		輯　稿	大　典
頁	行		
67	版口	"卷五千四百五十三"	"五千四百五十四"

（十八）郊祀神位議論③　《宋會要》《大典》《十四爻》郊字，卷5 454，頁13。見《輯稿》禮25・68，原屬《大典》卷5 454。

校無訛。

（十九）郊祀神位議論④　《宋會要》《大典》《十四爻》郊字，卷5 454，頁15。見《輯稿》禮25・71—72，原屬《大典》卷5 454。

禮25		輯　稿	大　典
頁	行		
71	1	（缺標題，補批於書眉）	"郊祀神位議論"
71	9	"又增設郊禮壇壝……"	"又增設郊壇壝……"

（二十）沙州　《宋會要・蕃夷志》《大典》《十六麻》沙字，卷5 770，頁19—21。見《輯稿》蕃夷5・1—3，原屬《大典》卷5 770。

蕃夷5		輯　稿	大　典
頁	行		
1	1—3	"大中言刺史張義□以州歸順，詔建沙州爲歸義軍，以義軍以義潮爲節度使"	《大典》同。文義不通。《宋史・沙州傳》作"大中五年，張義潮以州歸順，詔建沙州爲歸義軍，以義潮爲節度使"
1	8—9	"遣使貢至勒勒馬"	"遣使貢至鞍勒馬"
1	15	"散官勛如殘"	"散官勛如故"
1	16	"封□□□"	"封譙縣男"

續表

蕃夷5		輯　稿	大　典
頁	行		
2	1	"瓜州刺史涎（改作'延'）瑞"	"瓜州刺史涎瑞"。按："涎"，《宋史》作"延"，本篇下文亦作"延"
2	2	"母進封奏（改作'秦'）國太夫人"	"母進封奏國大夫人"
2	3	"八年遣都領令殘願德入貢"	"八年遣都領令孤願德入貢"
2	7	"賜僧圓通紫依衣"	"賜僧圓通紫衣"
3	13—14	"又表金字藏經"	"又表乞金字藏經"

（二一）封椿　《宋會要》《大典》（《十八陽》裝字，卷6 524，頁1—6。見《輯稿》食貨64·70—78，原屬《大典》卷6 523？）

食貨64		輯　稿	大　典
頁	行		
70—78	版口	"卷六千五百二十三"	"卷六千五百二十四"
70	3	"未招簡（原改作'揀'）人充填者"	原作"簡"，但下文元祐二年樞密院奏文所引此條則作"揀"。按"簡"、"揀"二字通
70	4	"母得移用"	"毋得移用"
70	15	"即令三司以細色糧充"	"即令三司以細色糧充"
71	4	"河北糴使司"	《大典》同。按：《大典》卷1 118（見《輯稿》職官44）作"糴便司"
71	5	"河北糴使司"	同前條

續表

食貨64		輯　　稿	大　　典
頁	行		
71	11	"……馬甲乞免熙河路封樁"	"……馬申乞免熙河路封樁"
72	18	"不得一例借支（改作'支借'）"	原作"借支"
75	1	"恢復丙軍兵經過州縣"眉批"丙疑誤"	原爲"丙"字
77	15	"已展元至紹興三十一年終"眉批"元疑限"	原爲"元"字

（二二）挽郎　《宋會要》　《大典》《十八陽》郎字，卷7 327，頁18。見《輯稿》職官22·21，原屬《大典》卷7 327。

校無訛。

（二三）京諸倉　《宋會要》　《大典》《十八陽》倉字，卷7 511，頁1—10。見《輯稿》食貨62·1—17，原屬《大典》卷7 511。

食貨62		輯　　稿	大　　典
頁	行		
1	10注	"大中祥符三年"	"大中祥符二年"
1	背5注	"大中符元年年改"	"大中祥符元年改"
2	3	"殿中侍御史王仲"	"殿中侍御史王伸"
2	14	"張若納（改作'訥'）"	"張若訥"
3	16	"不許多少"	"不計多少"
5	9	"今所給已（'已'字點去）多"	"今所給已多"
6	3	"往本家或鄰倉抄出"	"往本家或鄰倉抄上"

續表

食貨62		輯　稿	大　典
頁	行		
6	4	"不得顏情私衷"	"不得顏情衷私"
6	13	"平須均平受納"	"並須均平受納"
6	背3	"神（改作'仁'）宗天聖二年"	原作"神宗"
7	5—6	"開州刺□王應昌"	原作"刺史"
7	7	"勾當轉副所由斗子等"	"勾當專副所由斗子等"
7	11	"切緣軍儲事大"	"切緣軍儲事火"
9	10—11	"自今古入親民舉差者"	"自今合入親民舉差者"
10	6	"至元和二年"	"至和二年"
13	末	"本院使臣（補'兼'字）充兼（改作'監'）門"	"本院使臣充兼門"
16	9	"倉敖基止"	"倉敖基趾"
16	11	"今歲後秋成……"	"今歲候秋成……"

（二四）諸州倉　《宋會要》《大典》《十八陽》倉字，卷7512，頁1—13。見《輯稿》食貨62·53—75，原屬《大典》卷7512。

食貨62		輯　稿	大　典
頁	行		
53	2	諸州倉庫	諸州倉
54	10	"十一月"上刪去"大中祥符六年"六字	原有此6字。又《大典》卷17542（見《輯稿》食貨54）無此6字
55	背3—2	"淮南浙荆湖制置倉"	《大典》同。又《大典》卷17542（見《輯稿》食貨54）作"淮南江浙荆湖制置倉"

二、《大典》與《輯稿》并存部分之校勘

續表

食貨62		輯　稿	大　典
頁	行		
55	末	"不得批上⬜理爲勞績"	"不得批上歷□爲勞績"按：《大典》卷17542（見《輯稿》食貨54）作"不得批上歷子理爲勞績"
56	1—2	"支裝發沿江巡檢司排岸司多有勾索綱運……"	"支裝□沿江巡檢司排岸司多有勾索綱運……"按：《大典》卷17542作"裝發"
56	4	"逐年和糴斛斗"	"逐年和糴□□"按：《大典》卷17542作"逐年和糴斛斗"
56	5	"就近收糴"	《大典》同。又《大典》卷17542（見《輯稿》食貨54）作"就近收糴之"
56	5—6	"九月臣僚言……"	《大典》同。又據《大典》卷17542（見《輯稿》食貨54），此上脱三年、四年、七年共3條，此"九月"之上當補"七年"
56	10—11	"其支使不盡斗子錢"	"其支使不盡頭子錢"
56	背4—3	"除名給與……"	"除合給與……"
57	1—2	"當初罪嚴斷"	"當劾罪嚴斷"

· 71 ·

續表

食貨62		輯　稿	大　典
頁	行		
57	2	"……十年九月四日"	《大典》同。又據《大典》卷17 542(見《輯稿》食貨54)此上脱熙寧七年1條,故"十年"上當補"熙寧"
57	2—3	"至次年支納"	"至次年支給"
57	10	"河北東西路體量安撫塞周轉乞……"	原作"寋周輔"。又《大典》卷17 542亦作"寋周輔"。"寋"當作"塞"
58	7	"不取情願而擅(改作'抑')令坐倉"	原作"而擅□坐倉"。又《大典》卷17 542(見《輯稿》食貨54)作"抑令"
58	10	"政和(二字删)三年"	原有"政和"二字。按前條爲政和元年,二字可略。又《大典》卷17 542無"政和"二字
59	12—13	"略行古剥"	原作"估剥",又《大典》卷17 542同此
60	9—10	"除諸州封樁錢物……"	"除諸司封樁錢物……"
61	7	"八月十七日……"	《大典》本卷同。又據《大典》卷17 542(見《輯稿》食貨54)"八月"上脱建炎三年九月,紹興十一年,十二年,十五年,十九年七月、十一月,二十一年,二十二年,二十六年共9條,此條應隸"紹興二十六年"
62	5—6	"令本路轉運司相度施行,相度(二字删)以上《中興會要》"	注中"相度"二字原本如此。原校據《大典》卷17 542復文删去

續表

食貨62		輯　　稿	大　　典
頁	行		
62	16	"仰勒坐倉"	"抑勒坐倉"。又《大典》卷17 542同此
62	背4	"合轉置官吏"	"合專置官吏"。又《大典》卷17 542同此
63	11	"因(改作'從')中書門下省請也"	"因中書門下省請也"。又《大典》卷17 542作"從"
64	2—3	"在所不(空格中補"論距和州")則下水九十里至裕溪口"	"在所不原本缺則下水……"按《大典》卷17 542復文，同《輯稿》所補
64	3	"至裕溪口合(中補'九江水路')之間"	"至裕溪口，合原本缺之間"。按《大典》卷17 542同《輯稿》所補
64	3—4	"冬幹則成下水春水生則爲上水則快而易進,上水則急而難溯"	"春水生則爲原本缺則快而易進"。所補係據《大典》卷17 542之復文,然細察文意則所補"上水"下疑當增"下水"二字
64	5—6	"几上下水一百七十五里"	"凡上下水一百七十五里"
65	9	"淮東總理錢良臣言"	"淮東總領錢良臣言"
66	2	"不得於諸倉安頓"	"不得於諸處安頓"
66	9、17末	"揣"	並爲"椿"
67	2、7、8、13、14、17	"揣"	並爲"椿"
67	2	"并守臣抱□□□臣除目下……"	"并守臣抱原本缺臣除日下……"

續表

食貨62 頁	行	輯　　稿	大　　典
67	3	"候秋熱日"	《大典》同。疑爲"秋熟日"
67	11	"照元價出糶，候秋成收糴捴管外詔黃州日後……"	"捴"原作"椿"，又"外"下疑有脱文
67	背2	"不得仍前就般支遣"	"不得仍前就船支遣"
68	3、8、10、18	"捴"	并爲"椿"
68	9	"有誤將來又遣"	"有誤將來支遣"
68	14	"嘗充積粟所在"	"嘗究積粟所在"
68	背5	"若㈤積粟……"	"若更積粟……"
69	7、10、12、14、16、20、末	"捴"	并爲"椿"
70	1、2、5、11、12、20、21	"捴"	并爲"椿"
70	4—5	"且有重山複河（改爲'湖'原字未删）之險"	原作"湖"字，誤字應删去
71	13、14、18	"捴"	并爲"椿"
71	3	"令諸路州軍大率隱而不申者……"	"令"原作"今"
74	5	"專委知録主人"	"專委知録主之"
74	1、14	"捴"	并爲"椿"

二、《大典》與《輯稿》并存部分之校勘

（二五）司農倉　《宋會要》《大典》《十八陽》倉字，卷7513，頁10。見《輯稿》食貨53·35，原屬《大典》卷7513。

食貨53		輯　稿	大　典
頁	行		
35	3書眉批	"上缺"	原本如此，上不缺

（二六）折中倉　《宋會要》《大典》《十八陽》倉字，卷7514，頁18。見《輯稿》食貨53·36，原屬《大典》卷數缺。

食貨53		輯　稿	大　典
頁	行		
36	版口	（缺《大典》卷數）	"卷七千五百十四"
36	3—4	"今執券抵江淮，給其茶鹽"	《大典》同，疑"今"爲"令"字

（二七）南京　《宋會要》《大典》《十九庚》京字，卷7701，頁1。見《輯稿》方域2·1，原屬《大典》卷7701

方域2		輯　稿	大　典
頁	行		
1	8	"楚丘（改作'邱'）"	原作"丘"
1	10	"商丘（改作'邱'）"	原作"丘"
1	15	"二曰一日"	"二月一日"

（二八）北京　《宋會要》《大典》《十九庚》京字，卷7702，頁1。見《輯稿》方域2·1—2，原屬《大典》卷7702。

方域2		輯　稿	大　典
頁	行		
2	背2	"宜（又補一'宜'字）春"	原無所補"宜"字

（二九）南昌府城　《宋會要》《大典》《十九庚》城字，卷8 091，頁3。見《輯稿》方域9·14，原屬《大典》卷8 091。

校無訛。

（三十）贛州府城　《宋會要》《大典》《十九庚》城字，卷8 093，頁1。見《輯稿》方域9·15，原屬《大典》卷8 093。

校無訛。

（三一）饒州府城　（《鄱陽志》附《宋會要》注文）《大典》《十九庚》城字，卷8 093，頁8。見《輯稿》方域9·16，原屬《大典》卷8 093。

方域9		輯　　稿	大　　典
頁	行		
16	1	"宋會要"	原爲《鄱陽志》附《宋會要》注文，據稿本體例，應加注明

（三二）僧號　《宋會要》《大典》《十九庚》僧字，卷8 706，頁11·12。見《輯稿》道釋1·7—9，原屬《大典》卷數缺。

道釋1		輯　　稿	大　　典
頁	行		
7	1標題	"大師禪師雜錄"	"僧號"
8	1	"大慧禪師宗杲"	原本同。按下文三處皆作"宗果"
8	10	"又一歲再造"	"又一歲再召"
8	14	"特封妙德大法"	"特封妙德大師"
7—9	版口	（缺《大典》卷數）	"卷八千七百六"

（三三）市糴糧草三　《宋會要》《大典》《十四巧》草字，卷11 598，頁1—9。見《輯稿》食貨40·40—56，原屬《大典》卷11 598。

· 76 ·

二、《大典》與《輯稿》并存部分之校勘

食貨40		輯　稿	大　典
頁	行		
40	背6	"有餘則令項樁積"	"有餘則今項樁管"
40	背4	"隆興子(改作'二')年"	"隆興子年"
41	5、13、14、17	五處"浙"字	原均作"淅"
41	背4	"江西湖外和糴"眉批"外疑北"	原本作"外"
41	背2—1	"量米則有使用,請錢則有糜費"	原作"糧米則有使用……"
42	7	"提舉常平宮"	"宮"原作"官"
42	15—16	"……奏曰:恐亦可用,容更商議奏陳"	"……奏曰:恐亦可行,客更商議奏陳"
43	10	"無至亦(改作'益')增其價"	"無至亦增其價"
43	13	"令項如法樁管"	"今項如法樁管"
43	14	"中書舍人王曬(改作'曬',原字未删)"	原作"曬",誤字當删
43	14—15	"陳良人(改爲'祐')言准御封附(改爲'付')下看詳……"	"陳良又言准御封附下看詳……"
44	11—12	"今新馬約度關(改爲'缺')少草數浩翰"	"今新馬約度關少草數浩翰"
45	1	"被得以逻去支請"	"彼得以逻去支請"
45	4	"借數料本錢"	"措數料本錢"
45	6	"及取撥常(添'平'字)等諸司斛斗"	"及取撥常等諸司斛斗"
45	17	"於内揩留六十萬碩"	"於内指留六十萬碩"

77

續表

食貨40		輯　　稿	大　　典
頁	行		
46	3	"曾米數月"	原本同。疑"米"爲"未"字之誤
48	2—3	"建康府二十萬貫（改作'石'）計率（改爲'本'）錢五十萬貫"	"建康府二十萬碩計率錢五十萬貫"
48	12	"詔兩淛轉運司"	"詔兩淛轉運司"
48	13	"從本司玄（改爲'元'）委逐州官置場依市價收糴"	原作"玄"
49	8	"兩淛"	"兩淛"
49	10	"㮣重置典憲"	原本同。疑"㮣"字衍
49	16	"今秋合降之數"	"令秋合降之數"
49	背3	"竊慮難爲（改爲'於'）收糴"	"竊慮難爲收糴"
50	7	"以稻草乾茭人草相兼收買"	"以稻草乾共人草相兼收買"，似當作"茭草"
51	5、7	"兩淛"	"兩淛"
51	11	"竊慮有誤軍（添'馬'字）支用"	"竊慮有誤軍支用"
51	背4—3	"并赴建康府總領所（補'交'字）納（補'訖'字）"	"并赴建康府總領所納"
52	9	"淛東"	"淛東"
52	背2	"儒者㐮知體國"	"儒者宜知體國"
53	2	"若無拖欠"	"若無他欠"
53	8	"糴㐮本錢"	"糴米本錢"
54	背5	"自舊即每（改爲'無'）上件價例"	原作"每"

·78·

續表

食貨40		輯　稿	大　典
頁	行		
55	12—13	"而乃（添'依'字）收糴客米之例"	原無所添"依"字
55	末	"前未中糴"	"前來中糴"
56	12—13	"盡是籼(改作'山')禾小米"	原作"籼"

（三四）備禦四　《宋會要》《大典》《五禦》禦字。卷14 464，頁2—7。見《輯稿》兵29·31—39，原屬《大典》卷14 464。

兵29		輯　稿	大　典
頁	行		
31	1	（缺標題）	"備禦四"
31　36	書眉	（將各條分隸他門之眉批15處）	（原書既專爲一門，所批不當）
32	7	"兼防大家事"	"兼防火家事"
32	16	"與補義進校尉"	"與補進義校尉"
32　33	末至1	"除梢工梯手招頭外，其遇敵人兵五千四百人"	原本同。疑"遇敵"當作"禦敵"
33	8	"委自通知令佐"	"委自知通令佐"
34	12	"臣僚清……"	"臣僚請……"
34	16	"常切整殘軍馬"	"常切整䩞軍馬"
35	10	"置烽火以相應"	原本同。疑爲"烽火之誤"
37	1	"陳康伯等州"	"陳伯康等奏"
37	8	"未始自由淮西"	"未始不由淮西"
37	15	"暫往指揮殘托"	原作"防托"
38	1	"膚衆潰散"	"虜衆潰散"
38	11	"可令范榮"	"可令范榮"

（三五）急遞鋪①　　《宋會要》《大典》《六暮》鋪字，卷14 574，頁1—32。見《輯稿》方城10·18—53、方域11·1—26，原屬《大典》卷14 574。

方域10		輯　　稿	大　　典
頁	行		
18	背5	"慢乘進發"	"慢程進發"
18	背3	"更乞置借"	"更乞支借"
19	14	"增置自京至宣州馬遞鋪"	"宣州"原作"宜州"
19	16	"多令齎特物色……"	原本同。疑"特"爲"持"字
19	末	"置梓州至錦州地鋪"	"置梓州至綿州遞鋪"
20	2	"令郡牧司……"	"令群牧司……"
20	6	"遣市使小車"	"遣使市小車"
20	7	"仍爲增茸補屋"	"仍爲增茸鋪屋"
20	8	"制置發運司"	"制置發運使司"
21	5	"奏進院"	"進奏院"
21	6	"……非次寔有故事"	"……非次寔有事故"
21	10—11	"多即便爲非"	"多接便爲非"
21	13	"部轄役使使詔轉運使相度"	"部轄役使詔轉運司相度……"
21	17	"任便偷拆"	"任便偷折"
22	3	"……具文狀"	"……具公狀"
22	3	"或到役下處"	"或到投下處"
22	末	"……三時半半……"	"……三時辰半……"
23	4	"京朝官差出峽勾當"	"京朝官差川峽勾當"

續表

方域10		輯 稿	大 典
頁	行		
23	背5	"趙納之言……"	"趙約之言……"
24	10	"速具摺置以聞"	"速具措置以聞"
24	13	"八月十二日,詔内省……"	"八月十二日,詔入内省……"
24	14	"可選充急脚遞鋪兵"	"選可充急脚遞鋪兵"
24	背6—5	"京西左藏庫副使鄧斷宣"	原作"鄧繼宣"
24	背4	"逐日搜山"	"日逐搜山"
24	背3	"駐紮將官……"	"駐紮官將……"
25	背3	"例皆缺額"	"例皆額闕"
26	3	"量增價和價遞馬"	"量增價和糴馬"
26	7—8	"並無遇赦降不與原減不法"	"並無遇赦降不與原減之法"
26	14—15	"蓋自來年未有立定罪名"	"蓋是自來,未有立定罪名"
26	背2—1	"……及逐縣作料次預先請領封樁缺額遞鋪廂軍請受錢"	"……及遂縣作料次預先請領封樁缺額遞鋪廂軍請受錢"
26	末	"準備文遣"	原本同。疑"文"爲"支"之誤
27	5	"及應付荆路額衣賜綱運"	"及應副別路額衣賜綱運"
27	11—12	"……諸色人打㉠"	"……諸色人打過"
28	7	"擅發急脚"	"擅發急遞"
29	3	"乞令其弛慢不職因依"	"乞令具弛慢不職因依"
29	3	"重行點責"	"重行黜責"

· 81 ·

續表

方域 10		輯　稿	大　典
頁	行		
29	17	"湖北路除潭衡邵州軍……"	"湖南路除潭衡邵州軍……"
30	6	"京東路五千九百餘里"	"京東路五千九十餘里"
30	7	"利州路四千一百餘里"	"利州路四千一百二里"
30	11	"縣丞主簿同共管轄巡察"	"縣丞主簿同共管轄檢察"
31	12	"行下昏屬"	"行下所屬"
31	18	"鈐轄"	"鈐轄"
32	3	"鈐轄"	"鈐轄"
32	背 2	"鈴束"	"鈐轄"
31	背 3	"請領依糧"	"請領衣糧"
32	9	"與職職官"	"與當職官"
32	9	"令來正月頒朔布政詔書……"	"今來正月頒朔布政詔書……"
32	13	"詔書以御筆指揮，日行五百里，當急程遞，日行四百里"	"詔書依御筆指揮，日行五百里，常程急遞，日行四百里"
32	背 4	"……文字，往來失期會會"	"……文字，往來有失期會"
33	1	"驛舍亭輔相望於道"	原本同。"輔"疑爲"鋪"
33	2	"梁角撓拆"	"梁桷撓折"
33	5—6	"各行修殘"	"各行修整"
33	背 2	"所止不肯即時交割"	"所至不肯即時交割"
34	1—2	"所主無故不即時交割"	"所至無故不即時交割"
34	5	"八月利州路……"	"八日利州路……"

續表

方域 10		輯　　稿	大　　典
頁	行		
34	14	"輒歐縛曹級鋪兵者,加鬪歐罪一等"	"輒歐縛曹級鋪兵者,加鬪毆罪一等"。"歐"并當作"毆"
34	18	"方免稽遲"	"方免稽滯"
34	19	"本路巡察使臣"	"本路巡轄使臣"
35	10	"有司㪽行滅裂"	"有司奉行滅裂"
35	14	"遂與奏報交揩,是致以一晝夜……"	"遂與奏報交錯,是致以一晝夜……"
35	17	"人力易申,詔急遞所傳文字……"	"人力易勝,詔急脚遞所傳文字……"
36	7	"經略安撫司"	"經略安撫使"
36	末	"與罪免"	"與免罪"
37	2	"如委非緊連……持免推究"	"如委非緊速……持免推究"
37	10	"逐路管馬遞鋪"	"逐路所管馬遞鋪"
38	4 注	"因損失而妄詐闕失"	"因損失而妄詐闕人"
38	6	"罪處非本路者"	"犯罪處非本路者"
38	7—8	"諸軍州軍"	"諸路州軍"
38	12	"令中尚書省"	"令申尚書省"
38	12	"九月十九日"	"七月十九日"
38	13	"以私役禁軍法"	"依私役禁軍法"
38	背 6	"修繕營補,補足兵馬。廉訪司覈實以聞"	"修繕營鋪,補足兵馬。廉訪司覈實以聞"
39	8	"疾速修葺"	"疾速修蓋"

續表

方域10 頁	行	輯稿	大典
39	11	"往往不過三兩人"	"往往不過兩三人"
39	12	"誠有有誤"	"誠恐有誤"
40	6	"令授鋪兵……"	"今後鋪兵……"
40	8	"應許郡緣應付邊事"	"應諸郡緣應付邊事"
40	11	"……言尚書省奏……"	"……尚書省言……"
40	14	"常切提舉按察"	"常切檢舉按察"
40	背3	"昨興軍興"	"昨因軍興"
41	9—10	"若於兵卒差補不足"	"若兵卒差補不足"
41	背2	"差與權免諸般差使"	"並與權免諸般差使"
42	5	"畫時發遣"	"畫時遣發"
42	10	"故所在多有出額"	"故所在多有闕額"
43	8	"訪聞諸處兵馬出入"	"訪聞諸處軍馬出入"
43	11—12	"合差遞兵鋪兵,權行住罷"	"合差遞馬鋪兵,權行住罷"
43	15—16	"擅折東京留守司遞角事"	"擅拆東京留守司遞角事"
43	背6	"開拆窺察之人"	"開拆窺看之人"
44	6	"知委州通專切點點"	"州委知通專切點檢"
44	8—9	"……知縣、縣委"	"……知縣、縣尉"
44	9—10	"最爲緊切處處"	"最爲緊切去處"
45	4—5	"仍令沿路縣尉差殘手傳遞前來"	"仍令沿路縣尉差弓手連傳遞前來"
45	6	"其憐州"	《大典》同。疑是"鄰州"之誤

二、《大典》與《輯稿》并存部分之校勘

續表

方域 10		輯　稿	大　典
頁	行		
45	背 5	"海道要之地"	"海道要害之地"
46	7	"使臣到鋪分日月"	"使臣到鋪分月日"
46	背 3—2	"緣官司將尋常閑慢文字……"	"緣諸官司將尋常閑慢文字……"
47	5	"提馬遞鋪官吏"	"提舉馬遞鋪官吏"
47	5	"與擅發斥堠鋪官吏同罪"	"與擅發斥堠鋪官吏同罪"
47	8	"送委縣尉巡轄"	"專委縣尉巡轄"
47	9	"平江府常熟縣探報，通秦金人已同"	原作"……通泰金人已同"
47	17—18	"專委巡尉差撥兵巡船探報"	"專責巡尉差撥弓兵巡船探報"
47	背 2—1	"尚慮稽滯"	"尚慮稽遲"
48	6—7	"不得晝夜"	"不以晝夜"
48	8—9	"即於一月照填敷額"	"即限一月招填敷額"
48	11	"遇發到遞鋪"	"遇發到遞角"
48	15	"不住往來檢點鋪兵"	"不住往來點檢鋪兵"
48	17	"仍許被兵級……"	"仍許被差兵級……"
49	10	"往來檢點"	"往來點檢"
49	11	"別無稽遲"	"別無稽滯"
49	12	"監司遞下州縣"	"監司遍下州縣"
49	16—17	"秋防是時"	"防秋是時"
49	17	"是時斥堠正當嚴謹，不可少夫措實置"	原本同。疑當爲"不可少失措置"

· 85 ·

續表

方域10 頁	行	輯稿	大典
49	背5—4	"務要作備"	"務要足備"
50	9	"無爲軍宣撫大使"	"無爲軍宣撫使"
50	14	"押摘調發"	"抽摘調發"
50	18	"太平慈湖"	"太平州慈湖"
51	10	"六日,樞密院言……"	"六日,樞密院奏……"
51	末	"上仲遞角"	"上件遞角"
53	13	"或有一二人"	"或有一兩人"

方域11 頁	行	輯稿	大典
2	11	"專差措使一員"	"專差指使"
2	14	"金字牌又書"	"金字牌文書"
2	15	"不係探保事宜"	"不係探報事宜"
3	3	"依諸州請給"	"依諸軍請給"
3	9—10	"今來專委委逐路帥臣"	"今來欲專委逐路帥臣"
3	17	"并詔依"	"詔并依"
4	14	"日食食錢"	"日給食錢"
5	3	"今後如有應入斥堠文字"	"今後如有合入斥堠文字"
5	6	"并官官承受斥堠鋪遞角"	"并官司承受斥堠鋪遞角"
5	17	"并專差人賫回申指揮"	"并專差人賫發回申指揮"

二、《大典》與《輯稿》并存部分之校勘

續表

方域11		輯　　稿	大　　典
頁	行		
6	3	"皆是稽滯累月"	"皆是稽遲累月"
6	8	"併一面專委所屬知通"	"并一面專委所屬知縣"
7	4	"却置騷擾"	"却致騷擾"
7	11	"除房元送嚴州……"	"除房仲元送嚴州……"
7	背3	"按劾以聞"	"接劾以聞"
7	背3	"六月十六日"	"六月十五日"
8	1	"兵更更與犒設一次"	"兵級更與犒設一次"
8	4	"樞密言"	"樞密院言"
8	5	"盜折遞角"	"盜拆遞角"
8	17	"人兵一二人"	"人兵一兩人"
8	背3	"猝有驚"	"猝有警"
8	背1	"悉從州縣……"	"悉從近制……"
9	1	"委田師十、劉锜……"	"委田師中、劉锜……"
9	15	"或常非盜竊"	"或非常盜竊"
9	背2—1	"將排鋪廢罷"	"將擺鋪廢罷"
10	2	"且具逐路提舉馬遞鋪……"	"且委逐路提舉馬遞鋪……"
10	下10	"庶無稽遲"	"庶無稽滯"
10	背4	"合躬親前去路巡"	"合躬親前去路分"
11	4	"令佐失察"	"令佐失覺察"
11	12、13	"若能如前項告首促獲"	"若能如前項告首捉獲"
11	14	"其巡轄使臣"	"其巡轉使臣"

· 87 ·

续表

方域11 页	行	辑　　稿	大　　典
12	2—3	"若有違例"	"若有違戾"
12	3—4	"總總四川賦……"	"總領四川賦……"
12	6	"愈長偷柝藏匿之弊"	"愈長偷拆藏匿之弊"
12	11	"稽遲之弊"	"稽滯之弊"
12	16—17	"逐月具開所發進奏遞角"	"逐月開具所發進奏院遞角"
12	背4—3	"語及令兵部檢坐條法行下"	"語令兵部檢坐條法行下"
12	背2	"令委催促"	"令尉催促"
13	6	"按月支按"	"按月支散"
13	背4	"所務培取鹽食而已"	"所務掊取鹽食而已"
14	3	"多有出額"	"多有闕額"
14	9	"有無籍遲不任職之人,尚尚書省"	"有無稽違不任職之人,申尚書省"
14	背6	"更輪使使臣二員"	"更輪差使臣二員"
14	背3	"三省樞密院呈通"	"三省樞密院通呈"
15	5	"委專官體究得實"	"已委官體究得實"
15	6	"詔張顯先,先次……"	"詔張顯祖,先次……"
15	背4—3	"支次年四月一日日依舊……"	"支次年四月一日依舊……"
15	背3—2	"接得淮南遞角"	"接傳淮南遞角"
16	3	"令今後如敢擅拆窺看傳緣文字"	"今後如敢擅拆窺看傳錄文字"
16	5	"於本州廂軍內選差"	"於本州廂軍內差選"

二、《大典》與《輯稿》并存部分之校勘

續表

方域11		輯　　稿	大　　典
頁	行		
16	6	"米一升"	"米一勝"
16	16	"又多作名色尅減"	"又多作名色減尅"
17	4—5	"近詣諸軍自興州之行在"	"近旨諸軍自興州至行在"
17	8	"第降罪論指揮"	"第降論罪指揮"
17	11—12	"尚書省、樞院"	"尚書省、樞密院"
17	背4	"軍期安平"	"軍期平安"
17	末	"亦不遞千餘里"	"亦不翅千餘里"
18	5	"……馬鋪遞官"	"……馬遞鋪官"
18	7—8	"比之戰士"	"此之戰士"
18	11	"……承傳遞角滯遲"	原作"遲滯"
18	背2	"名具以聞"	"具名以聞"
19	15	"支米一升半"	"支米一勝半"
19	末	"近指諸路州軍斥堠鋪兵選揀健卒謹審鋪兵"	"近指諸路州軍斥堠鋪兵揀選健步謹審鋪兵"
20	2	"給降黑滕白粉牌"	"給降黑漆白粉牌"
20	3	"盱眙軍光濠州"	"盱眙軍光濠州"
20	5	"軍期切緊"	"軍期切務"
20	7	"諸處乞切文字"	"諸處要緊文字"
20	7—8	"乞置雌黃滕青字牌"	"乞置雌黃漆字牌"
20	13—14	"令欲委自巡轄馬遞鋪使臣"	"今欲委自巡轄馬遞鋪使臣"
21	6	"置立罷鋪"	"置立擺鋪"

續表

方域11 頁	行	輯　稿	大　典
21	8—9	"提舉官遞鋪官"	"提舉馬遞鋪官"
21	9	"及都督州軍"	"及督責州軍"
21	15	"擺鋪軍卒"	"擺鋪軍兵"
21	16	"提諸馬遞鋪官"	"提舉馬遞鋪官"
21	背4	"并本院發出批回……"	"并本院發去批回……"
22	3	"提舉常平公鹽公事翟祓言"	"提舉常平茶鹽公事翟祓言"
22	背3	"汪立乃自首行陣"	"汪立乃自行陳首"
23	1	"置巡轄馬遞官一員"	"置巡轄馬遞言一員"
23	2	"令月三日,發遣江南東路轉副副使"	"令月三日,權發遣江南東路轉運副使"
23	4—5	"更不經官更究"	"更不經官根究"
23	9	"如或告獲"	"如告獲"
24	8	"第一第二等分"	"第一第二等人"
24	16	"逐鋪給示"	"逐鋪揭示"
24	背2	"邵説沿沿路州縣……"	"邵説言沿路州縣……"
25	8	"……前後條旨"	"前後條指"
25	9	"提舉馬遞鋪兵"	"提舉馬遞鋪官"
25	13	"以桐城縣銅山驛鋪兵收匿遞角光鋪不察"	"以桐城縣界銅山鋪兵收匿遞角光輔不覺察"
25	背4	"負犯盜卒"	"負犯逃卒"
26	1	"巡轄使臣與曹級相連"	"巡轄使臣與曹級相通"
26	8	"兩鋪纔去十里"	"兩鋪相去纔十里"

續表

方域11		輯　　稿	大　　典
頁	行		
26	9	"見置擺處"	"見置擺鋪處"
26	15	"機密切要文字"	"機密要切文字"

(三六) 急遞鋪②　　《續宋會要》《大典》《六暮》鋪字,卷14575,頁1—7。見《輯稿》方域11・27—39,原屬《大典》卷14575。

方域11		輯　　稿	大　　典
頁	行		
27	2	"續宋會要"	"宋續會要"
27	12—13	"過界月日時劾"	"過界月日時刻"
27	14	"不過五人"	"不過五員"
27	15	"并作點檢稽滯遞角官稱呼"	"并作點檢稽察遞角官稱呼"
27	背4	"……降一員,令逐路提舉官……"	"……降一員及令逐路提舉官……"
27	末	"二年十月十八日"	"二年十月八日"
28	5	"給賞庫"	"激賞庫"
28	7—8	"將牌子即時繳還,若住遲時刻……"	"將牌子即時繳回,若住滯時刻……"
29	13	"給降黑漆字牌"	"給降黑漆白字牌"
29	17	"南陵縣葉鋪"	"南陵縣葉鏽"
30	7	"諸或有距州三四百里者"	"諸鋪或有距州三四百里者"
30	背6	"却客逃軍游手承填名缺"	"却容逃軍游手承填名缺"
31	5	"支給鋪兵衣糧"	"支給鋪兵依糧"

续表

方域11		辑　稿	大　典
頁	行		
31	6	"詔差都進奏院王厚之"	"詔差監都進奏院王厚之"
31	7	"軍器兼主簿"	"軍器監主簿"
31	12—13	"鋪兵願便就便者"	"鋪兵願就便者"
31	18—19	"近來擺斥埃省遞混而爲一"	"近來擺鋪斥埃省遞混而爲一"
32	背4	"詔令後遞角稍有欺弊……"	"詔今後遞角稍有欺弊……"
32	背3	"次第責罰"	"次等責罰"
32	背2	"州郡循"	"州郡因循"
33	11—12	"緩急之之處"	"緩急之處"
34	4	"鋪兵使臣"	"使臣鋪兵"
34	8	"令先次約束州郡……"	"今先次約束州郡……"
34	9	"牌子樣置"	"牌子樣制"
34	14—15	"即具出界入界日時文狀……"	"即具入界出界時日文狀……"
34、35	末1	"乞别給粉牌十一面"	"乞别給牌一十面"
35	3	"應鋪兵須作額"	"應鋪兵須足額"
35	5	"躬親點檢"	"躬親檢察"
35	6	"遞鋪兵給"	"遞鋪兵級"
35	8	"將當職官刻按以聞"	"將當職官按劾以聞"
35	14	"兼稽察本州界内三方遞角"	"兼機察本州界内三方遞角"
35	15	"曾梌"	"曾梌"
35	16	"置郵傳令"	"置郵傳命"

續表

方域11		輯　　稿	大　　典
頁	行		
35	17—18	"私役之人"	"私役於人"
36	1	"州縣將鋪兵合得錢米,并不按月支散,其致逃竄"	"州軍將鋪兵合得錢米,并不按月支散,致其逃竄"
36	2	"依舊鋪分守管"	"依舊鋪分收管"
36	5	"知宣州顔必先"	"知宜州顔必先"
36	7	"或支拆他物"	"或支折他物"
36	8	"招置壯健之人"	"招置彊壯之人"
36	9	"不得以他物拆估"	"不得以他物折估"
36	11	"中樞密院"	"申樞密院"
36	12	"襄陽去行約三千里"	"襄陽去行在約三千里"
36	背3	"少壯槍排手"	"少壯槍牌手"
36	背2	"臣僚置郵傳命……"	"臣僚言置郵傳命……"
37	7	"興五軍"	"興國軍"
37	9	"不能軨束故也"	"不能鈐束故也"
37	12	"不得稍有稽遲"	"不得稍有稽滯"
37	17	"并與厢軍禁軍同日支散"	"并與厢禁軍同日支散"
37	18	"知峽州翟俊言本州田分……"	"知峽州翟畯言本州地分……"
37	背4	"制置江陵"	"置司江陵"
37	背3	"邊驚戒嚴"	"邊警戒嚴"
37	背3—2	"正在江陵陕州兩路之要衝"	"正在江陵峽州兩路之要衝"

· 93 ·

續表

方域11		輯　　稿	大　　典
頁	行		
38	2	"訪多有拖欠不支"	"訪聞多有拖欠不支"
38	7	"有路兩相鄰之州"	"有兩路相鄰之州"
38	15	"不獨廣福福建兩路而然"	"不獨廣東福建兩路而然"
38	17	"兩相鄰之州"	"兩路相鄰之州"
39	1	"自來係自就縣支請"	"自來係是就縣支請"
39	5	"見皆人數"	"見管人數"
39	6—7	"日來事未寧"	"日來邊事未寧"
39	7	"所有遞角文字"	"所是遞角文字"
39	9	"合於本司……"	"各於本司……"

（三七）御史臺主簿　《續宋會要》《大典》《六暮》簿字，卷14 607，頁1。見《輯稿》職官43·39，眉批屬《大典》卷1 117。

職官43		輯　　稿	大　　典
頁	行		
39	書眉	補批作"卷一千一百十七"	"卷一萬四千六百七"

（三八）五運　《宋會要》《大典》《九震》運字，卷15 951。見《輯稿》運曆1·1—4，原屬《大典》卷15 951。

運歷1		輯　　稿	大　　典
頁	行		
1	4	"上承唐統爲全德"	"上承唐統爲金德"
1	4	"國朝亦合爲全德"	"國朝亦合爲金德"
1	9	"天造皇宇"	"天造皇宋"

續表

運歷1		輯　　稿	大　　典
頁	行		
1	10	"爲惑生於金"	"爲感生於金"
1	13	"且五代運遷"	"且五運代遷"
1	19	"晉氏稱全德"	"晉氏稱金德"
1	背4—3	"申明其[殘]"	"申明其事"
2	7	"邇年京師露降"	"邇年京師甘露降"
2	9—10	"[殘]鎮星是主"	"而鎮星是主"
2	10	"及陛下升中之日"	"及陛下升中之次"
2	13	"寔尋於大德"	"寔尋於火德"
2	14	"[殘]於漢德甚矣"	"敏於漢德甚也"
2	18	"政教禮樂之質增殺"	"政教禮樂文質增殺"
2	19	"在昔黃帝兼三林（改作'材'）而統天下"	"在昔黃帝兼三林而統天下"
2	21	"守其德而守其統"	"修其德而守其統"
2	背5	"故德始乎木"	"故德始於木"
2	背3—2	"木以生人"	"木以生火"
2	背2	"上以生金"	"土以生金"
3	1	"陛下造（改作'紹'）天統"	"陛下紹天統"
3	6—7	"尊黃帝於清廟"	"尊皇帝於清廟"
3	9	"祀白帝於西[昏]"	"祀白帝於西畤"
3	背6	"及統正統"	"及序正統"
4	2	"率茲常典"	"率茲典常"
4	10	"戌爲太陽"	"戌爲太陽"
4	12	"炎暑施行"	"炎暑施化"

· 95 ·

（三九）親廟・濮安懿王園廟　《宋會要》《大典》《十三嘯》

廟字，卷17 085，頁10—23。見《輯稿》禮40・6—12，原屬《大典》卷17 085。

禮40		輯　　稿	大　　典
頁	行		
6	2	濮安懿王園廟	"親廟"
6	23	"考之今古"	"考之古今"
6	末	"㊙請如王珪等所議"	"固請如王珪等所議"
7	15注	"馬端臨曰：先時……"	原本同。《通考》作"先是……"
7	16注	"譙國太夫人王"	"譙國太夫人王氏"
7	19注	"取㊙後世"	"取譏後世"
7	20注	"賈諮之議同"	"賈黯之議亦同"
7	21注	"所生父母改稱伯"	"所生父改稱伯"
7	背3注	"不知如何主文"	"不知如何立文"
7	背2注	"皆不㊙大理也"	"皆不識大理也"
8	1注	"㊙王莽"	"誅王莽"
8	17	"裁置奉議皆應徑義"	"裁置奉邑皆應經義"
8	25	"手詔之書"	"手詔之出"
8	26	"今及以稱親爲非"	"今反以稱親爲非"
8	背2	"濮安懿王西四面地步窄狹"	"濮安懿王園四面地步窄狹"
9	5	"西京司禮院"	"西京留司禮院"
9	11	"詔奉安濮懿王神主"	"詔奉安濮安懿王神主"
9	13注	"知㊙令出納神主"	"知園令出納神主"

續表

禮40 頁	禮40 行	輯　稿	大　典
9	17	"諸侯王皆得稱囗"	"諸侯皆得稱園"
10	1—2	"丹祔太宗皇帝廟室"	"升祔太宗皇帝廟室"
10	2	"三夫人神生"	"三夫人神主"
10	11—12	"濮安懿王園域作三冗"	"濮安懿王園域作三穴"
10	16	"導引儀仗內挽歌人"	"導引儀仗內有挽歌人"
10	20注	"主奉同事"	"主奉祠事"
10	21注	"園廟囗大一員"	"園廟香火官一員"
10	22	"濮安懿王夫人遷戶使"	"濮安懿王遷護使"
10	背6	"濮安懿王神生"	"濮安懿王神主"
10	背3	"知太宗正事……"	"知大宗正事……"
11	6	"外無門囗"	"外無門牖"
11	9	"充亞獻官"	"充亞終獻官"
11	11	"作嘗修造"	"昨嘗修造"
11	背5	"紹興府太宗正行司"	"紹興府大宗正行司"
11	末注	"改久嗣王"	"故久闕嗣王"
12	3—4注	"其香火官吏出入囗別門，囗令一人……"	"其香火官吏出入由別門，園令一人……"

(四十)親廟·秀安僖王園廟　《宋會要》《大典》《十三嘯》廟字，卷17085，頁33—34。見《輯稿》禮40·13—14，原屬《大典》卷17084(?)。

禮 40		輯　　稿	大　　典
頁	行		
13	3	"紹興元年三月十三日……"	原本同。按：《宋史·孝宗紀》，秀王偁乃孝宗生父，紹興"十三年九月，歿於秀州"，紹熙元年三月，詔"置園廟"。又據下文"在乾道淳熙欲舉而未遑"語，知當爲紹熙年間事。帝系2·56"秀邸置園立廟"，亦作"紹熙"
13、14	版口	"卷一萬七千八十四"	"卷一萬七千八十五"
13	11	"食實（改作'實食'）封二千九百户"	"食實封貳千玖伯户"
13	17	"情洽（旁添'棣'）華"	"情洽□華"
13	18	"與國咸修"	"與國咸休"
13	背2	"通判湖州朱撰"	"通判湖州朱僕"
14	2	"即無國音并無妨礙"	"即與國音并無妨礙"
14	18	"內廟內吻"	"內廟用吻"
14	20—21	"戟門挾屋八門"	"戟門挾屋八間"
14	背6	"本身請給傔□"	"本身請給傔糧"
14	背5	"於經□制錢內支給"	"於經總制錢內支給"

（四一）休沐　　《宋會要》《大典》《一屋》沐字，卷19 636，頁5。見《輯稿》職官60·15，原屬《大典》卷19 636。

校無訛。

（四二）諸局沿革四·裕民局　　《宋會要》《大典》《一屋》局字，卷19 781，頁1。見《輯稿》職官3·49，原屬《大典》卷19 781。

二、《大典》與《輯稿》并存部分之校勘

職官 3		輯　　稿	大　　典
頁	行		
49	1 標題	"裕民局"	"諸局沿革四裕民局"
49	8	"上曰非卿不能聞此"	"上曰非卿不能聞此言"
49	16—17	"然議去之初"	"然議法之初"
49	23	"官吏勒停永不敍,爲以貴爲賤……"	"官吏勒停永不敍,若以貴爲賤……"
49	25—26	"職位姓民"	"職位姓名"

(四三)諸局沿革四·編估打套局　《宋會要》《大典》《一屋》局字,卷19781,頁8—9。見《輯稿》官職27·70,原屬《大典》卷19781。

職官 27		輯　　稿	大　　典
頁	行		
70	2 標題	"編估局"	"諸局沿革四編估打套局"
70	8	"所編估局官"	"所有編估局官"
70	15—16	"指揮日下依此行下"	"指揮下日依此行下"
70	20 注	"《乾道會要》殘編估打套句"	"《乾道會要》併編估打套局"
70	背 2	"從大理正昏殘請也"	"從大理正晏浧請也"

(四四)諸局沿革四·軍器局　《宋會要》《大典》《一屋》局字,卷19781,頁19。見《輯稿》職官16·22—23,原屬《大典》卷19781。

職官 16		輯　　稿	大　　典
頁	行		
22	背3標題	"軍器局"	"諸局沿革四軍器局"
23	14—15	"十一月照軍器局廢罷,併歸軍器所"	"原本同。疑"照"爲"詔""

（四五）天子服　　《宋會要》《大典》《一屋》服字，卷19 785，頁6。見《輯稿》輿服4·1，原屬《大典》卷19 785。

輿服4		輯　　稿	大　　典
頁	行		
1	4	"准少府監准少府監牒"	"准少府監牒"
1	10	"元組，雙大綬六綵元黃赤……元質"	"元"字《大典》俱作"玄"

（四六）皇太子服　　《宋會要》《大典》《一屋》服字，卷19 785，頁9—11。見《輯稿》輿服4·1—3，原屬《大典》卷19 785。

輿服4		輯　　稿	大　　典
頁	行		
1	21	"受册册謁廟"	"受册謁廟"
1	25—26	"十二月二十五日"	"十月二十五日"
1	背5	"元衣纁裳"	"玄衣纁裳"
2	4	"四裳在裳"	"四章在裳"
2	7	"遠游冠"	"遠游冠"
2	17	"貂籠巾"	"貂蟬籠巾"
2	18	"緋羅襪履"	"緋羅履襪"
2	19	"……龍興二年……"	"……隆興二年……"
2	19	"詔王子"	"詔皇子"
3	8	"……見令解製"	"……見今解製"
3	12	"三月七十……"	"三月七日……"
3	13	"將來王太子"	"將來皇太子"
3	末	"所服依故典即無該載"	"所服依典故即無該載"

· 100 ·

二、《大典》與《輯稿》并存部分之校勘

（四七）后妃服① 　《宋會要》《大典》《一屋》服字，卷19786，頁17—18。見《輯稿》輿服4·4，原屬《大典》卷19786。

輿服4		輯　稿	大　典
頁	行		
4	1	"皇后服"	"后妃服"
4	4	"按典禮具有明堂（改作'文'）"	"按典禮具有明文"
4	8	"宴見賓客之"	"宴見賓客則服之"

（四八）后妃服② 　《宋會要》《大典》《一屋》服字，卷19786，頁19。見《輯稿》輿服4·4，原屬《大典》卷19786。

原書另作一篇，《輯稿》不分。

輿服4		輯　稿	大　典
頁	行		
4	26	"内頭官合用珠子"	"内頭冠合用珠子"

（四九）朝服 　《宋會要》《大典》《一屋》服字，卷19790，頁11—16。見《輯稿》輿服4·11—14，原屬《大典》卷19790。

輿服4		輯　稿	大　典
頁	行		
11	7	"依宫品支給"	"依官品支給"
11	21	"大僕、大理、……"	"太僕、大理、……"
11	背2	"兩朝冠"	"兩梁冠"
12	1	"衣有單單"	"衣有中單"
12	8—9	"殿中侍御左右司諫"	"殿中侍御史左右司諫"
12	13	"實有高高品卑"	"實有官高品卑"

續表

輿服 4 頁	行	輯　　稿	大　　典
12	14	"至給殘事"	"至內給事"
12	16—17	"詳定正日御殿儀注所言"	"詳定正旦御殿儀注所言"
12	21	"今冬正大朝會"	"今冬至大朝會"
13	7	"冠以祭之多少別貴賤"	原本同。據上文當作"以梁之多少別貴賤"
13	8	"古者制禮上物不過十二，天理之數也"	"古者制禮上物不過十二，天之數也"
13	背 2	"至諸寺監簿主"	"至諸寺監主簿"
14	2—3	"宜純用錦錦"	"宜純用紅錦"
14	3	"後漢制……"	"後漢志……"
14	7	"……從之按周禮……"眉批："按字上疑有闕佚"	"……從之按周禮……"
14	16—17	"天子服祭服諸侯服朝服"	"天子服祭服群臣服朝服"
14	20 注	"班殿侯門"	"班殿門外"
14	24	"車駕親殘中外戒嚴"	"車駕親戎中外戒嚴"
14	背 5—4	"尤爲所據"	"尤無所據"

（五十）祭服① 《宋會要》《大典》《一屋》服字，卷19791，頁8—11。見《輯稿》輿服4·15—18，原屬《大典》卷19791。

輿服 4 頁	行	輯　　稿	大　　典
15	1—7	删去七行	原書係《唐會要》，因誤入而删去

二、《大典》與《輯稿》并存部分之校勘

續表

| 輿服4 || 輯稿 | 大典 |
頁	行		
16	3	"平巾繢"	"平巾幘"
16	5	"金吾☐稍"	"金吾攥稍"
16	6	"騎具裝錦☐"	"騎具裝錦韉"
16	10	"及前馬内執旗人"	"及前馬隊内執旗人"
16	11	"大口袍"	"大口袴"
16	背6	"太常鐃大黄吹"	"太常鐃大横吹"
16	背5	"……抹額袜帶緋列官……"	"……抹額抹帶排列官……"
16	背2	"尚輦奉御直長黄……"	"尚輦奉御直長乘黄……"
17	3	"六軍以孔[殘]"	"六軍以孔雀"
17	8	"平巾青服"	"平巾青繢"
17	17	"服袴諸衣"	"服袴褚衣"
17	23	"謂依今制又按今文……"	"請依今制又按令文……"
17	背2	"如今文之制"	"如令文之制"
18	4	"每寸以珠玉填"	"每寸以珠玉瑱"
18	5	"又按今文"	"又按令文"

（五一）祭服② 《宋會要》《大典》《一屋》服字，卷19791，頁12—15。見《輯稿》輿服4·19—21，原屬《大典》19791。

| 輿服4 || 輯稿 | 大典 |
頁	行		
19	2	"絹上刺爲繡文謂之絹黼也"	"絹上刺爲繡文謂之絹黼也"

· 103 ·

續表

輿服 4		輯　稿	大　典
頁	行		
19	9	"色以紫擅"	"色以紫檀"
19	11	"衣裳亦無常"	"衣裳亦無章"
19	12	"又色以紫擅"	"又色以紫檀"
19	14	"至漢史以御史監祠"	"至漢始以御史監祠"
19	23	"玉皆十有二"	"玉十有二"
20	7—8	"天子祭祀"	"天子祭服"
20	20	"以爲前後屬也"	"以爲前後觸也"
20	24	"……謂之鈴,而佩鈴"	"……謂之袊,而佩袊"
21	3	"有粉末"	"有粉米"
21	4	"粉米各一章"	"粉米亦一章"
21	7	"於今文祀儀有……"	"於令文祀儀有……"
21	14	"人禮之異禮"	"人神之異禮"
21	16	"且侍祠及分獻者"	"其侍祠及分獻者"

（五二）祭服③　《宋會要》《大典》《一屋》服字,卷 19791,頁 15—16。見《輯稿》輿服 4·21—22,原屬《大典》卷 19791。

校無訛。

（五三）祭服④　《宋會要》《大典》《一屋》服字,卷 19791,頁 16。見《輯稿》輿服 4·22,原屬《大典》卷 19791。

輿服 4		輯　稿	大　典
頁	行		
22	9	"竊以國家祈殺社稷"	"竊以國家祈報社稷"
22	11	"因習已久"	"因習日久"

· 104 ·

二、《大典》與《輯稿》并存部分之校勘

（五四）祭服⑤　《宋會要》《大典》《一屋》服字，卷 19 791，頁 19—22。見《輯稿》輿服 4·22—24，原屬《大典》卷 19 791。

輿服 4		輯　　稿	大　　典
頁	行		
22	21	"看詳製造之"	"看詳製造。從之"
23	14	"今則方圓俛俛幾於無辨"	"今則方圓俛仰幾於無辨"
23	背 2	"爲纁而大過者也"	"爲纁而太過者也"
24	5	"大車中單"	"大帶中單"
24	6—7	"前明景靈宮……"	"前期景靈宮……"
24	9	"前朝景靈宮……"	"前期景靈宮……"
24	14	"前明景靈宮……"	"前期景靈宮……"
24	23	"紫壇冕四旒，服紫壇衣"	"紫檀冕四旒，服紫檀衣"
24	25	"節鎮防團軍士"	"節鎮防團兵事"

（五五）祭服⑥　《宋會要》《大典》《一屋》服字，卷 19 791，頁 22—27。見《輯稿》輿服 4·25—27，原屬《大典》卷 19 791。

輿服 4		輯　　稿	大　　典
頁	行		
25	2	"王皆五色"	"玉皆五色"
25	8	"天子玉藻卞有二旒"	"天子玉藻十有二旒"
25	13	"大戴禮曰"	"大載禮曰"
25	20—21	"以組爲綬"	"以組爲纓"
25	23	"以黼爲領烏如金飾"	"以黻爲領烏加金飾"

· 105 ·

續表

輿服 4		輯　　稿	大　　典
頁	行		
26	9	"明民見善改⊠也"	"明民見善改惡也"
26	22	"……⊠其體卑故没其正體"	"……嫌其體卑故没其正體"
27	14	"……朱裹終辟"	"……朱裹終裨"
27	背 2	"牧行改正"	"特行改正"

（五六）章服　《宋會要》《大典》《一屋》服字，卷 19 792，頁 18—19。見《輯稿》輿服 4·31—32，原屬《大典》卷 19 792。

輿服 4		輯　　稿	大　　典
頁	行		
31	9	"遇赦改遇章服"	"遇赦改敘章服"
32	5—6	"敷文閣直學士韓產直"	"敷文閣直學士韓彦直"
32	10 注	"以宋尹係思平郡王長女夫"	"以宗尹係思平郡王長女夫"
32	背 2	"嘉定十三年十月五詔……"	"嘉定十三年十月五日詔……"

（五七）郡縣社稷②　《宋會要》《大典》《二質》稷字，卷 20 424，頁 10。見《輯稿》禮 23·14，原屬《大典》卷 20 424。

禮 23		輯　　稿	大　　典
頁	行		
14	1 標題	"社稷"	"郡縣社稷"

本文校無訛。

（五八）内職　《宋會要》《大典》《二質》職字，卷 20 478，頁

8—23。見《輯稿》后妃 4・1—28，原屬《大典》卷 20 478。

后妃 4		輯　　稿	大　　典
頁	行		
1	版口	"卷三萬四百七十八"	"卷二萬四百七十八"
1	背 3	"婉客"眉批"婉客原本如此"	"婉容"
1	背 2—1	"内命婦品"眉批"内外命婦品"	"内命婦品"
3	背 3—2	"眞宗景德二年"	"貞宗景德二年"
3	背 1	"詔置太（改作'大'）儀以贈"	原作"太儀"。又據《通典》"太儀"爲公主母稱號，始於唐
4	1	"公主母爲太（改作'大'，原字未刪）儀"	同上條
7	書眉補	"十四日詔東郡夫人"	"十四日詔東陽郡夫人"
8	14	"六月八日"	"六日八日"
10	背2—1注	"視史部職事"	"視吏部職事"
11	10	"内命婦告告身"	"内命婦告身"
12	背 4	"婕妤王氏隆誕親屬"	"婕妤王氏降誕親屬"
13	16	"……刑氏吳氏……"	"……邢氏吳氏……"
14	背 2	"紅霞披趙氏與（旁補'賜'）掌衣"	"紅霞披趙氏與轉掌衣"
15	9	"十（旁補）四日詔"	原本無所補"十"字。然本條在紹興二十二年九月十一日後，或係原本脱字，待考
18	2	"才人劉氏第舜卿"	"才人劉氏弟舜卿"

續表

后妃4		輯　稿	大　典
頁	行		
18	背5—4	"十一月二十八日詔張氏封平樂郡夫人,依禄式支破諸般請給"	原本無此條。按該條年月與下條同。"詔張氏"以下十八字則與前條複,當係因錯簡而衍出一條。當刪去
21	背3—2	"主管太内公事"	"主管大内公事"
22	5	"張氏特高平郡夫人"	"張氏特封高平郡夫人"
25	14注	"三月改封永嘉郡夫人"	"五月改封永嘉郡夫人"
26	8—9注	"……柔嘉㊣肅夫人成氏加㊣溫國柔㊣莊順雍穆……夫人"	"……柔嘉婉肅夫人成氏,加封溫國柔惠莊順雍穆……夫人"
26	13	"……張氏特轉殘夫人"	"……張氏特轉國夫人"
28	14—15	"曹氏與陞兩字"	"曹氏與陞兩字"

(五九) 牙職

《宋會要》《大典》《二寶》職字,卷20479,頁1—7。見《輯稿》職官48·97—106,原屬《大典》卷20479。

職官48下		輯　稿	大　典
頁	行		
97	4—5	"來牒西京會問留府兩衙分析到……"	"來牒西京會問留守兩衙分析到……"
98	12	"幽州人社清"	"幽州人杜清"
98	13	"雄州(下添一字㊣)刺事宜"	"雄州探刺事宜"
99	14	"百姓因事到宫則群肆乞覓"	"百姓因事到官則郡肆乞覓"

·108·

二、《大典》與《輯稿》并存部分之校勘

續表

職官48下		輯　　稿	大　　典
頁	行		
103	14	"一切不⬚"	"一切不問"
104	11	"李庚"	"李庚"
104	12	"申常平司具録元犯……"	"申常平司□録元犯……"
104	背5	"委州之主官官"	原本同。疑爲"主管官"
104	背4	"即行勤罷"	"即行勒罷"
104	背2	"指其⬚犯"	"指其元犯"
105	7	"七月十七日"	"七月十九日"
106	4	"及日後闕少殘司許指名……"	"及日後闕少諸司許指名……"

三、《宋會要輯稿》校補（續）
——附關於藤田本《宋會要》
"食貨·市舶"底本的探討

一

　　1960年，中華書局影印的殘本《永樂大典》中，所存《宋會要》引文107篇，除去非宋代事而《大典》誤標《宋會要》書名的4篇外，其餘103篇，本人已據以寫成《〈宋會要輯稿〉校補》一文，收在《宋會要輯稿考校》中，共補佚文44篇，校舛誤者59篇。1984年，中華書局又將搜集到的殘本《永樂大典》67卷影印出來，因得接續取校。共得《宋會要》引文18篇，其中17篇見《宋會要輯稿》，1篇雖不見於《宋會要輯稿》，但《輯稿》中却有出自《永樂大典》他卷更詳細的復文，所以没有輯補的必要。這次校勘的主要收穫，除校正一些文字上的舛誤外，還搞清了《輯稿》中存在的幾個問題。

　　明初所修《永樂大典》，是一部規模宏大的類書，它匯集了先秦至明初的大量古籍，特别是宋元人的著作最多，清代學者法式善在《校大典記》中説："苟欲考宋元兩朝制度文章，蓋有

三、《宋會要輯稿》校補（續）

取之不盡，用之不竭者焉。"①由於匯集的古籍數量很大，其中保存了不少明中葉以後散佚的古籍。乾隆年間修《四庫全書》，從中輯補佚書四百多種，②但是還有不少有價值的佚書沒有輯出整理，《宋會要》就是其中的一種。

《宋會要》是宋政權設立專門機構，調集檔案資料分類匯編的大型典籍，在宋代，統治者將此書看做是"祖宗故事之統轄"③，往往用作處理政務的依據。原書佚於明朝中期，幸賴《永樂大典》採入，尤幸《永樂大典》尚殘缺不多的時候，徐松於嘉慶十四年（1809年）從中輯出《宋會要》，使這一珍貴文獻大部分得以流傳。徐松的輯稿幾經轉手，至1936年才由北平圖書館影印發行，這就是當前通行的《宋會要輯稿》。

《永樂大典》的編纂體例，是"用韻以統字，用字以系事"④，按《洪武正韻》排列字序，字下列事目，再按照事目備錄諸書。《四庫提要》評論說："其書割裂龐雜，漫無條理，或以一字一句分韻，或析取一篇，以篇名分韻，或全錄一書，以書名分韻，與卷首凡例多不相應，殊乖編纂之體。"⑤《永樂大典》所採諸書，有些是整篇或全書採入的，輯出後就容易整理，過於分散的，整理的難度就要大一些。從《宋會要輯稿》和殘本《大典》中所反映的情況來看，雖然有一些是被《大典》整門採入的，但也有很多是零散的，最小的篇幅，只有一兩句。特別是《輯稿》

---

① 《存素堂文續集》卷2。
② 據趙萬里《〈永樂大典〉內輯出之佚書目》，《北平北海圖書館月刊》二卷三、四合刊，1929年。
③ 王應麟：《玉海》卷51。
④ 明成祖：《永樂大典序》。
⑤ 《四庫全書總目》卷137，子部・類書・存目一。

中有些篇幅,没有按照在《大典》中的原篇録出,而將數篇混在一起,使人難以理出頭緒。因而用現存不足八百卷的殘本《永樂大典》,對《宋會要輯稿》加以校勘,不僅可以輯補一部分佚文,校訂一些訛誤,而且可以解决一些輯録或後人整理時造成的問題。此項工作,對於進一步整理《宋會要輯稿》,是必不可少的。

二

中華書局續印的殘本《永樂大典》67 卷中,所存《宋會要》共 18 篇。今按所在《大典》中的次第編排,并將校勘記附於每篇之下。

1. 驗尸

《永樂大典》《二支》尸字,卷 914,頁 21—25。見《宋會要輯稿》刑法 6·1—5。

刑法 6

頁 (版心)	行	輯稿 (缺《大典》卷數)	大典 九百十四
1	3(標題)	檢驗	驗尸
2	15	即以前敕	即依前敕
2	18	提刑點獄	提點刑獄
3	8	本縣令佐	令佐
5	2—3	如在三百外	三百里外
5	4	在近固未必躬親審問	在近者

2. 祖宗配侑㈠

《永樂大典》《十四爻》郊字,卷5 455,頁 8。見《宋會要輯稿》禮25·75行 2—8。

3. 祖宗配侑㈡

《永樂大典》《十四爻》郊字,卷5 455,頁 8—9。見《宋會要輯稿》禮25·73—74。

禮 25

頁	行	輯　稿	大　典
73	2(標題)	郊祀配侑(《大典》事目)	祖宗配侑(前條《宋會要》下之標目)
73	7(注文)	九武之南頓	光武
73	21—22	侑神主之尊	侑神作主之尊
74	10	商周之際	商周

4. 祖宗配侑㈢

《永樂大典》《十四爻》郊字,卷5 455,頁 9—10。見《宋會要輯稿》禮25·75—77。

禮 25

頁	行	輯　稿	大　典
75	8	(脱書名)	宋會要
75	13	今南來郊	今來南郊
75	13	復加舊禮	復如舊禮
77	8	圜丘	圜壇
78、80、82(4處)		商	商

5. 郊祀配侑議論㈠

《永樂大典》《十四爻》郊字,卷5 456,頁 1—3。見《宋會要輯稿》禮25·77—82。

禮 25

頁	行	輯 稿	大 典
77	10	（缺《大典》事目及書名）	郊祀配侑議論　宋會要
80	4	高祖氏	高陽氏
81	1—2	襲天天之討	襲天之討
81	14	堯厭典禮	克厭典禮
81—82	22·1	此垂拱開元之間	比垂拱開元之間

6. 郊祀配侑議論㈡

《永樂大典》《十四爻》郊字，卷5 456，頁4—5。見《宋會要輯稿》禮25·82—83。

禮 25

頁	行	輯 稿	大 典
82	20	（脱書名）	宋會要
83	7	宣宗宰臣	宣示宰臣

7. 郊祀配侑議論㈢

《永樂大典》《十四爻》郊字，卷5 456，頁8—12。見《宋會要輯稿》禮25·87—94。

禮 25

頁	行	輯 稿	大 典
87	6	（脱書名）	宋會要
88	11	始配之代	當始配之代
89	22	呂晦	呂誨
90	8	以光光配明堂	光武

續表

頁	行	輯　稿	大　典
92	12	與曠代典禮	與曠代之典禮
92	14—15	并爲爲萬世不遷之廟	并爲萬世不遷之廟
92	16	具禮不由天降	且禮不由天降
93	12	謹孝孝經	謹按孝經

8. 郊祀配侑議論（四）

《永樂大典》《十四爻》郊字，卷5 456，頁14—15。見《宋會要輯稿》禮25·94—97。又重出於禮25·84—87。今以重出的後一篇爲準，校其舛誤。

禮 25

頁	行	輯　稿	大　典
94	22	元昊納款	元昊
95	4	奉爲萬世不易之禮	本爲
95	13	竊爲太祖皇帝	竊惟
96	4	皇祐詔	皇祐詔書

9. 故幽州城

《永樂大典》《十九庚》城字，卷8 089，頁5。見《宋會要輯稿》方域8·30。

10. 延安故城

《永樂大典》《十九庚》城字，卷8 089，頁6—7。見《宋會要輯稿》方域8·30。

11. 金湯古城

《永樂大典》《十九庚》城字，卷8 089，頁8。見《宋會要輯稿》方域8·30。

12. 綏德州城

《永樂大典》《十九庚》城字，卷8 089，頁10—11。見《宋會要輯稿》方域8·30—32。

方域8

頁	行	輯　稿	大　典
31	11—12	重修綏州利□	重修綏州利害

13. 王家城

《永樂大典》《十九庚》城字，卷8 090，頁8。見《宋會要輯稿》方域8·32。

14. 籠竿城

《永樂大典》《十九庚》城字，卷8 090，頁8。見《宋會要輯稿》方域8·32。

方域8

頁	行	輯　稿	大　典
32	10	（脱《大典》事目及書名）	籠竿城　宋會要

15. 羊牧隆城

《永樂大典》《十九庚》城字，卷8 090，頁8。見《宋會要輯稿》方域8·32。

方域8

頁	行	輯　稿	大　典
32	13	（脱《大典》事目及書名）	羊牧隆城　宋會要

16. 統萬城

《永樂大典》《十九庚》城字，卷8 090，頁10。見《宋會要輯稿》方域8·32。

方域 8

頁	行	輯　稿	大　典
32	14	（脱《大典》事目及書名）	統萬城　　宋會要

17. 銀川城

《永樂大典》《十九庚》城字，卷8 090，頁13。見《宋會要輯稿》方域8・32。

方域 8

頁	行	輯　稿	大　典
32	22	（脱《大典》事目及書名）	銀川城　　宋會要

18. 雜録諸僧五　法天

《永樂大典》《十九庚》僧字，卷8 782，頁1。

按此篇前一段是《宋會要輯稿》道釋2・5"傳法院"門的一條節文。《輯稿》此門，出自《大典》卷16 697。後一段乃《元一統志》録自《續資治通鑒長編》太平興國七年六月末條的節文，并無輯補價值，爲了解《宋會要》在《大典》中的狀況。輯録如下：

雜録諸僧五

法天　《宋會要》（紅字）開寶七年。法天，姓刹地利，遍通三藏，與其兄達理摩犖義多、西印度僧尼嚶南、中印度僧尼没駄計哩帝等四人，同造中國。惟法天與其兄得達，餘皆殁於路。《元一統志》（黑字），鄜州法天者，本中天竺摩伽陁國僧也。唐自元和後，不復譯經。江南始用兵之歲，法天來至鄜州，與河中梵僧法進共譯經義，始出無量壽、尊勝二經，七佛贊，法進援筆綴文。知州事王龜從潤色之，遣法天同法進獻經闕下。太祖召見慰勞，賜以紫方袍。法天請游名山。許之。

三

在中華書局續印的殘本《永樂大典》67卷中，所存上述18篇《宋會要》殘文與《宋會要輯稿》對勘的結果，可以分爲4種不同的類型。

第一種類型：文字相同，標題互異。

《大典》事目"驗屍"一篇，與《輯稿》"刑法"類的"檢驗"一門，文字相同，但《輯稿》此門，漏錄《大典》卷數。雖然單從史文來看，似乎可以認爲"檢驗"門即是出於《大典》卷914屍字韻下的一篇，但如果參照標題不同的情況加以分析，出自《大典》他卷的可能更大一些。《輯稿》標題的字迹與史文相同，不像是後人批補的。《大典》此篇標題，乃是《大典》屍字韻下的一個事目，并非《宋會要》原有標題，因此將《輯稿》"刑法"類的"檢驗"一門看做是出自《大典》其他卷中的復文，還是比較合適的。故《輯稿》此門標目，在沒有其他根據之前，以不改爲宜，《永樂大典》卷數自當補入，但須説明此卷事目爲"驗屍"。

第二種類型：《輯稿》不依《大典》體例。

《宋會要輯稿》禮25·74—97有關"郊祀"的3篇，在《永樂大典》中原是7篇，輯錄時不僅次序顛倒，且有重複，其合在一起的6篇，在《大典》中也不屬一個小目，以致雜亂無章，漫無頭緒。

《永樂大典》卷5455、5456"郊祀配侑"事目下，存《宋會要》7篇文字，即上文所列的第2—8篇。卷5455的《大典》事目爲"郊祀配侑"，下面有小目"郊祀配侑事實"。小目下，按朝代順序，摘取歷代有關郊祀事實的文字。所引書有《易》、《玉

三、《宋會要輯稿》校補（續）

海》、曾巽申《郊祀禮》、《文獻通考》、《左氏傳》、《書》、《孝經》、《公羊傳》、《漢書》、《後漢書》、《宋書》、《晉書》、《隋書》、《舊唐書》、《宋會要》等。在《宋會要》書名下，有"祖宗配侑"的標題，當屬《宋會要》本門原有的門目。史文是宋初及太祖建隆四年（963年）的記事。其下採曾鞏《元豐類稿》開寶元年（968年）記事。再後太宗、真宗、仁宗朝，又錄《宋會要》之文，即上文所列"祖宗配侑㈠"，此篇本無標題，因與前篇相接，當屬原《宋會要》同一門中的史文。按照《大典》中《宋會要》的各篇次第及時間順序，均應接在"祖宗配侑㈠"之後，但《輯稿》却置於前，補批的標題則採用《大典》事目"郊祀配侑"，這樣一來，就使原《宋會要》的"祖宗配侑"一門的史文，在《輯稿》中分屬不同標題的兩門。從版口原輯編頁的順序來看，"祖宗配侑㈡"（即《輯稿》禮25·73—74"郊祀配侑"）在前。這説明原輯者已將順序顛倒了。

"祖宗配侑㈢"，記仁宗至高宗朝事，在《輯稿》中，既不錄《宋會要》書名，也没有標題，而是與"祖宗配侑㈠"接續抄出。《永樂大典》在此篇之下，皆元、明史事，"郊祀配侑事實"，小目的内容，到此就結束了。下一個小目的標題是"議論"（見《大典》卷5455第11頁），當是"郊祀配侑議論"的簡稱，也是按朝代順序引書敘事，《宋會要》在這一小目下的引文共4篇，皆屬《大典》卷5456，按朝代順序與前卷相接。第1篇即"郊祀配侑議論㈠"，起建隆迄景祐。第2篇即"郊祀配侑議論㈡"，起康定迄嘉祐。第3篇即"郊祀配侑議論㈢"，載治平年間記事。第4篇即"郊祀配侑議論㈣"，載紹興年間記事。

《宋會要輯稿》將上述4篇"郊祀配侑議論"與《大典》前卷"祖宗配侑"中的㈠㈢相接，不錄《宋會要》書名，也不錄《大

· 119 ·

典》事目。又將記紹興事的第 4 篇置於第 3 篇之前,篇尾還重出一次,在重出的第 4 篇前,有《宋會要》書名,但没有事目。據版心原輯所編頁碼,從 1—25 并不錯亂,這説明原輯就是如此,并非後人編排的失誤。

由於輯書者未能嚴格按照《永樂大典》的體例分篇抄寫,又將初輯遺漏的"祖宗配侑㈡"(《輯稿》禮 25·73—74)補於前,遺漏的另一篇"郊祀配侑議論㈢"(《輯稿》禮 25·87—94)置於後,下面又重録了"郊祀配侑議論㈣"(《輯稿》禮25·94—97)1 篇。中間的 6 篇,除"祖宗配侑㈠"録有《宋會要》書名及門目外,其餘 4 篇皆將《宋會要》書名及兩個不同的標題省去,連成 1 篇,這就造成了下列問題:

1.《輯稿》將《大典》中的"祖宗配侑㈠"置於篇首,脱《宋會要》門目,僅録《大典》事目"郊祀配侑",使原《宋會要》同一門中的史文成爲兩門。

2.《輯稿》將《大典》中的"祖宗配侑"㈠㈡和"郊祀配侑議論"㈠至㈣兩個不同標題下的 6 篇《宋會要》文字混在一起,後 5 篇不録《宋會要》書名和標題,篇次又有顛倒,造成年次錯亂、門目難分的問題。

3.《輯稿》將《大典》中的"郊祀配侑議論㈣"誤輯 2 篇,因而重出。

4.《輯稿》將出於《大典》卷 5 455、5 456 兩卷不同小目下的 6 篇《宋會要》文字連在一起,成爲 1 篇,而版口所録兩個《大典》卷數,使人難以理解,或誤認爲必有一個卷數是錯誤的。

以上問題,如果没有《永樂大典》殘本相對勘,是難以理出頭緒的。

第三種類型:只録《宋會要》書名,不録《大典》事目。

三、《宋會要輯稿》校補(續)

《永樂大典》卷8 089、8 090兩卷中,存《宋會要》9篇有關修城的文字,由於節取甚短,都沒有注明《宋會要》門目,輯錄者亦省去《大典》事目,經與《大典》對勘之後,方知道眉批草書,即是批補的《大典》事目。

第四種類型:《宋會要輯稿》的佚文。

在中華書局1960年影印的730卷《永樂大典》殘本中,本人曾輯補過《宋會要輯稿》的佚文44篇。1984年續印的67卷中,也保存1篇佚文,在《永樂大典》卷8 783"雜錄諸僧五"事目下面,以僧名爲小目,"法天"即其中一個小目,所引《宋會要》書名,用紅字書寫。史文前一段,見《宋會要輯稿》道釋2·5,是"傳法院"門中的一條,而且此條比較詳細。後一段是錄《元一統志》的文字,雖有書名,不用紅字。由此可以幫助我們了解,《宋會要輯稿》中的非《宋會要》文字,除一部分是輯錄者的錯誤外,大多和《永樂大典》本來的狀態有關。像這樣一篇《輯稿》的佚文,實在沒有輯補的必要,影印本《輯稿》之所以不存此篇,或者就是前人整理時有意刪去的。

第五種類型:《永樂大典》不同卷中有重複採用《宋會要》的文字。

《輯稿》中除有現存《大典》同卷中的《宋會要》文字外,還有他卷中的《宋會要》復文。如《大典》卷5 456"郊祀配侑議論㈢",見《輯稿》禮25·87—94。此外《輯稿》禮24·23—42,尚有出自《大典》卷7 199、7 200的復文,分屬於"明堂御劄"、"明堂議論"兩門中,這是《大典》編者根據不同事目的需要,重複摘錄《宋會要》的結果,這種現象在《宋會要輯稿》中很多,我在《宋會要輯稿重出篇幅成因考》一文中,曾做過系統的考察,本文亦收入《宋會要輯稿考校》中,這裏就不再贅述了。

附　關於藤田本《宋會要》"食貨·市舶"底本的探討

日本學者藤田豐八博士，於1916年在中國曾手錄《宋會要》"食貨·市舶"一門，寫本今藏於日本東洋文庫。關於藤田寫本所根據的底本，在中國和日本學者中，都有兩種不同的説法。

一種説法是抄自徐松從《永樂大典》中抄出的原稿。這種説法最早見於1932年湯中所著《宋會要研究》。① 1936年日本學者江田忠在《徐輯宋會要稿本目録》②的序言中，也提出了同樣的看法。

另一種説法是抄自劉承幹嘉業堂編定的《宋會要》清本。這種看法最早是日本學者石田幹之助於1932年提出的。③ 1935年仁井田陞在《永樂大典本宋會要稿本二種》④一文中，從徐松原稿本、劉氏編定本的板式上論證了與藤田寫本的關係，肯定了藤田本是從劉本抄出的。此文并將"徐松稿本附箋"及"徐松稿本"、"劉氏編定本"中"食貨一"首頁影印附後。

---

① 湯中：《宋會要研究》卷1，附注3。
② 江田忠：《徐輯宋會要稿本目録》，見《京城大學史學會志》9—14號，1936，6—1939，4。
③ 石田幹之助：《三松盦讀書記》，載《史學雜志》43—9，1932。
④ 仁井田陞：《永樂大典本宋會要稿本二種》，載《東洋學報》22卷3號，1935。

三、《宋會要輯稿》校補（續）

這篇文章產生了較大的影響，此後如田村實造①、青山定雄②等都是這樣的看法。

多年以來，由於缺乏資料，對上述兩種看法難以作出判斷。近年來出版了《藝風堂友朋書劄》，發現了劉氏嘉業堂的編定本，及其作爲復文剔除的三種零散稿本（徐松原稿、廣雅書局清稿、劉氏嘉業堂清稿）。加以國内、國際的學術交流，使研究《宋會要》諸稿本的資料增加了。我目前雖然没有機會系統閲讀劉氏編定的清本，但承中國社會科學院酈家駒先生代爲復印了有關部分。又承日本學者梅原鬱先生代爲復印日本學者研究《宋會要》的論文，伊原弘先生代爲復印的藤田本《宋會要》食貨·市舶10頁，從而增加了對上述問題作出判斷的根據。

藤田本的版式，首行小題在上，頂格書"食貨三十八"。大題在下，書"宋會要卷二百十八"。第二行低一格，書"大興徐松輯大典本"，下方是"吴興劉承幹編定"。第三行低二格書標題"市舶"。第四行頂格爲記事史文，以下每段皆提行，第一段末小字雙行注"大典卷一萬七千五百五十二"，以下各段末并注"同上"。記事時間，起太祖開寶四年（971年），迄孝宗乾道九年（1173年），與影印本徐稿"職官"44，出自《永樂大典》卷1124的"市舶司"重出，而缺淳熙元年（1174年）至嘉定六年

---

① 田村實造：《我所見到的宋要會輯本及其他——四十年前在北平的囘憶》，《漢語教室》87，1968。

② 青山定雄：《宋會要研究備要》序，東洋文庫宋代史研究委員會，1970。《宋會要輯稿·食貨索引·人名·書名篇》序，東洋文庫宋代史研究委員會，1982。

（1213年）諸條。①

關於徐松所抄，出自《永樂大典》卷17 552的"市舶"一門的原稿，尚存北京圖書館，批有"此卷與職官提舉市舶司全重，存目不錄"的編排意見，是屬於被嘉業堂剔除的復文。這一部分徐輯原稿，也和影印的其他徐稿格式相同，全篇不分段，《永樂大典》卷數是寫在版心的。

影印的徐輯稿底本，現藏北京圖書館。這個底本每冊篇首，皆有嘉業堂的版式貼簽，這就是仁井田陞氏《永樂大典本宋會要稿本二種》一文所載的"附箋"。此簽第一行小題在上，頂格書類名及本類卷數，大題在下書"宋會要卷×××"。第二行低兩格題"大興徐松輯永樂大典本"，以下距行末四格題"吳興劉〇〇編定"。但上述被剔除的復文是無此貼簽的。盡管這一部分徐稿與藤田本都是出於《永樂大典》同一卷的文字，但徐本的版式却和藤田本差別甚大，因而徐本不應是藤田本的底本。

劉氏嘉業堂編定本的版式，與初擬的版式又有所改變。定本首行頂格書"宋會要卷第×××"。第二行低兩格題"大興徐松輯大典本"，距行末兩格題"吳興劉承幹編定"。第三行低三格是本門標題。以下記事文字分段，每段提行頂格，段末雙行注《永樂大典》卷數。藤田本的首行版式與初擬的貼簽相同，而不同於定本，記事史文分段，與劉氏編定本及廣雅書局屠寄的清稿都是相同的。

劉氏編定本"卷三百四十食貨六十"，有"市舶"一門標題，

---

① 據淺海正三：《宋會要中有關宋會要編修的記載》，見《齋藤先生古稀紀念文集》，1937。

題下雙行注云:"已見職官提舉市舶司,存目不錄",與湯中《宋會要研究》中所附劉承幹編定本"宋會要目錄"是一致的。劉本既然刪去此門,藤田氏就不可能從劉本中抄錄,這是顯而易見的。同時兩本的總卷數和食貨類卷數也都不一致,劉本將此門存目於"卷三百四十食貨六十",藤田本所錄則是"卷二百十八食貨三十八",兩本的編排次第也相去甚遠。

如果假定劉氏初編時,曾經編入此門,由於與"職官·市舶司"門重出,後來才抽出史文,只存目錄,而又調整了編次。但這種假定,在時間上也難以解釋。劉承幹自王秉恩處購買徐松及廣雅稿本,是在"民國四年(1915年)冬"①,藤田氏借抄是在"民國五年(1916年)"②,相去不足一年。在這樣短的時間內,也難以把食貨類整理出清稿來。同時現存嘉業堂清本,也并非如此。因此,把劉氏編定本看做是藤田本的底本,也是難以成立的。

那麼,剩下來的就只有廣雅書局屠寄整理的清稿了。

廣雅清本的職官一類,已編入劉氏的定本中,影印本禮類也存在9門,北京圖書館藏有重複部分的帝系、后妃、禮類多門,其餘皆不知下落。但從屠寄與繆荃孫的信件中,還可以看到一些綫索。《藝風堂友朋書劄》屠寄十五云:"頃編《宋會要》,五禮、職官二門已畢,餘食貨門最繁雜,然日日梳理,已略有頭緒矣。"屠寄從事整理《宋會要》的工作,有"抄胥四人,長年寫《會要》不停手"③,因而食貨類應當有部分清稿。劉氏嘉業堂將這一部分廣雅清稿,在初編時,像對徐輯稿本一樣,加進

---

①② 湯中:《宋會要研究》卷3《劉氏得徐抄宋會要稿本之由來》。
③ 《藝風堂友朋書劄》屠寄18。

最初擬定的版式貼籤，也是在情理中的事情。因而藤田氏從嘉業堂借去的《宋會要》"食貨·市舶"，有更大的可能是廣雅書局屠寄的清稿。

（原載《劉子健博士頌壽紀念宋史研究集》〈日〉同册舍1989年9月版。其中《關於藤田本〈宋會要〉"食貨·市舶"底本的探討》曾以《藤田本〈宋會要·食貨·市舶〉考源》爲題，刊登在《中州學刊》1990年第2期）

下　編
《宋會輯稿》考論

上 篇

《宋會要輯稿》考論

《永樂大典》所收《宋會要》的底本問題

一、有關底本問題的討論

明初修《永樂大典》時所收《宋會要》，是明人加給宋代官修本朝《會要》的名稱，它的底本是宋修《會要》中的哪幾種，或者是哪一種，學術界存在不同意見，還是一個需要討論的問題。

湯中《宋會要》卷1說：

> 明初編纂《永樂大典》，將《宋會要》分隸各韻，内載《國朝會要》、《續會要》、《乾道會要》、《中興會要》、《光宗會要》、《寧宗會要》、《政和會要》七種，當時已十亡其三。

湯氏從《宋會要輯稿》中，查到"七種"《宋會要》名稱，認爲明初尚存7種，都收進《永樂大典》。

1978年出版的《宋會要輯稿人名索引》，王德毅教授在《編輯叙例》中說：

> 明初修《永樂大典》時，宋代十三朝的《會要》多半存

在，悉被編録，以韻分隷散在各卷中。

這裏用"多半"代替"七種"，似已發現"七種"之説未必可靠，但基本看法仍是沿襲湯氏舊説。

1968年，日本學者山内正博氏在《册府元龜與宋會要》①一文中提到，《永樂大典》中編入的《宋會要》，"可能是屬於《十三朝會要》系統中的内容"②。1970年青山先生在《宋會要研究備要》的序言中説：

> 《永樂大典》有很大可能就是類輯了《嘉定國朝會要》所根據的幾種《會要》，記載了宋初以來各種制度；如果再把其中還有光宗、寧宗《會要》一并考慮，就可以認爲，它主要是以《十三朝會要》爲依據的文獻。

以上兩位先生，提出了《永樂大典》所收《宋會要》的底本，"可能"是《十三朝會要》，或"以《十三朝會要》爲主"的看法，但尚未能提出足够的證據，作出可信的結論。

二、《宋會要輯稿》中的宋代《會要》名稱

湯氏從《宋會要輯稿》中，查到宋代官修本朝《會要》的7種名稱，從而得出明初還存7種、《永樂大典》採入7種的結

---

① 《史學研究》103。
② 轉引自青山定雄：《宋會要研究備要序》，譯文見《河南師範大學學報》1981年第3期。

論。這一結論的問題,首先是沒有將《宋會要輯稿》中的《會要》名稱查清楚。《宋會要輯稿》中,除了統稱爲《宋會要》者之外,篇首標題或每段史文下注明的具體《會要》名稱,是 11 種全有:

(一)《慶曆國朝會要》

《玉海》卷 51《慶曆國朝會要》條説:

> 慶曆四年四月己酉,修國史章得象上新修《國朝會要》一百五十卷。以編修官王洙兼直龍圖閣,賜三品服。《會要》止修至慶曆三年,后事莫述。

《國朝會要》是宋代官修本朝《會要》的通稱,由於章得象上書在慶曆四年(1044 年),故《玉海》以《慶曆國朝會要》著錄,起建隆元年(960 年)迄慶曆三年(1043 年)。故在《宋會要輯稿》中,凡是慶曆三年以前史文下,注明《國朝會要》者,以上文字皆應出自此書。如帝系 1·1—2 四處在"大中祥符"條下,禮 9·38 等處在"太平興國"條下注稱"以上《國朝會要》"。所云"《國朝會要》",即是《慶曆國朝會要》。

(二)《元豐增修五朝會要》

《玉海》著錄的名稱爲《元豐增修五朝》,是以進書時的年號及此書所修朝代數命名的。《通志》作《國朝會要》。《直齋書錄解題》、《文獻通考》作《六朝國朝會要》,是把神宗朝也計算在內。因爲該書是《慶曆國朝會要》的續修本,爲區別於前書,往往加上進書時的年號或包括朝代數,以相區別。

關於該書的修纂情況,《玉海》卷 51 說:

· 131 ·

熙寧三年九月十六日，翰林學士王珪，請續修慶曆四年以後，止熙寧三年。珪以舊書尚有遺事，所載頗多史文，因略加增損，凡十二年乃成。元豐四年九月己亥，宰臣王珪上之。續慶曆四年，止熙寧十年，通舊增損，成書三百卷。

《元豐增修五朝會要》的續修部分，起慶曆四年（1044年），迄熙寧十年（1077年），所以在《宋會要輯稿》中，凡是在慶曆四年至熙寧十年諸條史文下，注明《宋會要》者，皆應出自此書。像崇儒4·9嘉祐"七年"，禮37·33"治平元年"，兵21·3"熙寧八年"等事條下，注"以上《國朝會要》"者，以上史文，皆是出自《元豐增修五朝會要》。

（三）《政和重修會要》

《宋會要輯稿》職官18·33，載乾道五年（1169年）四月二日，秘書少監汪大猷等上言稱：

蔡攸所修《國朝會要》，除將熙寧十年以前章得象、王珪所修重加刪潤外，其自元豐至政和，止修得帝系、后妃、吉禮三門，其嘉禮以下，本省見行續修。

此書，陳振孫《直齋書錄解題》卷5著錄，作《政和重修國朝會要》。

由上可知，《政和重修會要》續修的部分是元豐元年（1078年）至政和年間（1111—1118年）有關帝系、后妃、吉禮三類。《宋會要輯稿》禮11·4，"崇寧元年二月九日"條，即有注明引自《政和會要》之文。

（四）《乾道續四朝會要》

《宋會要輯稿》職官18·33，載汪大猷等上言說：

> 竊見蔡攸所修吉禮，緣當時議論好惡不同，或妄有刪改以迎合時好，故其間去取，有不可盡循者。乞許令本省重照《實錄》諸書，再加刪定，務歸至當。兼今來續修，斷自神宗以來，其《五朝會要》内，有熙寧十年内事，亦合重行編入，以《續修國朝會要》爲名，庶得神宗一朝事實首尾相貫，可以稽考。

由上可知，《玉海》著錄的《乾道續四朝會要》，其原定書名是《續修國朝會要》。因《會要》一再續修，含義不明，王應麟著錄此書，加上進書時的年號和所續神、哲、徽、欽四朝的朝代數。《直齋書錄解題》、《山堂群書考索》諸書，則稱《續會要》。記事時間，起神宗即位，至靖康之末。

在《宋會要輯稿》中，凡屬治平四年（1067年）正月以後，靖康二年（1127年）四月以前的史文，注明爲《續會要》者，皆是此書。如帝系1·1—2三處，崇儒5·29等處，分別在"大觀"、"熙寧"、"元祐"、"崇寧"、"靖康"條下，注"以上《續國朝會要》"；禮62·42—45一篇，標題爲《宋續會要》，史文皆熙寧中事；禮62·47一篇，標題爲《續宋會要》，所載爲元祐事；崇儒2·1一篇，標題作《宋續會要》，所載皆宣和事等，都是採自《乾道續四朝會要》的史文。

（五）《乾道中興會要》

《乾道中興會要》是《玉海》著錄的名稱，原作《國朝中興會要》，起建炎元年（1127年）五月初一，至紹興三十二年（1162

年)六月十一日。在《宋會要輯稿》中稱《中興會要》。禮20·46、崇儒5·30、食貨52·41等處標題爲"《中興會要》",所記皆高宗朝事;職官43·109、60·7,分別於紹興"三十二年"、"二十九年"條下注"以上《中興會要》",皆是出於此書。

(六)《淳熙會要》

《淳熙會要》是孝宗一朝的《會要》,起紹興三十二年(1162年)六月十一日孝宗即位,迄淳熙十六年(1189年)正月。凡進書3次,第一次在淳熙六年(1179年),第二次在淳熙十三年(1186年),這兩次進本均在孝宗朝,故當時行文稱《今上會要》①;第三次進書,在紹熙三年(1192年),詔"以《至尊壽皇聖帝會要》爲名"②。三次進本在慶元六年(1200年)邵文炳上書中合稱爲"《孝宗會要》三書"③。《玉海》著錄作《淳熙會要》。

在《宋會要輯稿》中,除食貨11·30在"淳熙"條下注"以上《淳熙會要》"外,一般都是在乾道末年諸條下注《乾道會要》。如崇儒4·30、職官43·118、選舉8·15等處,均是在乾道九年(1173年)或八年(1172年)條下,注"以上《乾道會要》";崇儒5·37—38隆興二年(1164年)至乾道九年一篇,首行標題即是《乾道會要》,淳熙末年諸條下,皆注《孝宗會要》。所注《乾道會要》是11種《會要》中的哪一種,是一個需要搞清的問題。

《南宋館閣續錄》卷4,記載慶元六年(1200年)閏二月,秘

---

① 《宋會要》職官18·42—44,《南宋館閣續錄》卷4。
② 《南宋館閣續錄》卷4。
③ 《玉海》卷51。

書丞邵文炳等上言稱：

> 本省昨來進呈《壽皇聖帝會要》，先於淳熙六年七月進一百五十八卷，起自嗣位，至乾道九年。淳熙十三年十一月進一百三十卷，起自淳熙元年至十年。紹熙三年十二月進八十卷，起自淳熙十一年至十六年。

《宋會要輯稿》職官 18·43—44，載淳熙十三年（1186 年）十月九日秘書監沈揆等人的上言稱：

> 昨奉聖旨，接續修《今上皇帝會要》，今自淳熙元年正月，至淳熙十年十二月，修纂已成。

由上可知，《淳熙會要》的第一次進本是起於紹興三十二年（1162 年）六月十一日孝宗即位，迄乾道九年（1173 年）年底，正與《宋會要輯稿》中所注《乾道會要》吻合；因此可以判斷，《宋會要輯稿》中的《乾道會要》，就是《淳熙會要》的第一次進本。

（七）《嘉泰孝宗會要》

《孝宗會要》是將《淳熙會要》的三次進本"統爲一書"①的，但變動很大。《玉海》卷 51 説：

> 蓋比而同之者，六百九十有二條；刪而正之者，二千八十有七條；潤色初緒，凡三千八百十八條；別門析類，傅合

---

① 《南宋館閣續錄》卷 4。

者九,芟煩者四;增多四十有六。事詳文省,紀綱制度,粲然有章。

在《宋會要輯稿》中,自淳熙元年(1174年)迄十六年(1189年)的史文,一般皆注《孝宗會要》。如瑞異2·26、崇儒4·32於"淳熙十五年"條下,職官22·41於"淳熙五年"條下,食貨28·29於"淳熙十六年"條下,注"以上《孝宗會要》";崇儒5·39—42一篇,起淳熙元年,迄十六年正月,篇首標題即是《孝宗會要》。諸如此類爲數甚多,皆出自《嘉泰孝宗會要》。

(八)《慶元光宗會要》

《光宗會要》起淳熙十六年二月光宗受禪,迄紹熙五年(1194年)七月退位,已在第二章論述。《宋會要輯稿》中,凡屬這一時期的史文,注明《光宗會要》者,即出自此書。如帝系7·13—15"紹熙宗室雜錄"一門,起"淳熙十六年二月四日",至紹熙"四年六月四日",篇尾注"以上《光宗會要》"。崇儒5·43,紹熙三年(1192年)史文首行標題爲"《光宗會要》"。崇儒4·32"淳熙十六年七月十五日"條下,食貨28·39紹熙五年"三月"條下,皆注"以上《光宗會要》"。

(九)《嘉泰寧宗會要》

《寧宗會要》起自紹熙五年七月寧宗即位,止於嘉定十七年(1224年)閏八月寧宗去世,已如前述。在《宋會要輯稿》中注明出自《寧宗會要》的史文甚多。如帝系8·44—45"宗女"一門中,自"紹熙五年九月十四日",至開禧"三年"條後,注"以上《寧宗會要》"。職官47·58嘉定"十年"條下,食貨18·31嘉定"十七年二月十四日"條下等,均注"以上《寧宗會要》"。

(十)《嘉定國朝會要》

張從祖所修《經進總類國朝會要》,《玉海》著録作《嘉定國朝會要》,起宋初,至孝宗乾道九年(1173年),已在第二章中論述。如《宋會要輯稿》帝系5·1—37、6·1—33、7·1—12"宗室雜録"三門篇首標題皆作"《經進總類會要》",記事時間在元豐元年(1078年)至乾道九年(1173年)之間,皆出自此書。

(十一)《十三朝會要》

李心傳繼張從祖之後續成的《經進總類國朝會要》,在《宋史·李心傳傳》中稱作《十三朝會要》。此書宋初至孝宗乾道九年,爲張從祖所修,淳熙元年(1174年)至嘉定十七年(1224年)乃李心傳所續,前章已經論及。在《宋會要輯稿》中,全書名稱爲《經進總類國朝會要》,見食貨62·47;淳熙元年以下的續修部分,稱《經進續總類會要》,見帝系7·16,食貨18·8標題書名。

由上可知,宋代官修11種本朝《會要》,在《宋會要輯稿》中全可查到,并非只有"七種"。

三、《永樂大典》所收是《十三朝會要》

在《宋會要輯稿》中,盡管可以將宋代官修11種《會要》全部查到,但却不能説明明初尚存或《永樂大典》直接採入了11種《會要》。因爲《宋會要輯稿》中所載各種《會要》名稱,除《宋會要》爲後人所加外,其餘具體名稱則是《十三朝會要》原有的。其中最多,夾在史文中間注"以上《××會要》"者,在乾道九年以前,屬張從祖所修《嘉定國朝會要》的原注。張從祖所修,是將《元豐增修五朝會要》(注中作《國朝會要》)、《乾道續四朝會要》(注中作《續會要》)、《中興會要》及《淳熙會要》

的第一次進本，共 4 種《會要》合編而成，起宋初至乾道九年（1173 年）。《郡齋讀書志·趙希弁附志》卷 5，著録《總類國朝會要》稱：

> 此集則合十一朝爲一書也，然中多節略而始末不全者。

以上特點，在《宋會要輯稿》中也反映了出來。在宋初至乾道一段的各門史文中，有些不完整的篇幅注稱："以上《乾道會要》，前三書無此門"①，"以上《國朝會要》，後三書無此門"②，"以上《續國朝會要》，國朝、中興、乾道《會要》無此門"③等。這些注文，清楚地説明是張從祖修《嘉定國朝會要》所根據的 4 種《會要》，這當然是張氏的原注。而且對原《會要》"無此門"的殘缺部分，均一仍其舊，不作補充，所以就存在"始末不全"的問題。至於所謂《國朝會要》中，包括《慶曆國朝會要》的部分，則當是王珪等修《元豐增修五朝會要》中的舊注，因爲《元豐增修五朝會要》已包括了《慶曆國朝會要》的内容，張氏就無須再直接採用《慶曆國朝會要》了。張氏合編 4 種《會要》，分別注明所據《會要》的名稱，是合情合理的。

《宋會要輯稿》在淳熙至嘉定諸條下，所注孝宗、光宗、寧宗《會要》，則是李心傳續修時所注。這一點可以從《宋會要輯稿》中保存的《經進續總類會要》中得到説明。如食貨 18·8—

---

① 《宋會要輯稿》選舉 18·25 等。
② 《宋會要輯稿》選舉 18·27 等。
③ 《宋會要輯稿》選舉 11·43，12·37，職官 4·44 等。

31"商税"門,篇首書名爲《經進續總類會要》,起"淳熙元年十一月十一日",至嘉定"十七年三月十四日"。其 18 頁"淳熙十五年"條下注"以上《孝宗會要》";18—20 頁"淳熙十六年閏五月"條至"紹熙四年三月四日"條下,注"以上《光宗會要》";31 頁篇尾"嘉定十七年三月十四日"條下,注"以上《寧宗會要》"。這些注文,當然是《經進續總類會要》的原注。李心傳既然是繼張從祖所修續成十三朝,全書又採用了原名,則《宋會要輯稿》中所注具體《會要》的名稱,均應是《十三朝會要》舊有的,因此,它與明初還存在有幾種《宋會要》的問題無關,據以判定《永樂大典》收入了幾種,當然也是不能成立的。

以上從《輯稿》記載的各種《宋會要》名稱中,探討了《十三朝會要》的狀況,同時也説明了《永樂大典》所收即是此書。

《十三朝會要》在宋代官修 11 種本朝《會要》中,是最完整的一種,它通前修諸《會要》爲一書。在《宋會要輯稿》中,各門的起迄時間,雖然一般是起太祖迄寧宗,與《十三朝會要》的起迄時間相合,但却有下列諸篇,在正文中記載理宗以後的史事。計有:

后妃 1·9　　　　　　載理宗寶慶三年(1227 年)至紹定六年(1233 年)事。

樂 6·6—20　　　　載理宗朝"明堂朝獻"樂章。

樂 7·19　　　　　　紹定三年(1230 年)壽明仁福慈睿皇太后册定九首。

樂 7·27—29　　　 載理宗"寶祐二年(1254 年)皇子冠"樂章。

樂 8·28　　　　　　載理宗寶慶三年(1227 年)"奉上寧宗徽號導引"。"莊文太子薨導引一首"。"景獻太子薨一首"。

禮20·47	"張孝子祠"條,載元世祖至元二十三年(1286年)事。
禮20·166	"輔教神祠"載淳祐戊申(1248年)事。
禮30·86—95	載理宗寶慶元年(1225年)至二年(1226年)有關寧宗喪禮共31條。
禮49·97	載寶慶元年(1225年)至三年(1227年)有關寧宗諡號兩條。
禮54·20—21	載理宗嘉熙四年(1240年)、度宗咸淳十年(1274年)、恭宗德祐元年(1275年)、端宗景炎元年(1276年)及帝昺改元祥興事。
儀制10·11—13	載淳祐元年(1241年)至度宗咸淳三年(1267年)勛臣封贈事。
瑞異2·13	載理宗紹定三年(1230年)十一月丁酉孛星事。
瑞異2·16—17	載理宗"紹定四年"(1231年)、"景定五年"(1264年)春雪。
瑞異2·30	載度宗咸淳六年(1270年)、十年(1274年)旱災。
瑞異3·47	載理宗紹定三年至景定三年(1262年)蝗災。
食貨34·37	載理宗端平三年(1236年)敕書。
方域8·29	載元"泰定三年(1326)三月六日"火沙王等奏甘肅省上言修城事。
方域9·21—23	載明太祖洪武元年(1368年)至六年(1373年)永州府修城事,及咸淳乙丑

(元年,1265 年)吳之道《修城記》。

蕃夷 7·56　載理宗淳祐三年(1243 年)、景定三年(1262 年),度宗咸淳元年(1265 年)及二年(1266 年)安南進貢事。

上述理宗以後至明初的史文,有的篇首標題就不是《宋會要》。如瑞異 3"蝗災"門,標題書名爲《宋史·五行志》,是因爲有引《宋會要》的注文而輯出的。有的前人已校出非《宋會要》文字。如食貨 34"坑冶雜録"門,篇首原批稱"此《宋史·食貨志》,非《會要》"。經系統校對,除上述原題及原批皆是外,方域 9"永州府"條,出自明洪武十六年(1383 年)虞自明、銘修、胡璉纂《永州府志》,其餘大部分出自《宋史》,但尚有幾條暫未查到出處,其中像帝昺祥興間及元代的史文,必不出於《宋會要》,個別理宗時期的史文,尚有待進一步查考。不過《宋會要輯稿》中已附入的書籍數十種,正文、附注數百條,在這種情況下,并不影響我們對《永樂大典》所收《宋會要》的底本作出結論。當然進一步再把遺留的個別問題搞清楚,還是必要的。

在宋代官修 11 種本朝《會要》中,《十三朝會要》是最完整的一種,它包括了前修 10 種《會要》,又是唯一有刻本的一種,從而成爲能夠流傳下來的有利因素。

《永樂大典》修成於明成祖永樂六年(1408 年),在此後 33 年,即正統六年(1441 年),楊士奇所編《文淵閣書目》中,著録"《宋會要》一部,二百三册,闕"。《永樂大典》所收《宋會要》的底本,當即此書。在《宋會要輯稿》中,有不少注明"原缺"、"原本缺"、"缺"的殘文(例證見第五章),也反映了所據底本是殘缺的。因此可以認爲,《永樂大典》所收《宋會要》的底本,是有所殘闕的《十三朝會要》。

徐輯《宋會要》原稿的"副本"問題

徐松於清嘉慶十四年（1809年），在全唐文館任職時，從《永樂大典》中抄出《宋會要》。其原稿大部分已經影印。另有被嘉業堂作爲復文剔出的約一千七百頁，這是民國二十五年（1936年）北平圖書館影印時未曾見到的；1953年，北京圖書館自來薰閣購得，收藏於善本庫。目前我們所能見到的原稿，總字數約近一千萬。

徐松曾經對他所輯的稿本按照《玉海》所載《慶歷國朝會要》的21類目次加以排整，并且在文字方面進行過細致的校訂。但是由於篇幅大，問題多，終於未能完成。在影印本《宋會要輯稿》及未印的原稿中，均有他校批的大量筆迹。在這些校語中，有的加"松案"二字，有的雖沒有署名，但可以從字體辨識出來。徐松的校語中往往提到"副本"、"別本"，特別是稱爲"副本"的地方，不僅在校訂文字中使用，也有不少在一門標題附近出現。

湯中先生的《宋會要研究》，對"副本"、"別本"作了如下的判斷："查食貨類常平倉，有眉批云：副本義倉末，有仁宗嘉祐二年、四年廣惠倉三條。又有夾簽云：別本義倉卷後，有仁宗嘉祐二年、四年廣惠倉三條。由是可知，今之傳世者爲正本，此外當別有副本"。這種根據徐松校語作出除正本之外,還"別有副本"的斷言,是值得商榷的。

湯氏所引"常平倉"一門,影印本及未印原輯稿均已不存。但《宋會要輯稿》食貨53・6—34頁,存有輯自《永樂大典》卷17 541的"常平倉"、"義倉"、"廣惠倉"史文,其第8頁徐松筆迹的眉批云:"仁宗嘉祐二年以下三條應補抄四年上,右本卷義倉末。"34頁眉批:"以下三條移入常平仁宗嘉祐四年上。"與湯氏所引另一篇"常平倉"的眉批及夾簽所指的"副本"、"別本"是相合的,所指當即此篇。又檢中華書局影印本《永樂大典》之《十八陽》倉字,卷7 506存"常平倉"一門重出篇幅,恰好亦缺影印本"義倉"後的嘉祐二年、四年廣惠倉三條。被湯氏指爲"正本"的"常平倉"門,自應出自此處。這重出的兩個"常平倉"門,既分別在《永樂大典》的不同卷中,當然屬於《永樂大典》中的復文,徐松只是照《永樂大典》的原文錄出,并非因爲抄錄正、副兩本才造成的重出。

此外,在我們所能見到的原稿徐批校語中,被稱作"副本"、"別本"、"一本"、"兩本"的地方很多,實際上都是指在《永樂大典》中本來重出的篇幅。

屬於整門的"副本"。如食貨13及14兩卷,有"免役錢"門,篇首大字批作"免役副本",并以小字批注:"此本缺治平四年至元豐八年一卷",本門原錄《永樂大典》的卷數是4 685、4 686,與此門重出者尚有:食貨65的"免役"門,出自《永樂大典》卷20 725、20 726;又食貨66的"免役"門,出《永樂大典》卷17 549、17 550、17 551。這重出的三門,分別出自《永樂大典》的不同卷中,只是食貨13、14卷的一門,因篇首"缺治平四年至元豐八年一卷",徐松不打算採用,才批作"副本"的。

食貨59"恤災"門的13頁,"宣和元年"一條,原錄標題是"賑恤",漏錄《永樂大典》卷數。其欄外右上角批有"恤災副本",眉批云:"此卷前有熙寧以下七十條,應補抄",又"脫二月十六日一條"。按此上1—12頁即眉批所指"熙寧以下七十條",此下14頁,除有"宣和元年"一條復文外,亦有眉批所指"二月十六日"條,均出於《永樂大典》卷2 633,標題是"恤災"。兩者標題不同,可見原來都是各自爲篇的,只是由於"賑恤"一篇不僅與"恤災"重出,而且所缺甚多,只有校訂史文的價值,實無專立一門的必要。故徐松批作"副本"附於復文之前,以便於最後處理,後來照原樣影印了。

在逐字校訂中提到"副本"的校語,也是不少的。食貨62"義倉"門之18頁,有眉批云:"脫三條在副本"。檢食貨53有重出的"義倉"一門,其19頁確有淳化一條、咸平二條爲此門所無。兩門中還有許多校語指出重出兩門的異同,亦皆符合,可知食貨53之"義倉"門,即徐批所指"副本";而此門出自《永樂大典》卷17 541;食貨62之"義倉"門,則出自《永樂大典》卷7 509。這些都是《永樂大典》原有的篇幅,并非什麼"別有副本"。

食貨64"公使錢"門之113頁,眉批云:"官田副本亦有公使錢錯簡七條,移補此上"。檢食貨5"官田雜錄"門之25頁空13行,於空缺處批稱"下脫'指揮'至'據責'四百五十字;多'公使錢'至'從之'四百字,此條可移入公使錢",與上述眉批相應。所云"錯簡",史文業已裁去。此門漏錄《永樂大典》卷數。按食貨61尚有重出一門"官田雜錄",出自《永樂大典》卷4 784,無徐松所批"公使錢錯簡"七條,則所謂"官田副本",係指食貨5之"官田雜錄"門是沒有問題的。這種重出兩門中有一門缺《永樂大典》卷數的篇幅,亦當屬於《永樂大典》中的復文(參看拙著

《〈宋會要輯稿〉重出篇幅成因考》，見《史學月刊》1980年第3期）。

食貨11"版籍"門之24頁眉批："益疑蓋，副本同"。檢食貨69重出的一門"版籍"，其30頁則作"蓋"，并不與上述一門同誤，但這重出兩門中的其他校語，却都是相應的。前一門同頁眉批"忠，一作志"，"自聖祖及仁宗，一作聖祖神宗"；後一門同頁眉批："志，一作忠"，"神宗，一作仁宗"。又前者25頁篇尾眉批："脱淳熙以后數條，應補抄"。后者31頁以下，確有淳熙至嘉定七條。據此則徐松所批"副本同"者，當是疏忽，其所謂"副本"，則當是指食貨69之"版籍"門。在這重出的兩門中，前一門出自《永樂大典》卷17 531，而後一門則出自卷20 359。

其他像食貨42"宋漕運"門之11頁眉批"副本有《玉海》一條附注"、食貨48"陸運"門之19頁眉批"副本有蘇黃門一條，應抄入'從之'後"，在原輯稿中查不到所指副本的篇幅，則應屬於丢失的部分。

稱"別本"的校語，食貨12"户口雜録"門之第6頁眉批："別本卷首有壽皇聖帝一條，應移抄於此"。檢食貨69"〔户口〕雜録"門之第77頁，篇首即有此一條。又前一門78頁眉批"以，一作是"，"三，一作五"等，後一門1—2頁眉批則是"是，一作以"，"五，一作三"等，皆是相合的。前一門缺《永樂大典》卷數，後一門出自《永樂大典》卷17 531。

食貨68"恤災"門之128頁篇首眉批："按大觀二年八月十九日條下注有'詳見恤災門'，則此卷不當名"恤災"。又別卷有"恩惠"一門，考其詳則賑貸也，似當移以名此卷。"檢食貨60·3批作"副本恩惠"的一門與此門重出，即徐松校語中所指的"別本"。但"恤災"門出《永樂大典》卷17 544,"恩惠"門則出自卷20 900,本是《永樂大典》中的兩篇。

稱作"一本"、"一作"的校語。食貨4"屯田雜錄"門之1頁眉批:"事,一作使",而食貨63"屯田雜錄"重出一門之37頁眉批則是"使,一作事"。食貨63"屯田雜錄"門之48頁,"〔元豐〕二年以所收不及額罷之"條上,眉批云:"'以所收不及額罷之',一本無此八字",而食貨4"屯田雜錄"重出一門之5頁史文,也正無此八字衍文,其他許多批出的異同及脫文處,亦皆相合。食貨4一門缺《永樂大典》卷數,其重出的後一門,出自《永樂大典》卷4 769、4 770。

也有稱作"兩本"的,如食貨35"上供錢"門之44頁眉批"'數目多少仍',一作'酬賞從本部',按文義,兩本似俱有脫誤"。檢食貨64重出的"無額上供錢"門,其59頁眉批:"'酬賞從本部',一本作'數目多少仍',細核文義,兩本似俱有脫誤"。這重出的兩門,其他校語,亦皆相應,而前一門出《永樂大典》卷4 688,後者出卷17 544,也是在《永樂大典》中就存在的兩篇。

根據上述情況,在徐松所批校語中,凡稱作"副本"、"別本"、"一本"、"一作"、"兩本"的,都是指在《永樂大典》中重出的篇幅,它并不能說明"今之傳世者爲正本",另外還"別有副本"。

宋朝《總類國朝會要》考

《總類國朝會要》,是宋朝所修的十多種本朝會要中唯一有刻本的一種。但原書早已散佚,今所見者,是徐松從《永樂大典》中輯出之稿本,其中有許多問題需要考辨。本文擬對此書流傳不廣的原因、著録混亂的狀況,確切的書名,兩種《總類會要》的作者及其構成,《永樂大典》所收《宋會要》之底本,《輯稿》所反映的原書狀況,以及學術界的有關意見等,提出個人看法,請方家指正。

一

宋朝編修本朝《會要》,具有雙重用意。其一,提供處理政務之參考。熙寧年間,王珪上書稱:

《國朝會要》,朝廷檢尋故事,未嘗不用此書。(《華陽集》卷八《乞續修國朝會要劄子》)

宋代臣僚的奏章中,往往引《國朝會要》的記載作爲闡述政見之依據。如《宋會要輯稿》(以下簡稱《輯稿》)《禮》6·22、

6·24,《禮》7·2,《禮》18·38,《禮》49·24(兩處),《儀制》13·13等所節錄臣僚奏章文字中,皆有"檢照《國朝會要》",或作"檢會《國朝會要》"、"檢準《國朝會要》"之文,在宋人文集、筆記中,亦屢見不鮮。

其二,流傳後世,作則垂憲。《孝宗會要序》云:

> 孝宗憲章前烈,乂我受民,驟帝馳王,跨越周漢。品式備具,規摹宏遠,詒謀垂範,將億萬年。天叙有典,以正罔缺,熙朝簡册,煒燁相望。繼今立政立事,其一以孝宗爲準。(《玉海》卷51)

《輯稿》崇儒4·25,載紹興九年(1139年)八月二十三日,起居舍人王銖上言稱:

> 竊見《國朝會要》,備載祖宗以來良法美意,凡故事之損益,職官之因革,與夫禮樂之文,賞罰之章,憲物容典,纖細畢具,粲然一王之法,永貽萬世之傳。今朝廷討論故事,未嘗不遵用此書。

王應麟評論説:

> 自昔帝王之興,必有一代之制,著在方册,作則垂憲。若夫國有大典,朝有大疑,於是稽以爲决,操以爲驗,使損益廢置之序,離合因革之原,不待廣詢博考,一開卷而盡見,此《會要》之書所以不可廢也。《會要》之書,典故盡在,所以彌縫律令之闕,相爲表裏。(《玉海》卷51)

因爲《會要》具有上述雙重價值,在當時屬於政書,因此與《實錄》、《國史》有所區別。諸家書目,或著錄於類書類,如《郡齋讀書志‧附志》;或著錄於典故類,如《直齋書錄解題》、《玉海》;或著錄於故事類,如《文獻通考》;或著錄於類事類,如《宋史‧藝文志》。宋修本朝《會要》,將大量檔案節文分類編輯,爲處理政務提供依據,因而宋政府比較重視。除了與實錄、國史院等史局一樣設會要所專司其事外,在提供檔案資料方面,則優於史局。程俱評論徽宗朝罷編修《政和會要》一事説:

> 朝廷每有討論,不下國史院而常下會要所者,蓋以事各類從,每一事則自建隆元年以來至當時,因革利害,源流皆在,不如國史之散漫簡約難見首尾也。故論者惜其罷之無漸而處之無術也。(《麟臺故事》卷2《職掌》)

正是由於實際需要,宋政府才比較重視編修本朝《會要》的工

作,持續修纂,共成書 11 種,總計三千餘卷。① 另有《理宗會

---

① 宋修 11 種本朝《會要》,據《玉海》、《直齋書錄解題》、《郡齋讀書志·附志》、《南宋館閣錄》、《南宋館閣續錄》、《文獻通考》、《宋史》、《宋會要輯稿》,綜合整理如下:

(一)《慶曆國朝會要》(一作《三朝國朝會要》)150 卷,起建隆元年(960 年)至慶曆三年(1043 年),章得象監總。

(二)《元豐增修五朝會要》(一作《六朝國朝會要》、《國朝會要》)300 卷,起建隆元年至熙寧十年(1077 年),王珪奏上。

(三)《政和重修國朝會要》(一作《政和會要》)110 卷(只上帝系、后妃、吉禮三類),起建隆元年至政和末年,蔡攸等修。

(四)《乾道續四朝會要》(一作《續會要》)300 卷,起治平四年(1064 年)神宗即位,至靖康末(1127 年),汪大猷等修,虞允文上。

(五)《乾道中興會要》200 卷,起建炎元年(1127 年),至紹興三十二年(1162 年)六月十一日高宗禪位,梁克家等奏上。

(六)《淳熙會要》(一作《至尊壽皇聖帝會要》,第一次進本稱《乾道會要》)368 卷,起紹興三十二年孝宗即位,至淳熙十六年(1189 年)正月,趙雄、王淮、光宗分別三次奏進。

(七)《嘉泰孝宗會要》200 卷,孝宗一朝,刪潤《淳熙會要》等三書而成,邵文炳請修,楊濟、鐘必萬總修。

(八)《慶元光宗會要》(一作《聖安壽仁太上皇帝會要》)100 卷,起淳熙十六年二月二日光宗即位,至紹熙五年(1194 年)七月禪位,京鏜奏進。

(九)《寧宗會要》150 卷,起紹熙五年寧宗即位,至嘉定十七年(1224 年)閏八月寧宗崩,史嵩之奏進。

(十)《嘉定國朝會要》(一作《總類國朝會要》、《國朝會要》、《經進總類會要》)588 卷,起建隆元年至乾道九年(1173 年),張從祖纂輯。

(十一)《國朝會要總類》(一作《十三朝會要》、《經進總類國朝會要》、《經進續總類會要》)588 卷,起建隆元年至嘉定十七年,李心傳續修。

要》,僅見修書及進書記載,①未見傳世文字,故不計在內。

宋修本朝《會要》,除參考《日曆》、《實錄》、《國史》外,主要是調集政府檔案,以備採擇。乾道九年(1173)三月,秘書少監陳騤等上言:

> 奉旨續修《太上皇帝會要》,取索內外官司自建炎元年以後應申請畫降被受改更聖旨指揮,參照本末,編類成書,其諸處視爲閑慢,或作緣故不行供報,伏望嚴限依應回報。如違,依見行條法施行。詔依,仍限五日同報。(《輯稿》職官18·35)

因修書調集的檔案,涉及衆多的國家機密,兩宋外患不絶,嚴防泄密,故修書之所,門禁甚嚴。《南宋館閣錄》卷6《門禁》:

> 日曆所、會要所、國史院,準敕:輒入,流三千里。凡所見聞因而漏泄,并當軍令。凡投下文字及納貼子、整會事節人,并於所門外計會把門人轉入;系整會文字,如呼叫,聽入。國史院申明:輒入本院及漏泄,雖有斷罪,未有告賞之法。有旨:立賞錢三百貫。

所修本朝《會要》,編入大量檔案節文,爲了保密,宋政府限制

---

① 《宋史·理宗紀》於淳祐十一年(1251年)二月乙未、寶祐二年(1254年)八月癸巳、五年(1257年)閏四月己丑、景定二年(1261年)三月戊寅、四年(1263年)六月庚午,分別有五次進《理宗會要》的記載。《度宗紀》:咸淳四年(1268年)八月壬寅,奉安《理宗會要》。

傳抄和刻印本朝《會要》，并制定有關法條。《輯稿》刑法2·38載元祐五年（1090年）七月二十五日禮部上言稱：

> 凡議時政得失、邊事軍機文字，不得寫錄傳布。本朝《會要》、《實錄》，不得雕印。違者，徒二年，告者賞緡錢十萬。

《慶元條法事類》卷17《給納印記·雕印文書雜敕》：

> 諸雕印御書、本朝《會要》及言時政邊機文書者，杖八十，并許人告，即傳寫《國史》、《實錄》者，罪亦如之。（同書同卷《私有禁書雜敕》亦載此條）

《慶元條法事類》卷17《給納印記·雕印文書賞格》：

> 諸色人告獲私雕印時政邊機文書，［賞］錢五十貫，御書、本朝《會要》、《國史》、《實錄》者，［賞］錢一百貫。

宋朝雖禁止傳寫、刻印本朝《會要》，但因爲臣僚需要參考論事，實際上少數官員家中也偶有藏本，所以北宋亡時，圖籍不存，南渡後，《國史》、《實錄》、《會要》，仍可從私家藏書中尋到。《輯稿》崇儒4·21載，紹興元年（1131年）右金吾衛上將軍張琳妻王氏，"以亡夫家藏六朝《實錄》、《會要》、《國史志》等書計二百二十二册來上"，"處州縉雲縣若澳巡檢唐開，上王珪《重修國朝會要》三百卷"。陳振孫《直齋書錄解題》卷5"政和重修國朝會要"條下解題云：

紹興間,少蓬程俱申請就知桂州許中家借抄之。許中嘗與崇寧修書,故存此本,得以備中禁之採録。

禁止刻印本朝《會要》之法令雖嚴,有時亦有變通。《直齋書録解題》卷5"國朝會要總類"條下解題中提到,《國朝會要總類》一書"刻於蜀中,其板今在國子監"。盡管如此,宋代的本朝《會要》,是不可能廣泛流傳的。兼以累次進書,卷帙浩繁,得書及收藏皆非易事,所以宋朝諸家書目著録既不完備,亦欠準確,即如包括宋太祖至寧宗十三朝,并有刻本的《總類國朝會要》,也多有歧異,不作進一步研究,是難以確切了解的。

二

陳振孫《直齋書録解題》卷5"典故"類,著録"《國朝會要總類》五百八十八卷",解題云:

> 李心傳所編,合三書爲一。刻於蜀中,其板今在國子監。

馬端臨《文獻通考》卷201,僅録陳氏所記,不及其他。

《郡齋讀書志》趙希弁《附志》卷上,著録"《總類國朝會要》五百八十八卷",解題云:

> 右《總類國朝會要》,由建隆而至乾道也。始,仁宗命章得象編,起建隆,止慶歷,爲一百五十卷。神宗又命王珪續編慶歷四年以後至熙寧末,凡三十四年,通前爲三百卷。

徽宗詔王覿、曾肇續編元豐至元符。尋，又詔，起治平四年，止崇寧五年，凡四十二年。然二書皆弗克成。政和末，有司獨上吉禮三類，總一百五十卷，蓋通章得象、王珪所編者，益以熙寧後事也。紹興九年，詔館職續編，至三十一年，又降趣旨。孝宗命宰相提舉，閱再歲乃成。自神宗之初，至於靖康之末，凡六十年，總三百卷。厥後中興、乾道踵而成之。此集則合十一朝爲一書也。然中多節略而始末不全者。

王應麟《玉海》卷51《典故·會要》著錄《嘉定國朝會要》稱：

淳熙七年十月九日，秘書少監[趙]汝愚言："《國朝會要》、《續會要》、《中興會要》、《今上會要》分爲四書，去取不同，詳略各異，請合而爲一，俾辭簡事備，勢順文貫。"從之。將作少監張從祖，類輯《會要》，自國初至孝廟爲一書，凡二百二十三冊，五百八十八卷。嘉定元年四月十六日，詔秘省寫進，三年六月十六日上之。

《宋史》卷207《藝文六》著錄"《國朝會要》五百八十八卷"，稱"張從祖纂輯"。

今將上述5種書目之異同表列如下：

書目名稱	會要名稱	卷數	作者	起迄時間	備注
《直齋書錄解題》	《國朝會要總類》	588	李心傳	缺	
《文獻通考》	《國朝會要總類》	588	李心傳	缺	
《郡齋讀書志·附志》	《總類國朝會要》	588	缺	建隆至乾道	

續表

書目名稱	會要名稱	卷數	作者	起迄時間	備注
《宋史·藝文六》	《國朝會要》	588	張從祖	缺	
《玉海》	《嘉定國朝會要》	588	張從祖	國初至孝廟	

　　以上 5 種書目，其中《文獻通考》全文轉録《書録解題》，實際爲 4 種書目，所載《會要》名稱各不相同，卷數皆是 588 卷，而作者則分別是李心傳或張從祖。至於起迄時間，書張從祖修者，《玉海》稱"國初至孝廟"，與《郡齋讀書志·附志》所記"建隆至乾道"是一致的；《宋志》雖缺載，既爲張從祖所修，其起迄時間亦應屬於這一範圍。《直齋書録解題》謂李心傳修，據《宋史》卷 438 本傳：

　　　　遷著作佐郎，兼四川制置司參議官。詔無入議幕，許辟官置局，踵修《十三朝會要》，端平三年成書。

既是十三朝，則應是太祖至寧宗，但《宋志》書"張從祖纂輯"，《傳》謂"李心傳踵修"，《志》、《傳》又有不同。

　　張從祖所修《總類國朝會要》，《玉海》卷 51 作《嘉定國朝會要》。此書在淳熙七年（1180 年）十月，由趙汝愚請準，合四書爲一。按：趙汝愚在淳熙七年（1180 年）九月除秘書少監，同年十月即請準合修太祖至孝宗朝會要，八年（1181 年）三月權吏部尚書。① 在他任秘書少監的半年中，修書工作應當已有起步，但因史乏明文，難以確知。張從祖於嘉泰四年（1204 年）至

---

① 《南宋館閣續録》卷 7。

開禧三年（1207年），先後爲秘書省正字、校書郎、秘書郎、著作郎、將作少監兼國史院編修官、實錄院檢討官。① 開禧三年十月，任將作少監，嘉定元年（1208年），張從祖即已去世，所修《國朝會要》，由他的兒子張幼公奏請上進。《南宋館閣續錄》卷4，"嘉定三年六月十六日，秘書省繕寫張從祖纂《國朝會要》五百八十八卷，目錄二卷投進"條下注云：

> 先是嘉定元年三月，尚書省劄子備張幼公劄子：切念先父將作少監從祖，嘗撫《國朝會要》，纂輯成書，上自國初至於孝廟，凡五百八十八卷，望朝廷特賜敷奏，付秘書省繕寫上進。奉聖旨令秘書省取索謄寫進呈，至是書寫裝襯畢備，得旨就令會要所承受官傳進，其副本藏於史庫。

由上可知，張從祖類輯《國朝會要》，應是嘉泰、開禧中，在秘書省任職期間完成的，所修止於孝宗，實際上執行了趙汝愚請準的計劃，將《國朝會要》、《續會要》、《中興會要》、《今上會要》四書"合而爲一"。趙汝愚請準修書的時間在淳熙七年（1180年），《淳熙會要》的第一次進本是淳熙六年（1179年），因此所云"《今上會要》"即是指此第一次進本。《南宋館閣續錄》卷4，"嘉泰元年七月十一日，奉安總修《孝宗皇帝會要》二百卷於秘閣"條下注云：

> 先是慶元六年閏三月，秘書丞邵文炳等言："本省昨來進呈《壽皇聖帝會要》，先於淳熙六年七月進一百五十八

---

① 《南宋館閣續錄》卷8、卷9。

卷,起自嗣位,至乾道九年;淳熙十三年十一月進一百三十卷,起自淳熙元年,至十年;紹熙三年十一月進八十卷,起自淳熙十一年,至十六年;三書計三百六十八卷。事雖備載而首尾未曾貫穿,至遇檢尋典故,前後紛錯,殊失會要之義。乞差省官一二員,專一兼總,統爲一書,内有可并可删者,從長修潤,庶使一朝大典得以成書,仍乞以《孝宗皇帝會要》爲名。"詔從之。

《淳熙會要》三書,因爲存在缺陷,故有進一步統加删潤之必要。其第一次進書,在淳熙六年(1179年),所修至乾道九年(1173年),淳熙七年(1180年),趙汝愚開始合四書爲一時,尚無第二次進本,所以下限只能修到乾道九年。張從祖所修《國朝會要》即止於乾道九年,符合準旨初修之下限。如果張從祖於嘉泰四年(1204年)初入秘書省時即開始修纂,則此時不僅《淳熙會要》三書早已完成,連《孝宗會要》也業已於嘉泰元年(1201年)奏上,①則所修理應包括孝宗一朝,而不應止於乾道九年。因此,可以設想,張氏所修是在趙汝愚等初修的基礎上進行的。《玉海》將趙汝愚請修之文與張從祖類輯《會要》連書,很難説兩事没有關係。但是張氏之書,是本人去世後由其子申請奏進,書稿似在家中,蔡崇榜博士《宋代修史制度研究》以爲:"張從祖纂輯《會要》實屬私修,否則,書成之後,不可能藏於私家。"此說雖不無道理,却難言周密。

《直齋書録解題》稱《國朝會要總類》爲李心傳編。《宋史·李心傳傳》云"踵修《十三朝會要》",應是繼前續修,但所

---

① 《玉海》卷51"淳熙會要"、"嘉泰孝宗會要"條。

繼何書,止於何時,是否存於今世等,皆需作進一步考查。

宋代歷次所修本朝《會要》,皆已散佚。現在只有徐松輯自《永樂大典》之殘本,見於《輯稿》及1988年補印的《宋會要輯稿補編》(以下簡稱《補編》),大體上可以反映出一些《總類國朝會要》的狀況。

後人稱宋朝修本朝《會要》爲《宋會要》,《永樂大典》所採亦用紅字標明《宋會要》。明正統六年(1441年)楊士奇所編《文淵閣書目》,著録"《宋會要》一部,二百三册,缺"。是明中期文淵閣尚藏有一部殘書,永樂年間修《永樂大典》時採入,清嘉慶十四年(1809年),徐松在全唐文館,乘機抄出,使《宋會要》輯本得以幸存。徐輯原稿先後編爲《輯稿》和《補編》影印出版。在徐輯原稿比較完整的篇幅中,可以了解到《宋會要》底本的一些狀況。

第一,存有《宋會要》原本的書名。《永樂大典》編者雖將底本書名改作《宋會要》,但由於出自衆手,體例不一,亦有依原書名抄入者。今將這一部分簡況排列如下:

帝系5·1—37,"宗室雜録"門,1頁首行書名爲《經進總類會要》,記事始於元豐元年(1078年)至紹興元年(1131年),篇尾注"以上《中興會要》"。

帝系6·1—33,"宗室雜録"門,1頁首行書名爲《經進總類會要》,記事起紹興二年(1132年)至三十二年(1162年)。

帝系7·1—12,"宗室雜録"門,1頁首行書名爲《經進總類會要》,記事起隆興元年(1163年)至乾道九年(1173年)。

帝系7·16—17,"宗室襲封"門,記事起慶元元年(1195年)至嘉定十二年(1219年)。

帝系7·17—19,"宗室換授"門,記事起紹熙五年(1194年)至嘉定十四年(1221年)。

帝系7·19,"宗室補官"門,記嘉定十四年事。

帝系7·19—21,"宗室請給"門,記事起紹熙五年至嘉定六年(1213年)。

帝系7·21,"宗室恩賜"門,記嘉定十四年事。

帝系7·21—22,"宗室卹孤"門,記事起開禧元年(1205年)至嘉定六年。

帝系7·22—27,"宗室訓名"門,記事起嘉定八年(1215年)至十六年(1223年)。此門將有關宗室諸事分類列於一門中,其篇首16頁首行書名爲《經進續總類會要》。

食貨18·8—31,"商稅"門,篇首書名爲《經進續總類會要》。記事起淳熙元年(1174年)至嘉定十七年(1224年)。史文淳熙十五年(1188年)條下注"以上《孝宗會要》",紹熙條下注"以上《光宗會要》",嘉定十七年條下注"以上《寧宗會要》"。

食貨62·47—52,"義倉"門,其47頁20行注文"以上《乾道會要》"下,大字所題書名爲《經進總類國朝會要》,記事起紹熙元年(1190年)至嘉定十四年。史文於紹熙條下注"以上《光宗會要》",嘉定條下注"以上《寧宗會要》"。

前文已經論及張從祖所修《會要》,起建隆至乾道,即《淳熙會要》的第一次進本,這一部分在《輯稿》及《補編》中,稱爲《乾道會要》,各門多於乾道末年記事下注"以上《乾道會要》"。如《輯稿》崇儒4·30、職官43·118、選舉8·15、食貨28·29,《補編》19頁上、67頁上、74頁上、80頁下等,爲數衆多,足以説明張從祖採用《淳熙會要》第一次進本稱爲《乾道會要》。上列帝系5·1、6·1、7·1"宗室雜録"門各段篇首所標書名,皆是《經進總類會要》,記事止於乾道九年(1173年)以前,屬張從祖所修範圍。帝系7·16有關宗室諸項一門篇首,及食貨18·8"商税"門篇首書名,皆作《經進續總類會要》,記事起淳熙元年(1174年)至嘉定間,屬李心傳續修範圍。由此可知,李氏續修部分的名稱爲《經進續總類會要》。此外,食貨62·47"義倉"門篇首所標書名是《經進總類國朝會要》,所記爲紹熙迄嘉定間史事,屬李心傳續修範圍,但不加"續"字,這一現象與陳氏書目著録《國朝會要總類》不加"續"字是相同的,因此可以判斷,合十三朝爲一書後的總書名仍是《經進總類國朝會要》。另外,此處書名接於"以上《乾道會要》"注文之下連書,則説明續修文字即置於前書同門之後,并未單獨成書,《永樂大典》即按底本原書名採入。正因爲續修是分門增入,總書名仍舊,故諸家書目,所據爲續前之本,即稱張從祖纂輯,所據爲續後之本,則謂李心傳修。又徐輯稿本中之書名,有作《經進總類會要》者,有作《經進總類國朝會要》者,當是《永樂大典》編者或省略"國朝"二字,或照録全書名,《宋志》著録則只作《國朝會要》。再則如無"國朝"二字,就不能表明是宋代本朝之《會要》。對後世來講,改爲《宋會要》就更加簡明了。準確的著録應是:《經進總類國朝會要》588卷,張從祖編,李心傳續。

第二,徐輯《宋會要》原稿中注明宋修本朝《會要》的狀況,各門篇首一般有《宋會要》或某種《會要》名稱,史文中於所據某種《會要》末條下,注明"以上《××會要》",從中可以看到所有11種《會要》。

在慶歷三年(1043年)以前,注"以上《國朝會要》"者,如帝系1·1—2,共3處注於大中祥符條下,禮9·38,注於太平興國條下,《補編》21頁上,注於慶歷三年條下等,均爲《慶歷國朝會要》。

慶歷四年(1044年)至熙寧十年(1077年)諸條下,注明"以上《國朝會要》"者,如崇儒4·9,嘉祐七年(1062年)條下;禮37·33,治平元年(1064年)條下;儀制13·9,嘉祐四年(1059年)條下;兵2·1—3,熙寧八年(1075年)條下;《補編》339頁下,治平二年(1065年)條下;604頁下嘉祐五年(1060年)條下等,皆有此注,即是採自《元豐增修五朝會要》。

禮11·4,崇寧元年(1102年)條有引自《政和會要》之文。

凡在治平四年(1067年)神宗即位后,至靖康二年(1127年)四月以前,注"以上《續國朝會要》"或"以上《續會要》"者,如帝系1·1—2共4處,崇儒5·29及《補編》22頁上、78頁上等處,分別在大觀、熙寧、元祐、崇寧、靖康條下等皆有此注;禮62·42、62·47,崇儒2·1等篇首題《續宋會要》,皆採自《乾道續四朝會要》。

凡高宗朝記事,篇首題《中興會要》,如禮20·46,崇儒5·30,食貨52·41等;注文稱"以上《中興會要》",如職官43·109、60·7,《補編》73頁下、367頁下等,皆採自《乾道中興會要》。

《淳熙會要》僅見於食貨11·30,淳熙十六年(1189年)條

· 161 ·

下，應屬李心傳續修保留之原注。大量史文在乾道末年條下注"以上《乾道會要》"，如選舉8·15，《補編》800頁下、737頁上等皆是，所指爲《淳熙會要》之第一次進本。

《孝宗會要》在徐輯原稿中只於淳熙元年(1174年)至十六年正月諸條下被採用。如瑞異2·26，崇儒4·32，食貨28·29，《補編》47頁上等，分別於淳熙十五年(1188年)、十六年條下注"以上《孝宗會要》"。

自淳熙十六年二月光宗即位，至紹熙五年(1194年)七月退位，在徐輯原稿中，屬於這一時期記事之末條，凡注出處者，皆作"以上《光宗會要》"。如帝系7·15，崇儒5·43，食貨32·39，《補編》46頁下等，皆有此注。

自紹熙五年七月寧宗即位，至嘉定十七年(1224年)閏八月去世，在徐輯原稿中，凡屬這一時期的記事末條下，注"以上《寧宗會要》"者，如帝系8·45，職官47·58，食貨18·31，《補編》47頁上等，皆採自《嘉泰寧宗會要》。

至於《經進總類國朝會要》、《經進續總類國朝會要》，已見上文。

宋修11種本朝《會要》，雖皆見於徐輯原稿，却不是《永樂大典》所收《宋會要》的底本爲11種。因爲這些書名除合修後的總名外，皆爲合修時的原注。以張從祖《總類國朝會要》爲例，該書是將《元豐增修五朝會要》、《續會要》、《中興會要》及《淳熙會要》的第一次進本《乾道會要》四書合併編成。每門於所採《會要》之末條下注"以上《××會要》"。由於各種《會要》所設之門并非全同，所以在注明出處的同時，遇此有彼缺的情況，則加注說明。如《輯稿》選舉11·43、12·37，職官4·44等處注云："以上《續國朝會要》，國朝、中興、乾道《會要》無此門"；選舉26·7等處注："以上《乾道會要》,《國朝會要》、《續國朝會要》、《中興會要》無此門"；選舉18·25、《補編》348頁下等處注"以上《乾道會要》,前三書無此門"；選舉18·2等處注"以上《國朝會要》,後三書無此門",如此之類,爲數頗多。這些注文説明其所合編之書爲《國朝會要》、《續國朝會要》、《中興會要》、《乾道會要》共4種,也就是《玉海》卷51所載趙汝愚上書中所要合編的4種《會要》。這些注文只能是張從祖合編的原注,也説明李心傳續修時未作改動。

至於慶歷三年(1043年)以前的記事下所注"以上《國朝會要》",則應是《元豐增修五朝會要》的原注。《政和會要》既非張氏所據之書,故只能在引用時見到。《淳熙會要》非李心傳所據之書,應屬《孝宗會要》的原注,在《續總類會要》中保留下來,據徐輯原稿中顯示,李心傳所據之書是《孝宗會要》、《光宗會要》和《寧宗會要》三種,所採《孝宗會要》只取淳熙元年(1174年)以下部分,其續修部分置於張氏所修同門之後,另標《續總類國朝會要》,全書仍用原名,卷數亦仍其舊。所謂《十三朝會要》,孝宗乾道以前十朝半屬張從祖所編,淳熙以后兩朝半是李心傳所續。

三

《總類國朝會要》包括太祖至寧宗十三朝,於端平三年(1236年)成書,此時《寧宗會要》尚未全部奏進,這是一個需要討論的問題。

關於《寧宗會要》進書的情況,《玉海》卷51"嘉泰寧宗會要"條稱：

嘉泰三年八月二十一日，進《今上（原注寧宗）會要》一百十五卷。嘉定六年閏九月二十七日，進一百卷。七年五月十六日，詔二年一具草繳進。十四年五月壬辰（原注九日），進改正《會要》一百十五卷及續修一百一十卷。淳祐二年，上《寧宗會要》。

《宋史》卷42《理宗二》、卷414《史嵩之傳》，皆有淳祐二年（1242年）正月進《寧宗會要》的記載。《南宋館閣續錄》卷4，於前三次進書條下，皆注有起訖時間：第一次進本"起自紹熙五年七月登極，至嘉泰元年十二月"①。第二次進本"自嘉泰二年正月纂修，至嘉定四年十二月終"②。第三次進本"將重修甲寅（紹熙五年）以後七年《會要》、《日曆》，并嘉定五年至十二年已修未進《會要》之稿，各成一書，謄寫進呈。"③這三次進本止於嘉定十二年（1219年），尚有嘉定十三年（1220年）至十七年（1224年）閏八月寧宗去世，共四年九個月未修。這一部分第四次進書在淳祐二年④（1242年）正月甲申，不詳卷數。《寧宗會要》全部上進，已晚於李心傳端平三年（1236年）修成《十三朝會要》五年時間。故李氏在成都修書時，所據《寧宗會要》自當包

---

　　① 《南宋館閣續錄》卷4，嘉泰三年"八月二十一日，秘書省上《皇帝會要》一百一十五卷"條下注文。

　　② 《南宋館閣續錄》卷4，嘉定六年閏九月二十七日，"秘書省上《寧宗皇帝會要》一百卷"條下注文引陳武上言。

　　③ 《南宋館閣續錄》卷4，嘉定十四年五月九日，"秘書省上《寧宗皇帝會要》一百一十卷并上改正寧宗皇帝紹熙甲寅登極以後七年會要一百一十五卷"條下注引張攀上言。

　　④ 據《玉海》卷51、《宋史》卷42《理宗二》。

括已修未進之稿。

吳泳在端平元年(1234年)入秋以後，寫給李心傳的信中提到：

> 朝廷見行下館中，令盡以《寧宗會要》三百沓發付，以待鴻筆纂修次第，悉如大著之請也。①

由此可知，李心傳在成都"踵修《十三朝會要》"之初，曾向朝廷申請《寧宗會要》，朝廷從所請，隨即命秘書省發往成都，所以在《寧宗會要》全部奏進之前即可使用。

李心傳於紹定四年(1231年)正月，以將作監丞兼國史院編修官、實錄院檢討官，專修中興四朝帝紀。六年(1233年)二月，所修四朝帝紀，甫成其三，因言者罷，添差通判成都府。②端平元年正月，除著作佐郎，十一月"詔李心傳修《國朝會要》"③。《宋史》本傳云："許辟官置局，踵修《十三朝會要》，端平三年成書"，所辟修書官，有高斯得、牟子才。《宋史》卷409《高斯得傳》稱：

> 高斯得，字不妄，利州路提點刑獄，知沔州稼之子也……李心傳以著作佐郎領史事，即成都修《國朝會要》，辟爲檢閱文字。端平二年九月，稼死事於沔，時大元兵屯沔，斯得日夜西嚮號泣。會其僮至自沔，知稼戰沒處，與斯得

---

① 吳泳：《鶴林集》卷31《答李微之書》。
② 《南宋館閣續錄》卷9、《宋史》卷438《李心傳傳》。
③ 《宋季三朝政要》卷1。

潜行至其地，遂得稼遺體，奉以歸，見者感泣。服除而哀傷不已，無意仕進。

《宋史》卷411《牟子才傳》云：

嘉定十六年舉進士，對策詆丞相史彌遠，調嘉定府洪雅縣尉，監成都府榷茶司賣引所……改辟總領四川財賦所幹辦公事。詔李心傳即成都修《四朝會要》，辟兼檢閱文字。

李心傳續修《總類國朝會要》，從端平元年（1234年）十一月受命，至端平三年（1236年）成書，只有兩年多的時間。所辟官員中，高斯得在端平二年（1235年）九月，其父死於戰事後，尋屍、守喪、哀傷不已；牟子才本是兼任，皆難以全力修書。書局又遠在成都，所需依據之書也要向朝廷申奏，特別是端平二年以後，蒙古軍攻入四川，并於三年十月，一度陷成都。在這樣的條件下，用不足三年時間，修成包括孝宗後半期及光宗、寧宗兩朝，共588卷的《續總類會要》，按照宋代修本朝《會要》的常規，是難以辦到的。此次命李心傳修《會要》之詔書已散佚，從轉述文字中仍可以反映詔書對修《會要》的部分要求。如《宋史》本傳云："踵修《十三朝會要》"，即續修補足13朝之意。宋代"從來修書，必有程限"①，李氏承詔修書，亦當不例外，這就迫使李心傳在簡陋條件下，匆匆完成續修工作。

---

① 《南宋館閣續錄》卷1，《恥堂存稿》卷2引李燾奏章。

四

《總類國朝會要》被採入《永樂大典》，由徐松的輯本得以傳世。《輯稿》雖經初步整理，仍然存在不少問題。

首先是殘缺。《輯稿》中有很多殘文斷簡和不完整的篇幅。有的史文中斷，注云"原本殘缺"。有些注明"詳見××門"，書中并無所示之門。拙撰《宋會要輯稿研究》第五章，有專題論述。①

其次，有大量重出篇幅。《永樂大典》是按韻字次第分編的類書，字下設事目，即"用韻以統字，用字以系事"②，事目下博採群書有關文字，分別冠以書名。所採《宋會要》多者整門，少者數句，原書體例已被打亂，同一内容往往收入不同事目中，造成重複。徐輯原稿已經被嘉業堂抽出復文達一千七百餘頁，後來影印稱爲《補編》，但在《輯稿》中仍存在大量復文，甚至一門三見，并有羼入的廣雅書局清稿。詳見拙撰《〈宋會要輯稿〉重出篇幅成因考》。③

第三，附入了南宋晚期乃至元朝、明初的書籍。《永樂大典》所採《宋會要》雖是照錄原文，有時也附入他書作注，或爲他書作注。因而《輯稿》中存在大量附入的非《宋會要》文字。

---

① 《宋會要輯稿研究》，河南師範大學學報增刊，1984年出版。
② 明成祖：《永樂大典序》。
③ 《〈宋會要輯稿〉重出篇幅成因考》，見《史學月刊》1980年第3期。

拙撰《〈永樂大典〉本〈宋會要〉增入書籍考》①有專門論述。

因此,《輯稿》除殘缺不全外,還存在重新編排、校訂訛誤和清理他書文字等問題。《輯稿》影印已七十多年,爲宋史研究提供了大量史料,但對該書的研究尚不够深入,即如《永樂大典》所收《宋會要》之底本,還存在不同意見。第一種意見,將《輯稿》中所見宋修本朝《會要》名稱,皆視爲《永樂大典》所收《宋會要》之底本。② 第二種意見認爲,《永樂大典》所收《宋會要》是《十三朝會要》,即張從祖修、李心傳續《總類國朝會要》。③ 第三種意見認爲,"兩種説法都有道理,也都有不能講通的地方,這個問題還有待研究"④。

王德毅教授在《兩宋十三朝會要纂修考》⑤中,就宋修11種《會要》作了系統研究,并將《郡齋讀書志·附志》著録的《總類國朝會要》和《直齋書録解題》著録的《國朝會要總類》聯系起來,但却提出了如下問題:

---

① 王雲海:《〈永樂大典〉本〈宋會要〉增入書籍考》,見《文獻》1980年第3輯。

② 湯中:《宋會要研究》,上海商務印書館1932年出版。齊成:《宋會要稿略説》,見《圖書季刊》1936年第3卷第1~2期。

③ 王雲海:《宋會要兩議》,見《河南師範大學學報》1982年第4期;《宋會要輯稿研究》,河南師範大學學報增刊,1984年出版。日本學者山内正博:《〈册府元龜〉與〈宋會要〉》,載《史學研究》103號,1968年版。青山定雄:《宋會要研究備要序》,東洋文庫1970年版,《宋會要輯稿·食貨索引·人名·書名篇序》,東洋文庫1982年版。伊原弘:《宋會要研究的現狀和展望》,載《東方學》1986年第72輯。

④ 陳智超:《〈宋會要輯稿〉的前世、現世和來世》,《歷史研究》1984年第4期。

⑤ 王德毅:《兩宋十三朝會要纂修考》,《宋史研究集》第11輯。

《直齋書録解題》卷五説:"李心傳所編,合三書爲一,刻於蜀中,其板今在國子監。"……所謂合三書爲一,未知指哪三書,張從祖是合四書爲一的,僅至孝宗,尚有光宗、寧宗兩朝《會要》。如將這兩朝史事按門類歸入張氏之書中,而不必再釐正卷第,亦極易爲,而且方便,正符合所謂合三書爲一之説。然心傳是南宋繼李燾而起的史學大家,當不至如此因陋就簡。那麽這一問題,就頗費考了。

"《宋會要》是宋代史料的淵藪,其價值同於《實録》"①,研究和整理此書,對宋史學界,是責無旁貸的。本文提出一些粗淺意見,是希望引起宋史學界注意,以便共同努力,將這部重要史籍作進一步研究,并加以整理,共同爲推動學術發展作出貢獻。

《輯稿》中還存在一些理宗寶慶以後的記事。日本已故學者青山定雄,在《宋會要輯稿·食貨索引·人名·書名篇》序言中,已經提到并列出6處。本人在編制《宋會要輯稿篇目索引》時,曾注意到這一問題,共發現二十餘處,其中一部分已查明,分別出自《宋史》、《玉海》、明初方志及元朝記事,皆屬修《永樂大典》時所附入,②尚有少數待查,今條列如下,以便共同探索。

《輯稿》中有關理宗寶慶以後的記事:

1. 后妃1·9

寶慶三年正月(缺日)

---

① 王德毅:《兩宋十三朝會要纂修考》,《宋史研究集》第11輯。
② 王雲海:《〈永樂大典〉本〈宋會要〉增入書籍考》,《文獻》1981年第3輯。

紹定元年正月(缺日)

四年正月(缺日)

五年十二月七日

六年二月二十三日

四月二十八日

五月十三日

2. 樂 6·20

理宗明堂朝獻(見《宋史》卷135《樂十》)

3. 樂 7·19—20

紹定三年壽明仁福慈睿皇太后册寶[樂章]九首(見《宋史》卷139《樂十四》)

4. 樂 7·27—29

寶祐二年皇子冠二十首(見《宋史》卷139《樂十四》)

5. 樂 8·28

寶慶三年奉上寧宗徽號導引一首

莊文太子虁導引一首

景獻太子虁導引一首(以上見《宋史》卷141《樂十六》)

6. 禮 20·47

張孝子祠〔所記爲元至元"二十三年"(1286年)以後事〕

7. 禮 20·166

輔教神祠〔記"淳祐戊申"八年(1248年)事〕

8. 禮 30·86—95

寶慶元年正月四日,禮部太常寺言

九日,又言

十六日,臣僚言

同日,禮部太常寺言

十七日詔

同日,禮部太常寺言

十九日,又言

二十日,又言

二十七日,又言

二十八日,少傅右丞相史彌遠率文武百僚

二月二日,檢察宮陵所言

二十一日,都省言

二十四日,梓宮啓攢

同日,禮部太常寺言

二十七日詔,靈駕發引

同日,詔令封椿庫

同日,詔梓宮發引

三十日,靈駕發引

同日,內出御制挽詩五首

三月四日詔

十二日,仁文哲武恭孝皇帝掩攢宮

十七日,皇帝於皇城門外迎奉虞主

二十五日,祔廟前二日遣官奏告

二十六日,詔

二十七日,神主祔廟

四月二日,內降德音

二十七日詔

六月二十六日,攢寧畢

七月十六日,詔都大提舉喪事所

八月二十四日,殿前司言

二年正月一日,皇太后、皇帝詣幾筵殿

9. 禮49・97

寶慶元年三月十二日

三年九月

10. 禮54・20—21

理宗嘉熙四年十月癸巳

淳祐十二年九月壬午

咸淳十年七月癸未

德祐二年五月乙未朔

景炎元年四月戊辰

11. 儀制10・11—13

趙汝愚……理宗詔配享寧宗廟庭

游似……淳祐七年特授觀文殿大學士

吳潛……淳祐十一年入爲參知政事

程元鳳……淳祐元年遷禮、兵二部架閣

(其他如董槐封許國公,趙葵進少保,楊石曾上疏言"寶慶垂簾事"等,據《宋史》本傳亦在理宗以後)

12. 瑞異2・13

理宗紹定三年十一月丁酉(見《宋史》卷56《天文九》,無"理宗"二字)

13. 瑞異2・16

理宗紹定四年二月己巳

六年三月壬子

端平元年二月癸丑

二年三月乙未

嘉熙二年二月乙未

淳祐六年二月壬申

寶祐元年二月壬子

二年三月戊子

六年二月

開慶元年二月（"月"原誤作"年"）

景定五年二月辛亥（以上見《宋史》卷62《五行一下》。紹定四年條無"理宗"二字。端平元年二月"癸丑"作"癸酉"）

14. 瑞異2·30

度宗咸淳六年

十年廬州旱（以上見《宋史》卷66《五行四》，無"度宗"二字）

15. 瑞異3·47

理宗紹定三年

端平元年五月

嘉熙四年

淳祐二年五月

景定三年八月（此門篇首書名爲《宋史·五行志》，各條下多摘《會要》爲注，正文皆見《宋史》卷62《五行一下》，《會要》之注文，止於嘉定元年）

16. 食貨34·36—37

端平三年赦曰（見《宋史》卷185《食貨下七》。赦文中"廢"作"發"，"再"作"并"）

17. 方域3·29

淳祐七年正月詔

景定東宮講堂（見《玉海》卷129《儲官·嘉定御書居仁堂》）

18. 方域8·29

泰定三年二月六日，樞密院臣火沙王等奏，甘肅省言（此條爲元朝事）

19. 方域9·21—23

［永州］府城始建於宋（原作"宗"）咸淳癸酉，歷元因之，洪武元年恢復以來，屢加修葺（此條見明洪武十六年刻，虞自銘修、胡璉等纂《永州府志》）

20. 蕃夷7·56

理宗淳祐三年

十一年

景定三年六月

度宗咸淳元年二月

二年復上表，進貢禮物

21. 王德毅教授補遺：禮58"王謚"、"群臣謚"中有不少寶慶以後逝世得謚之臣僚，如史彌遠、鄭清之、史彌忠等。

〔原載《河南大學學報》（社會科學版）1998年第1期〕

《永樂大典》本《宋會要》增入書籍考

《宋會要》爲宋代官修典籍，原書佚於明朝中期，所幸明初所修《永樂大典》按韻分散收入。清嘉慶十四年（1809 年），徐松在全唐文館任職，利用該館書吏，自《大典》中抄出，并於離館後做了一些校訂工作，但終因篇幅大、問題多、又限於人力，未能完成。光緒十三年（1887 年），兩廣總督張之洞，在廣州創置廣雅書局，得徐抄《宋會要》稿本，聘繆荃孫、屠寄進行整理。光緒十五年（1889 年），張之洞改調兩湖，幕客星散，整理工作中斷，共錄出清稿 110 册，這就是"廣雅稿本"。1915 年，吳興劉承幹嘉業堂，購得稿本，聘劉富曾等人整理完畢，其所成清稿即《清本宋會要》。1931 年，前國立北平圖書館葉渭清先生，對徐抄原稿及"清本"進行比勘、研究，并從劉氏所編"清本"中，查獲一些丢失的原稿内容，加以補充，於 1936 年影印發行，1957 年中華書局再次影印，這就是目前我們所能見到的《宋會要輯稿》。

《永樂大典》是一部按韻編纂的類書，自成一個體系。其所採書籍，雖然也有全書收錄在一處的現象，但《宋會要》在《大典》中却是分散的，多者整門，少者數句；而且在編纂過程中，也增入和删去了一些文字。本文對其中肯定是增入的部分加以考察，説明《永樂大典》收録《宋會要》的部分狀況，也期望爲將來對稿本的校訂、整理，提供一點方便。

一

影印本徐抄《宋會要輯稿》，除禮類附入了9門廣雅書局整理的清稿以外，其餘皆是徐松所輯原稿。以中華書局影印本《永樂大典》相比勘，知徐輯原稿確系按《大典》原文逐字抄録，雖不免有一些抄誤之處，却没有任意增補的現象。故對徐輯原稿的研究，是能夠反映該書在《大典》中之狀況的，同時也將使我們進一步了解，《大典》是在怎樣的情況下保存了原書。雖然由於没有《宋會要》原本可校，在了解的程度上不能不受很大的限制，但對於有些問題，比如說是不是增入或删去了一些文字，增入部分的大致情況等，也還能得到一個大概的了解。不過由於筆者對目録學的知識不夠，也限於圖書條件，在現存的書籍中，也還有一部分未能查對，所以錯誤之處，勢將難免，殷望得到史學界師友們的批評和指正。

《輯稿》原稿部分，注出徵引的書名（包括各種《宋會要》名稱）約一百六十多種，其中有一部分書的作者和時代還未能查清，對於不能肯定是否爲同書異名的部分，也只得分別列出，所以尚難肯定一個確切的數字。茲將原稿所注書名，按初見順序排列如後，并附以作者姓名和朝代。

《宋會要輯稿》徵引書目
（以初見書名排序，凡標"▲"符號者，皆見《文淵閣書目》）

▲宋會要（或作"宋朝會要"）

續國朝會要（或作"續會要"、"續宋朝會要"、"續宋會要"、"宋續會要"、"四朝會要"）按：其中一部分係汪大猷等所修《乾道續四朝會要》，一部分爲宋代後修本朝諸《會要》的泛稱。

國朝會要按：一部分係章得象等所修《慶曆國朝會要》，一部分爲宋代所修本朝《會要》的泛稱。

▲十朝綱要　宋　李埴撰

張唐英寇準傳按《宋史》本傳，張唐英著有《宋名臣傳》，《藝文志》亦著錄。

中興會要　宋　陳騤等修

乾道會要（或作"淳熙會要"）　宋　趙雄等奏進　按：《輯稿》所注《乾道會要》，皆指《淳熙會要》。

▲九朝長編紀事本末（或作"九朝紀事本末"、"長編紀事"）
　　宋　楊仲良撰

經進總類會要　宋　張從祖修

光宗會要　宋　京鏜等修

經進續總類會要　宋　李心傳修

▲張方平樂全集　宋　張方平撰

▲歐陽修文集　宋　歐陽修撰

▲王安石文集　宋　王安石撰

寧宗會要　宋　陳自強等修

宋續通鑑長編（或作"續資治通鑑長編"、"通鑑長編"、"長編"、"宋長編"、"續通鑑長編"、"通鑑續編"）　宋　李燾撰

▲王應麟玉海（或作"玉海"）　宋　王應麟撰

　樂府雜錄　唐　段安節撰

　景祐廣樂記　宋　馮元等撰

　景祐樂髓新經　宋　呂夷簡等修

▲隋志（文見《隋書·律曆志》）　唐　長孫無忌等修

▲馬端臨文獻通考（或作"馬端臨通考"、"通考"、"文獻通考"、"馬端臨曰"）　元　馬端臨撰

▲中興禮書（或作"禮書"）　宋　淳熙、嘉泰間官修

▲章如愚考藁[索]（或作"張[章]如愚群書考索"、"章如愚山堂考索"、"山堂考索"）　宋　章如愚撰

▲建炎以來朝野雜記（或作"朝野雜記"）　宋　李心傳撰

▲文昌雜錄　宋　龐元英撰

▲事類合壁[璧]　宋　謝維新撰

　政和會要　宋　王覿等修

▲揮麈錄　宋　王明清撰

▲宋卓異記　宋　樂史撰

▲雲麓漫鈔　宋　趙彥衛撰

　政和五禮新儀　宋　鄭居中等修

▲通典　唐　杜佑撰

▲宋史　元　脫脫等修

▲廟學典禮　元　闕名

▲老學庵筆記　宋　陸游撰

　羊士諤集　唐　羊士諤撰

▲臨汀志　宋　胡太初修　趙與沐、鐘明之纂

▲宋朝事實　宋　李攸撰

　麈史　宋　王得臣撰

·178·

宋史備要　（待考）

▲萍州可談　宋　朱彧撰

▲存心錄　明　吳沈等撰

　開寶通禮　宋　劉溫叟撰

　乾道逐次禮例　宋　（作者待考）

▲紹興府前志　宋　闕名

▲江少虞類苑（或作"宋類苑"、"宋江少虞類苑"）　宋　江少虞撰

▲麟臺故事　宋　程俱撰

▲宇文紹奕燕［語］考異　宋　宇文紹奕撰

▲范蜀公東齋遺［記］事（或作"東齋記事"）　宋　范鎮撰

▲聞見錄（或作"邵氏聞見錄"、"邵伯溫聞見錄"）　宋　邵伯溫撰

▲珍度［席］放談　宋　高晦叟撰

　四朝志（記元豐三年事，疑即李燾、洪邁等所修《四朝正史》之禮志）

▲東京夢華錄　宋　孟元老撰（或謂即孟揆）

▲葛立方歸愚集　宋　葛立方撰

▲香山先生喻良能集　宋　喻良能撰

　章誼集　宋　章誼撰

　公是先生集　宋　劉敞撰

▲楊萬里誠齋集　宋　楊萬里撰

▲盤洲集　宋　洪适撰

▲孫應時燭湖集　宋　孫應時撰

　唐鑑　宋　張九成等撰

▲邵氏後錄　宋　邵博撰

▲蔡絛國史後補　宋　蔡絛撰

　蔡絛五行篇　宋　蔡絛撰

國史李淑傳　按：淑爲若谷子，眞宗朝進士，天聖中與修《三朝國史》。此傳疑出吳充等所修《兩朝正史》。

春明退朝錄　宋　宋敏求撰

文心雕龍　（記北宋仁宗時事，待考）

▲金玉新書　宋　闕名

▲邕州志　（見《文淵閣書目》卷19，《輿地紀勝》存一條，印本《永樂大典》存兩條，作者及成書時間待考）

▲編年備要（或作"宋編年備要"）　宋　陳均撰

孝宗會要　宋　邵文炳等修

清夜錄　宋　俞文豹撰　（《宋志》、陳振孫《書錄解題》謂沈括撰）

會元曆序　宋　李璵撰

▲通略（或作"熊克九朝通略"、"宋史通略"）　宋　熊克撰

宋史長編（記神宗、徽宗朝事，待考）

實錄（記徽宗朝事）　宋　李燾等修

▲宋大事記講義（或作"宋朝大事記講義"）　宋　呂中撰

▲紀纂淵海（或作"記纂淵海"）　宋　潘自牧修

▲大詔令　（文不見中華書局本《宋大詔令集》，待考）

▲容齋洪氏隨筆（或作"洪邁容齋隨筆"、"洪氏容齋三筆"）
　　宋　洪邁撰

崇文總目　宋　王堯臣等撰

▲朱子語續錄　宋　李性傳編

▲宋鑒　元　闕名　按：《四庫全書總目提要》作"宋史全文"。

▲孝宗中興聖政　宋　紹熙三年官修

聖政（紹興二十三年事）　宋　徐度等修

▲宣城志　宋　趙希遠、李兼纂

▲維陽［揚］志（或作"維揚志"）　宋（寶祐間修）

▲仁皇訓典　宋　范祖禹等修

▲莊季裕雞肋編　宋　莊綽撰

　神宗正史　宋　呂大防等修

　兩朝國史　宋　宋敏求、蘇頌、王珪等修

　哲宗職官志（或作"哲宗正史"）　宋　王孝迪等修

▲職官分紀　宋　孫逢吉撰

　掖垣叢志　宋　宋庠撰

　正陵遺事　唐　裴庭裕撰

▲事略（或作"東都事略"）　宋　王稱撰

▲九國志　宋　路振撰

▲事文類聚　前、後、續、別四集，宋　祝穆撰；新集、外集，元　富大用撰；遺集，元　祝淵撰

▲朝野類要　宋　趙升撰

▲儒學警悟　宋　俞鼎孫、俞經輯

▲鶴林吳泳　按：宋吳泳有《鶴林集》，唯所引文字，不見輯本，待考。

▲錦繡萬花谷　宋　蕭贊元撰

▲大一統志　元　札剌馬丁、虞應龍等修

▲言行錄　宋　朱熹撰

▲益公集　宋　周必大撰

▲名臣言行錄　宋　李幼武撰（文見別集）

▲沈括筆談　宋　沈括撰

▲歸田錄　宋　歐陽修撰

▲石林燕語（或作"石林葉氏曰"、"石林葉氏"）　宋　葉夢得撰

▲却掃編　宋　徐度撰

　燕翼貽謀錄　宋　王栐撰

▲事實　按：宋李攸撰《宋朝事實》，唯引文不見輯本，待考。

清德志舊志　（待考）
▲書林事類　宋　闕名
▲楊內翰談苑　宋　楊億撰
　悅生隨鈔　宋　賈似道撰
　涑水記聞　宋　司馬光撰
▲百川學海（或作"北［百］川學海"）　宋　左圭輯
▲三槐王氏雜錄　按：引文見《聞見近錄》　宋　王鞏撰
▲溫公詩話　宋　司馬光撰
▲舊聞證誤（或作"舊證"）　宋　李心傳撰
▲洛陽志　（待考）
▲漁隱叢話　宋　胡仔撰
▲司馬溫公傳家續集　宋　司馬光撰
　葉夢得避暑錄話　宋　葉夢得撰
　墨莊漫錄　宋　張邦基撰
▲魏泰東軒筆錄　宋　魏泰撰
　范景仁乞致仕錄　宋　范鎮撰
▲自警編　宋　趙善璙撰
▲類說　宋　曾慥撰
▲張文潛明道雜志　宋　張耒撰
▲濟美集　（《明書·經籍志》著錄《王氏濟美集》，時代及作者待考）
▲經鉏堂雜志　宋　倪思撰
▲曲洧舊聞　宋　朱弁撰
▲吳氏能改齋漫錄　宋　吳曾撰
▲韶州府曲江志　元　失名
▲葉適論宏詞（文見《水心別集》卷13）　宋　葉適撰
▲四朝聞見錄　宋　葉紹翁撰

· 182 ·

▲呂原明雜記　宋　呂希哲撰

▲嘉定鎮江志　宋　史彌堅修　盧憲纂

　三朝國史　宋　王旦、呂夷簡等修

　四朝國史　宋　陳康伯、李燾、洪邁等修

　番陽志　宋　史定之撰

　宋畢衍備對（或作"中書備對"）　宋　畢仲衍修

▲三山志　宋　梁克家纂

▲建安志　宋　張叔椿修　林光纂

▲建安續志　宋　劉牧纂

▲撫州志　宋　家坤翁修　周彥約纂

▲咸淳毗陵志　宋　史能之修

　舊紀　（神宗事，疑即元祐中呂大防、范祖禹等所修《神宗正史·本紀》）

　新紀　（神宗事，疑即紹興中陳康伯等所修《神宗正史·本紀》）

　實錄　（淳化事，疑即錢若水等修《太宗實錄》）

▲稽古錄　宋　司馬光撰

　實錄　（神宗事，疑即趙鼎、范冲所修《神宗實錄》）

▲嶺外代答　宋　周去非撰

▲南軒語錄　宋　張栻撰

▲中興小歷　宋　熊克撰

▲蘇黃門龍川略志　宋　蘇轍撰

▲景定建康志　宋　馬光祖修　周應合纂

　金坡遺事　宋　錢惟演撰

　續東陽志　宋　瞻思纂

　永州府志　明　虞自銘修　胡璉纂

▲宋北盟錄　宋　徐夢莘撰

▲洪皓松漠紀聞　宋　洪皓撰

· 183 ·

扶南傳　（待考）

竺法維佛國記　（待考）

釋法盛歷國傳　□　僧法盛

晉宋浮圖經　（待考）

▲南蠻序略（見《文淵閣書目》、《明書·經籍志》，作者及時代待考）

▲契丹國志　宋　葉隆禮撰

二

宋代官修本朝《會要》，有下列 11 種：

《慶曆國朝會要》（一作"三朝國朝會要"）

《元豐增修五朝會要》（一作"六朝國朝會要"）

《政和重修會要》

《乾道續四朝會要》（一作"續會要"）

《乾道中興會要》

《淳熙會要》

《嘉泰孝宗會要》

《慶元光宗會要》

《嘉泰寧宗會要》

《嘉定國朝會要》（一作"總類國朝會要"）

《十三朝會要》（一作"經進總類國朝會要"）

此外尚有范師道所修《會要詳節》，由於僅是《慶曆國朝會要》的節本，故未計算在内。

上述 11 種《宋會要》，內容雖然往往相互交錯，總的時間，則包括太祖到寧宗十三朝，365 年。其中李心傳繼張從祖以後續修的《十三朝會要》，則通編前修諸《會要》爲一書，并曾經

"刻於蜀中"①。

《宋會要輯稿》各門所注《宋會要》名稱，與上述11種《宋會要》是相合的。從起迄時間來看，在比較完整的各門中，一般是起於太祖，終於寧宗。雖然也有少數幾處，出現了理宗、度宗甚至帝昺祥興年間的文字，但其中有的注明採自《宋史》，有的雖然暫時尚未能查到出處，但却是極個別的，而且在《輯稿》已經增入不少宋代以後著作的情況下，也没有根據認爲《永樂大典》收入了11種以外的宋代官修本朝《會要》。

在11種《宋會要》中，李心傳的《十三朝會要》，是在理宗"端平三年（1236年）成書"②的。此後，在理宗淳祐二年（1242年），《寧宗會要》又有第四次進書。用這個最後進書時間爲斷限，來考察輯本《宋會要》徵引的書籍，凡是成書或流傳時間晚於淳祐二年（1242年）的，就不難肯定是屬於增入的部分。這樣雖然只能搞清一部分，但對於該書的了解，却不是没有助益的。

《事文類聚》　該書分前、後、續、别、新、外、遺七集，"前、後、續、别四集，皆宋祝穆撰；新集、外集，元富大用撰；遺集，元祝淵撰"③。穆書見《郡齋讀書志·趙希弁附志》，知南宋已單獨流傳，"其合爲一編，則不知始自何人，疑即建陽書賈所爲也"④。前集篇首，有祝穆淳祐丙午自序，知穆書成於理宗淳祐六年（1246年），已在《寧宗會要》第四次進書以後了。輯本《宋會要》徵引該書文字，有的則見於元富大用的新集，如職官

---

① 　陳振孫：《直齋書録解題》卷5。
② 　《宋史》卷438《李心傳傳》。
③④　《四庫全書總目提要》子部類書一。

17·37末兩行,見新集卷18,知採入時間,實在合編之後。

《維揚志》 見《文淵閣書目》卷19,今原書未見傳本。據嘉靖《維揚志》凡例,宋寶祐間所修《維揚志》,是繼紹熙《廣陵志》及嘉泰《廣陵續志》續修而成。影印殘本《永樂大典》引《維揚志》24條,張國淦先生《中國古方志考》,據其中"平糴倉"條有寶祐元年(1253年)事,判定爲寶祐元年以後所修。

《鶴林吳泳》 按吳泳,嘉定二年(1209年)進士,理宗朝歷官起居舍人,兼直學士院,權刑部尚書,終寶章閣學士、知泉州。著有《鶴林集》,事蹟具《宋史》本傳。《鶴林集》原書已佚,《四庫全書》有《大典》輯本,《提要》云:"放佚之餘,篇帙尚夥。"成書時間未詳,輯本卷22《奏寬民五事狀》有"準淳祐十二年空日劄子"句,則成書當在淳祐十二年(1252年)之後。唯引文不見輯本,無從查對。

《九朝長編紀事本末》 見《文淵閣書目》卷5,宋楊仲良撰。阮元《四庫未收書目提要》:"卷端有寶祐丁巳(1257年)廬陵歐陽守道序……然其書不見於《宋史·藝文志》……據守道序,此書寶祐元年刻於廬陵郡齋,貢士徐琥重爲校刻,則在寶祐五年(1257年)也。"則其書之流傳,已晚於《寧宗會要》最後一次進書十多年了。

《事類合璧》 見《文淵閣書目》卷11。倪氏《宋志補》、焦氏《經籍志》俱載之。《四庫全書總目提要》據宋坊本、《鄭堂讀書記》據明刊本,皆作《古今合璧事類備要》。該書爲宋人謝維新所撰,"前有寶祐丁巳自序,蓋應坊人劉德亨之托而作,并書名亦德亨所定"①,《提要》則根據謝維新自序,肯定"是書成於

---

① 周中孚:《鄭堂讀書記》卷61。

寶祐丁巳",即理宗寶祐五年(1257年)。

《臨汀志》 宋胡太初修,趙與沐等纂。據《永樂大典》卷7895《十九庚》,"汀州府題咏",趙與沐《臨汀志跋》,知成書在開慶元年(1259年)。《輯稿》所錄《臨汀志》見禮20·134正文。不過其所標書名爲《臨汀志》,而非《宋會要》,似當屬於誤錄的範圍。

《悦生隨鈔》 宋賈似道撰。《宋志》及《宋志補》皆不著錄,原書不見傳本,陶宗儀《説郛》存其節本。輯本《宋會要》注明採自此書正文二處,僅一處見《説郛》,知所據非此節本。賈似道自號"半閒老人",其自序云:"予老來觀書,輒多遺忘。暇日隨所披閱,約而筆之,寖盈編帙,因釐爲百卷,題曰《悦生隨鈔》。"①按《宋史》卷474《賈似道傳》云:"(淳祐)十年,以端明殿學士移鎮兩淮,年始三十餘。"當淳祐十年(1250年)纔三十多歲,當然不應稱爲"老",則該書成於此後一二十年是可以推知的。

《名臣言行錄》 《宋會要輯稿》職官41·100注文,引《名臣言行錄》,出《宋名臣言行錄》別集《四朝名臣言行錄》卷7。按《宋名臣言行錄》前集、後集,爲朱熹所撰;續集、別集、外集,則爲李幼武所補編。李書續集卷首,有其外祖潛儀趙崇砣景定辛酉序。按景定辛酉即理宗景定二年(1261年),故《四庫全書總目提要》,據以判定爲"理宗時所作"。

《撫州志》 《輯稿》食貨32·32—33,錄《撫州志》引《宋朝會要》文字四段。按宋撫州臨川郡,有淳熙、嘉定、景定三志,皆無傳本。從諸家書目著錄情況來看,唯家坤翁所修景定

---

① 陶宗儀:《説郛》卷12。

志流傳較廣,倪燦《宋志補》、《文淵閣書目》、《南雍志經籍考》、《千頃堂書目》皆載之。前此二志,則不見諸家書目。又弘治《撫州府志》舊序家坤翁序稱:"臨汝望於江介,群公先正萃焉,文獻可謂足矣,郡乘顧無成書,先後草創,乃不足證,來者慊焉。"似在景定以前,雖"先後草創",但却沒有"成書",所以此段文字出自景定志的可能性就更大了。關於成書的時間,家坤翁序云:"坤翁以景定壬戌,被命來守,歲餘少事,屬同志收攬載籍,考訂耆舊,退而相與裁之,合爲三十五卷,書成,條目粗備,然遺忘尚多……會予節趨閩,以其書托諸推掾周君彥約,覆正闕誤,且裒金俾鋟諸梓,明年周君來謚曰,鋟梓就矣,宜叙其首。"按景定壬戌,即理宗景定三年(1262年),其序文則是在此後二年所寫,故當是景定五年(1264年)成書。

《景定建康志》 宋馬光祖修,周應合纂。據嘉慶六年(1801年)仿景定刊本,馬光祖《進建康志表》、《序》,及周應合《修志本末》,均在景定二年(1261年)。張國淦先生《中國古方志考》云:"是志三九武衛志,引咸淳三年,四十田賦志,引咸淳四年,是此書志進於景定二年,陸續增益至咸淳四年。"

《咸淳毗陵志》 宋史能之纂。據嘉慶二十五年(1820年)重刊本史能之咸淳四年自序,知成書在度宗咸淳四年(1268年)。

《百川學海》 宋左圭輯。其序款:"時昭陽作噩歲,柔兆執徐月,古鄞山人左圭禹錫敘。"據此,則成書在度宗咸淳九年(1273年)三月。

《玉海》 宋王應麟(1223—1296年)撰。《宋史》本傳稱"[應麟]九歲通六經,淳祐元年舉進士……調西安主簿,民以年少易視之,輸賦後時……初,應麟登第言曰:今之事舉子業者,沽名譽,得則一切委棄,制度典故漫不加省,非國家所望於通儒。"於是閉門發憤,誓以博學宏辭科自見,假館閣書讀之,寶祐四年(1256年)中是科。由此可知,王應麟在淳祐元年(1241年)舉進士時,還很年輕,①他的《玉海》,也必然是舉進士以后開始編撰的。周中孚《鄭堂讀書記》卷61著錄該書稱:"觀其《詞學指南》所云編題之法,知此書即其業詞科時所創始,後逐漸增益成編。"據此,則寶祐四年(1256年)以後還在逐漸增益。《四庫全書總目提要》子部類書一著錄該書云:"案明貝瓊《清江集》有所作應麟孫王厚墓志,稱應麟著《玉海》,未脫稿而失,後復得之,中多闕誤,厚考究編次,請於閩帥鋟梓,并他書十二種以傳。據此則諸書付梓,實始於元代。"又《玉海》卷首所附至元三年(1337年)指揮:"自公歿之後,其家族黨分爭,書遂遺缺,縉紳韋布,迪相鈔錄,雖多寡不同,俱非全書。當職游宦四明,詢訪文獻故家,得公之孫厚、孫延,致家塾俾教二子,因獲盡取公之著述,悉心討論,訪求遺逸,《玉海》遂見全帙,考訂詮次,粲然大備。"知《玉海》抄本的流傳,實在元代應麟歿(1295年)後,至於印行,據該書至元六年(1340年)四月李桓序,則已在元末了。

《大一統志》 元扎剌馬丁、虞應龍等纂。原書已佚,僅存殘本。許有壬《大一統志序》云:"[至元]二十八年辛卯,書成,凡七百五十五卷,名《大一統志》,藏之秘府。應龍謂……尚欲網羅遺佚,證其異同焉。"②張國淦先生《中國古方志考》據《秘書監志》判定:"至元二十八年雖已曾進呈初修本,而應龍實仍

---

① 據錢大昕《深寧先生年譜》。王應麟淳祐元年舉進士時是19歲。
② 許有壬:《圭塘小稿》卷5。

在監繼續纂修，未嘗輟事……直至大德七年五月，而全書始正式告成也。"是該書最後完成，在元成宗大德七年（1303年）。

《廟學典禮》 《四庫全書總目提要》史部政書二著錄該書稱："不著撰人姓氏，諸家書目皆不著錄。核其所載，始於元太宗丁酉，而終於成宗大德間，蓋元人所錄也。"可知成書時間，當在大德（1297—1307年）之後。

《文獻通考》 元馬端臨撰。卷首自序之後，附有至治二年（1322年）《鈔白》及延祐六年（1319）王壽衍《進書表》。《鈔白》云："速爲差委有俸人員，禮請馬端臨親賚所著《文獻通考》的本文籍，赴路謄寫校勘刊印施行。"則其初印時間，當在至治二年之後。

《宋鑒》 見《文淵閣書目》卷5。杜信孚《同書異名通檢》謂："又名《宋史全文》。"《四庫全書總目提要》史部編年類著錄作"宋史全文"，稱"不著撰人名氏，原本題曰《續通鑒長編》，而以李燾《進長編表》冠之於前，是直以爲燾之《長編》矣。案燾成書在孝宗時，所錄止及北宋，此本實載南宋一代之事，其非出燾手明甚。檢此書，每卷標題，全有'宋史全文'四字，而《永樂大典》宋字韻內，亦多載《宋史全文》，與《長編》截然二書。又此本目錄前有坊間原題，稱'本堂得《宋鑒》善本，乃名公所編，前宋已盛行，再付諸梓'云云。蓋本元人所編，而坊賈假托燾名，詭稱前宋盛行耳！惟《永樂大典》所收之書，皆載入《文淵閣書目》，乃《宋鑒》多至六部，獨不見《宋史全文》之名，或亦楊士奇等編輯時，因標題而致誤歟？"關於成書時間，各家意見也是一致的。《四庫提要》引商邱宋犖跋云："此三十六卷，是元人所刊。"《四庫提要補證》引張氏《藏書志》云："書肆題語，謂前宋已盛行者，似不足信。"楊紹和《楹書隅錄》卷2："是書乃宋之遺民逸老入元後所作,因末卷多涉元事,故不著姓名序跋,而以李燾《進長編表》冠之於首,當時坊賈,或亦不無避忌,遂并詭稱前宋盛行耳!"盡管成書的確切時間不能肯定,但"前宋已盛行"是假的,爲入元以後成書,則是前人共同的看法。

《宋史》 元脱脱等修。按《宋史》自元世祖時期,就開始"以宋人《國史》爲稿本"①進行纂修,"延祐、天曆間,又屢詔修之",終因宋、遼、金三史"義例未定"②,直到元順帝至正五年(1345年)纔最後修成,③翌歲下杭州雕版。

《存心錄》 《明史·藝文志》著録:"《存心錄》十八卷,吳沈等編集。"《文淵閣書目》卷1天字號第一厨,有《存心錄》一部10册,兩部8册,皆注"闕"字。清乾隆年間尚有傳本。《四庫全書總目提要》史部政書類存目一著録該書稱:"不著撰人名氏,皆記明初壇廟祭祀之制,而附以災祥物異。其前有序稱:臣等承命作此錄,以堅誠敬之心。是奉敕所撰;而其文多殘損不完。考《明史·藝文志》,有吳沈等編集《存心錄》十八卷……吳沈者,蘭溪人,元國子監博士師道子,洪武時官東閣大學士,嘗著辯言孔子封王之非禮,後嘉靖中更定祀典,實祖其説。則其人嫻於説禮可知。而此書内所載禮節,皆洪武三年以前之事,則《藝文志》所謂《存心錄》者,即此書也。惟此本止十卷,與十八卷之數不合。檢該書首,有私印一,其文曰:尚寶少卿袁氏忠徹印。蓋猶明初舊本,尚無脱佚。又黄佐《南廱志》載嘉靖間《存心錄》版,存者五十八,而闕者三面,所列亦止十卷,與

---

① 《四庫全書總目提要》史部正史二。
② 趙翼《廿二史劄記》卷23。
③ 《宋史》進書表。

此本同,是史志誤衍一八字也。"《續通考》卷186亦有類似記載。由此可知,《四庫提要》編者所見到的,與《明志》所著錄的《存心錄》,乃是一種。該書既然是洪武年間的著作,文淵閣有存書,被採入《永樂大典》是很自然的。同時該書内容爲"壇廟祭祀之制",也與《輯稿》所引(見禮28·37)有關郊祀文字相合。但另一方面,《提要》又稱"皆記明初壇廟祭禮之制","書内所載禮節,皆洪武三年以前事",而《輯稿》所引則是紹熙二年(1191年)文字,這就需要搞清楚該書是否也包括明初以前的典禮問題。關於這一點,蒙北京圖書館參考書目組提供《明實錄》的兩段資料:"洪武元年三月己亥,命禮官及諸儒臣編《存心錄》,上以祭祀爲國家大事,念慮之間,儆戒或怠,則無以交神明。乃命禮官及諸儒臣編集郊社、宗廟、山川等儀,及歷代帝王祭祀感應祥異可爲鑒戒者,爲書以進。"又"洪武四年秋七月辛亥朔,《存心錄》成,上覽之,謂諸儒臣曰:朕觀歷代賢君事神之道,罔不祇肅,故百靈效祉,休徵類應;及乎衰世之君,罔知攸敬,違天慢神,非惟感召實譴,而國之禍亂,亦由是而致;朕爲此懼。每臨祭,心戒必敬,惟恐未至;故命卿等編此書,欲示鑒戒。夫水可以鑒形,古可以鑒今,是編所以彰善惡,豈惟行之於今,將俾子孫,永爲世守"。由此可知《存心錄》的内容,是包括明以前歷代有關事蹟的。同時,從中華書局影印本《永樂大典》所存片斷的《存心錄》文字中,除明初祭祀典禮外,有不少前代祭事感應事例,如卷2 345、2 948、3 001、10 311等皆是。因而雖没有原書查對,但認爲《輯稿》所引,就是洪武四年(1371年)吳沈等編集的《存心錄》,還是有根據的。

《永州府志》 明虞自銘修、胡璉纂。成於洪武十六年(1383年),以《輯稿》引文與北京圖書館所藏《府志》相校,是符合的。

此外尚有：

《續東陽志》 繼洪遵紹興間所修《東陽志》而後所修郡志，有宋朱子槐的《咸淳東陽志》、宋錢奎的《東陽私志》、元趙紹的《東陽圖志》，又有元色目人瞻思所修稱《續東陽志》。康熙《金華府志》瞻思舊序云："余始至於婺，即訪其圖志，云失之已久，惟出郡人趙紹所編，簡策實繁，而未爲成書。繼而《洪志》已令復刊矣，然自紹興之末，迄歸附後事，悉所不及。其間人物之盛，可録矣，而呂成公、宗忠簡之傳未立；易代制度之變當紀矣，而本朝因革之宜未書，紀録不備。爲郡之典，良有闕焉。斯責固守土者之所任，若夫臨治者，亦豈不預哉。余思及此，爲之惕然，乃夙夜孜孜，求所以塞之者……頃因案部，索諸屬邑，有得輒録，窺暇隙以時述之，逮茲成編，規模無異洪氏之書，而事物不載而已登，釐爲六卷，題曰《續東陽志》，見修述也，復命刻梓於學宫，庶補其闕，亦已塞余責云。"據此可知《趙志》尚未修成，《朱志》、《錢志》亦不傳，惟瞻思所修，不僅書名相合，且曾有印本流傳。同時從《輯稿》所引（見方域6·38）稱"宋會要云"，亦是元人語氣，其出自瞻思的《續志》當可推知。

《韶州府曲江志》 按今廣東省韶關市，唐宋爲韶州始興郡，元爲韶州路，明清爲韶州府，府治曲江縣，明以前似不當稱府。然影印殘本《永樂大典》存《韶州府曲江志》3條，張國淦先生《中國古方志考》云："其通濟倉條歲收本路租稅，又廣州路推撥糧，知是元志。曰韶州府，或修《大典》時所加。"據此則《大典》所收爲元志。然《宋史·藝文志》有南宋蘇思恭所修《曲江志》，究竟出自哪一種，尚不易肯定。但《大典》所收《元志》名稱，與《輯稿》所注（見選舉 9·24）相同；又《輯稿》此段注文，位於"以上《國朝會要》"之下，這說明不是原《會要》的文字。從這些特點來看，都像是明初修《大典》時附入的元志。

以上僅是以《寧宗會要》第四次進書的時間爲斷限，對《大典》輯本《宋會要》增入書籍的考查。但《寧宗會要》只包括寧宗一朝 30 年，而且前此已進書 3 次；從《輯稿》的全書情況來看，在比較完整的各門中，大都是自太祖迄寧宗，與李心傳所修《十三朝會要》是一致的，同時《十三朝會要》又是唯一刻版印行的一種，所以用《十三朝會要》的進書時間端平三年（1236年）爲斷限，則是更切實際的。除成書在淳祐二年（1242 年）以後的前文已作考查外，晚於端平三年的，尚有下列書籍：

《朝野類要》　宋趙升撰。前有"端平丙申"自序，故《四庫全書總目提要》云："是書作於理宗端平三年"，也就是《十三朝會要》進書的同一年。

《燕翼詒謀錄》　宋王栐撰。其自序稱："寶慶丁亥孟冬既望，求志老叟晉陽王栐叔永，書於山陰寓居求志堂中。"則其書成於理宗寶慶三年（1227 年）。

《朱子語續錄》　宋李性傳編。據同治十一年（1872 年）所刊應元書院藏版《朱子語類》所附《饒州刊朱子語續錄後序》稱"嘉熙戊戌，月正元日，後學三嶼李性傳書"，則該書成於理宗嘉熙二年（1238 年）

《金玉新書》　《四庫全書總目提要》史部政書類存目二著錄《金玉新書》稱："蓋元時坊本也。"日本學者仁井田陞、今堀誠二，則否定了"《金玉新書》元代説"，認爲初編本是在乾道八年（1172 年）以後，淳祐二年（1242 年）以前，以乾道、淳熙、慶元各新書爲素材,將其中敕令照原文分類編纂而成。其後,又將淳祐新書增補刊行。① 據此,則該書初編本成書時間的下限,亦在端平三年(1236年)以後。

此外,《輯稿》方域8·29"宋會要甘州府城"則有元"泰定三年六月三日樞院臣火沙王等奏甘肅省"事,疑出自元《甘州志》,但原書既佚,《輯稿》又未標原書名,只好存疑。不過屬於增入部分,還是沒有問題的。

三

上述26種書籍,被纂入輯本《宋會要》中的狀況,可以分下列三種類型:

第一,作爲注文附入。其中又可分兩種形式,一種是將原文或節文注於《會要》正文之後,計有:

《事文類聚》 見《輯稿》職官17·37、41·90—91等。

《九朝長編紀事本末》 見《輯稿》禮24·70、24·72、24·76—77,輿服6·7,崇儒3·11等。

《鶴林吳泳》 見《輯稿》職官39·12。

《事類合壁[璧]》 見《輯稿》禮11·1(共11處),禮15·42—43,崇儒1·2,職官57·35、36—37等。

---

① 《東洋學報》29卷1期,仁井田陞、今崛誠二:《金玉新書及び淳祐新書考》。

原文:"……ての書は,乾道八年以後淳祐二年以前に撰述されたものであって、乾道、淳熙、慶元各新書のいづれかを素材とし、その内、敕と令とをとつて原文のまま、分類編纂しれものである。但,其の后,淳祐新書を以て增補されもしれ"。

《名臣言行録》　見《輯稿》職官41·92、41·100等。
《景定建康志》　見《輯稿》方域3·19。
《咸淳毗陵志》　見《輯稿》食貨59·22。
《大一統志》　見《輯稿》職官41·85—86。
《廟學典禮》　見《輯稿》禮16·3。
《韶州府曲江志》　見《輯稿》選舉9·24。
《燕翼詒謀録》　見《輯稿》職官56·21。
《朱子語續録》　見《輯稿》崇儒1·47。
《金玉新書》　見《輯稿》儀制13·12。

另一種形式，是用以考訂正文。

《存心録》　見《輯稿》禮28·37。

這兩種形式，在輯自《永樂大典》的其他書籍中，也曾經出現過。如《大典》輯本《建炎以來繫年要録》，目録之後所附按語指出："原本所載秦熺、張滙諸論，是非錯謬，疑爲後人攙入，又於本注外載留正《中興聖政》、吕中《大事記》、何俌《龜鑒》諸書，當亦修《永樂大典》時所附入者。"這種於本注之外附入其他書籍的形式，是與輯本《宋會要》增入注文的前一種形式相同的。又范行準先生《述現存〈永樂大典〉中的醫書》一文中説："寒字傷寒部分，不僅精心校注，有時還作批判分析，這在以往的類書中是沒有的。"①這與輯本《宋會要》中附入注文的後一種形式是相近的。

第二，作爲正文纂入。其中亦有兩種形式。一種是單純用作正文補入的。計有：

---

① 范行準：《述現存〈永樂大典〉中的醫書》，見《中華文史論叢》第2輯。

《維揚志》　見《輯稿》崇儒7·61—62、7·68。

《臨汀志》　見《輯稿》禮20·134(因標題書名非《宋會要》,疑係誤錄)

《悦生隨鈔》　見《輯稿》職官77·30、77·45。

《百川學海》　見《輯稿》職官77·38、77·45。

《續東陽志》　見《輯稿》方域6·38。

《朝野類要》　見《輯稿》職官27·50,錄《朝野類要》卷2"四轄"一段代序文。

《撫州志》　見《輯稿》食貨32·32—33。

《甘州志》(?)　見《輯稿》方域8·29(只注《宋會要》,未注原書名)。

另一種形式,是除當做正文補入外,亦當做注文附入,其中更有以增入書籍爲正文,摘取《宋會要》作注文的。這種形式,情況較復雜,故對其中增入較多的書籍,作重點考察。

《玉海》　徐松所輯原稿部分,注明《玉海》的文字,約計一百多處,分散在樂、禮、輿服、儀制、瑞異、崇儒、職官、方域、蕃夷諸類中,其中以蕃夷類爲最多,大部分是作爲注文附入,有的地方,如食貨69·14—15,就是作爲正文增入的。此外,徐輯原稿殘闕,存於中華書局影印本《永樂大典》的,也有附入的《玉海》注文。如《大典》卷11 849《十八養》享字,燕享二,存有《宋會要》"燕享"一門,其中附入的《玉海》注文達5處之多,從而可以肯定,《玉海》的增入,是《大典》中《宋會要》的原有狀況。

《文獻通考》　徐輯原稿注明《通考》的文字,約計亦達一百餘處,分布在樂、禮、輿服、儀制、瑞異、崇儒、職官、選舉、食貨諸類中,而以選舉和瑞異兩類爲多;採入文字一般是較長的,多數作爲注文附入,有的地方如崇儒7·62、選舉1·3—6四處、食貨8·1—4等,則是作爲正文補入的。《輯稿》禮40之"濮安懿王園廟"一門,還保存在中華書局影印本《永樂大典》中(見《永樂大典》卷17 085《十三嘯》廟字,親廟),其所附《通考》注文,《大典》僅有誤字一處,《輯稿》則衍一字,脱、誤各二字,符合轉抄多訛的一般現象。

《宋鑒》 注文見崇儒7·48,正文見崇儒7·54(2處)。

《宋史》 徐輯原稿採入《宋史》的文字,約達一百數十處,分散在輿服、瑞異、職官、食貨、選舉、兵、方域、蕃夷等類中,而以輿服類爲最多,其中除大部分作爲注文附入外,有不少地方是作爲正文補入的,而且有些以《宋史》作正文的地方,還摘取《宋會要》爲注,茲將作爲正文修入的部分校勘簡況,表列如下。

徐輯《宋會要》原稿以《宋史》爲正文部分校勘簡表

類別、卷、頁	原注名稱	《宋史》卷數	校勘簡況	附 注
樂5·27—28	(詩樂)	142	照録	有誤字、脱文
樂5·29—37	(宋會要教坊樂)	142	照録	有誤字并錯簡脱句
樂5·37—38	(雲韶部)	142	照録	
樂5·38	(均容直)	142	照録	錯簡脱三句眉批已補
樂5·38—39	(東西班)	142	照録	
樂5·39	(四夷樂)	142	照録	
樂6·20		135	照録	
樂7·3—6(正文)	(宋會要御樓)	138	照録	卷首有闕文,首句小異,5、6頁小字非《宋史》文字

續表

類別、卷、頁	原注名稱	《宋史》卷數	校勘簡況	附　注
樂 7·6	（紹興登門肆赦）	138	照録	
樂 7·6—20（正文）	（宋會要）	138 139	照録	小字非《宋史》文字
樂 7·20—26		139	照録	
樂 7·26	（皇帝受恭膺天命之寶）	139	照録	
樂 7·26—27	（册皇太子）	139	照録	
樂 7·27—29	（皇子冠）	139	照録	
樂 7·29—31	（鄉飲酒）	139	照録	
樂 7·32	（中興會要）	139	照録	注文脱一字，多四字
樂 8·5—32		140 141	照録	空格處，皆脱文。
禮 11·8	宋史豐稷傳	321	節文	又禮 11·6，廣雅稿改作注文
瑞異 2·16	宋史豐稷傳	321	照録	有誤字
瑞異 3·40	宋史五行志	62	照録	摘《會要》爲注
瑞異 3·41—47	宋史五行志	62	照録	摘《會要》爲注
運曆 2·3—13	天文志	48	照録	有脱文、誤字
職官 77·38	宋史張士遜傳	311	照録	
職官 77·38	宋史張存傳	320	節文	

續表

類別、卷、頁	原注名稱	《宋史》卷數	校勘簡況	附注
職官77·38	宋史章得象傳	311	節文	
職官77·49	宋史劉渙傳	324	節文	
職官77·50	宋史王素傳	320	照録	
職官77·54	宋史元絳傳	343	節文	
職官77·54	宋史何郯傳	322	照録	
職官77·59	宋史蘇頌傳	340	照録	
職官77·59	宋史李公麟傳	444	節文	
職官77·69	宋史葉夢得傳	445	節文	
職官77·60	宋史	351	文字小異	
職官77·69	宋史葉夢得傳	445	節文	
職官77·82	宋史	387	節文	
職官77·85	宋史李燾傳	388	節文	
食貨34·36—37	（宋會要）	185	照録	
食貨63·113	宋史	388	節文	
方域16·26	宋史金水河	94	照録	摘《會要》、《續會要》爲注
蕃夷5·68—71	（宋會要）南蠻傳	494	節文	摘《會要》爲注
蕃夷5·73—104	（宋會要）宋史列傳	493 494	節文	摘《會要》爲注

通過以《宋史》爲正文部分的校對，可以看到：

（一）有的是照錄《宋史》文字，而摘取《（宋）會要》爲注文，像方域類1處、瑞異類2處即是。有的對《宋史》文字有節略，而以《會要》爲注文，像蕃夷類兩處即是。也有的只照錄或節錄《宋史》一段而不加注文，像樂類15處、禮類1處、瑞異類1處、運曆類1處、食貨類2處、職官類12處，皆是如此。前兩種情况，異常明顯地反映了有意纂入的事實。後一種情况除食貨類及樂類未注明爲《宋史》的篇幅，有可能是標寫書名的錯誤，或與《宋史》來源相同外，其餘也都反映了有意纂入的特點，而以職官類"致仕上、下"兩門（見職官77·28—86）表現得最爲明顯，因爲這兩門不少是採用《宋史》和其他筆記、文集之類的書籍組成的。其採用《宋史》的十多處，皆是節文，並和採自其他筆記、文集的文字一樣，都是作爲正文修入的。

（二）採用《宋史》爲正文的部分，並不一定是《宋會要》的殘闕部分，因爲有些地方幾乎每條都摘取了《宋會要》文字爲注文，這說明《會要》這一段文字，當時是存在的，只是由於採用《宋史》而被割裂或删除了。特別是有的地方由於《會要》文字和《宋史》相同，被完全删除了。如蕃夷4·18，"于闐"門後，注云"餘同宋史外國傳"，不錄原文，更直接證明了這一點。

（三）增入文字的加工質量不同，有的節錄很得體，有的則發生錯誤。如蕃夷5編入《宋史》"西南溪峒諸蠻上、下"節文2處。其後一處（73—104頁，實際應當在前）81頁4行"天禧七年"條前，删去275字，包括"天聖"年號，本當爲"天聖七年"，却誤書"天禧"。又此"七年"條後，一直到"紹興四年"條前，則將《宋史》原文全部節去，而以14頁《會要》注文來補充。其104頁"五年"一條，《宋史》原繫於"嘉定"，而此處因將"嘉定元年"一條移於前一篇（68頁），致使誤繫於"嘉泰"。此外，本門其他各條，亦有處理不當之處，反映了加工十分草率的現象。不過這只是一個不好的典型，并不能代表一般。

　　作爲注文附入的《宋史》文字，是比較普遍的，校對的結果，與上述作爲正文修入的情況相類似。雖然篇幅一般都較短，有的是完整地節錄一段，有的中間有節略，一般都能判定出自《宋史》。但極個別的地方（見職官28·1）注明爲《宋史·太宗紀》，前一半文字還相似，後一半則多於《宋紀》，這可能是原《會要》收入的《國史》，被後人改作《宋史》的結果。從《輯稿》附入書籍的名稱來看，是很不嚴格的，如把江少虞的《皇朝事實類苑》稱作"宋類苑"、"江少虞類苑"；李心傳的《舊聞證誤》，稱作《舊證》；葉夢得的《石林燕語》稱作《石林葉氏》；樂史的《廣卓異記》稱作《宋卓異記》等。在書名之前冠一個"宋"字，或將"國朝"、"皇朝"改作"宋朝"的情況都是存在的，因而把宋代的《國史》改稱《宋史》也是可能的。不過這種現象，畢竟是極個別的，在《輯稿》中原稱《國史》的地方很多，一般還是沿用舊稱。如《國史·李淑傳》、《三朝國史》、《兩朝國史》、《神宗正史》、《哲宗正史》等皆是。基於上述情況，在《輯稿》已增入不少書籍的條件下，對於注明《宋史》的文字，一方面不應當不加考查就認作脱脱等所修的《宋史》；同時也不能因爲在極個別的地方，出現了將《國史》改作《宋史》，而否定增入《宋史》的事實。

　　《宋史》的增入，同樣也不是從《大典》中抄出以後的問題。在《輯稿》和中華書局影印本《永樂大典》中，都有《宋會要》"濮安懿王園廟"一門（見《輯稿》禮40·6—12及《大典》卷17 085《十三嘯》廟字，親廟），其元豐三年（1080年）正月"二十四日"條後,有《宋史》注文1處,見《宋史》卷123,《大典》無誤字,《輯稿》則脱、誤各1字。

《永州府志》,見《輯稿》方域9·21—23,標題:"宋會要_{永州府城}",即採入明初所修《府志》爲正文,而且大段抄入,未曾删節,開頭一段就涉及洪武元年(1368年)至六年(1373年)的修城問題,中間增入《宋會要》一段注文,爲《府志》所無,末一段則照録《府志》中吴之道咸淳年間所作的《修城記》。增入注文的現象,同樣也反映了是有意篡入的;對《府志》有關洪武年間修城一段不予删除,則反映了加工的草率。

在輯自《永樂大典》的其他書籍中,增補或節删原書的現象,也是存在的。如《永樂大典》所收《臨汀志》,朱士嘉先生指出:"是志郡縣題名記至開慶元年,其他各門間附元代事迹;建置沿革則至明代,蓋修《大典》時補入。"①這是增補原書的一個例子。又陳垣先生跋傅藏《永樂大典》本《南臺備要》云:"本名《南臺備紀》,摘取入《永樂大典》時名《南臺備要》,又名《南臺類紀》。"②則是節删原書并改書名的一個例子。

第三,因其他書籍徵引《宋會要》文字而被抄出的。

《撫州志》 見《輯稿》食貨32·32—33,題"宋朝會要所載"一段文字,原批指明爲"撫州志引"。

這種類型則是輯録時增入的。《大典》所收書籍,皆以紅字標寫書名,異常醒目,而《輯稿》此處,在書名的位置上寫"宋朝會要所載",原批又已指明是"撫州志引",足見是抄録時,因所

---

① 朱士嘉:《宋元方志傳記索引》"書名簡稱表"附注。
② 陳垣:《書傅藏〈永樂大典〉本〈南臺備要〉後》,見《北京師範大學學報》1963年第1期。

引爲《宋會要》而被録出。

四

綜上所述，可以得到如下結論：

一、從《輯稿》的原稿部分，并參照現存影印本《永樂大典》所存《宋會要》的全面情況來看，《大典》所收《宋會要》是經過一番加工的：不僅附入了大量注文，也修入了不少正文，并對原《會要》有所删削。《永樂大典》是一部"用韻以統字，用字以繫事"①，按字匯集資料的類書，這樣處理，也是允許的。但作爲對輯本《宋會要》的考察，却應當搞清楚。否則，如果認爲"一字不易"②，那就未免脱離實際了。

二、從增入的書籍來看，有南宋晚期和元人的著作，最晚則有明洪武十六年（1383年）的《永州府志》，從而可以推知：對原書的加工時間，上限不早於洪武十六年（1383年），加工了的《宋會要》被收入《大典》中，其下限就不當晚於《永樂大典》告成——永樂六年（1408年），也就是説在1383—1408年之間，所以看做是修《大典》時所增，還是有根據的。

首先，在《永樂大典》所收書籍中，附入注文、考訂、節删，以至增補等情況，在其他輯自《大典》的書籍中均曾經出現過，而《宋會要》的變動，大體上也是屬於這些方面。

其次，從增入書籍的成書時間來看，洪武十六年的《永州府志》已被採用，距永樂元年（1403年）開始修《大典》只有20年，從《府志》成書到被採用，勢必還有一段時間。如果認爲變

---

①② 中華書局影印本《永樂大典》郭沫若序。

動在永樂以前,從完成到被《大典》編者採用,也需要一段時間,像這樣大一部書,是根本不可能的。

最後,從《輯稿》中所反映的改動質量來看,有的較細致,有的則很粗放,也符合《大典》編修的情況。《大典》的編修,是在強盛的封建帝國的支持下進行的,有豐富的圖書和充足的人力,不過在5年內修成兩萬多卷的大書,也不能不是草率的。《四庫全書總目提要》指出:"惟其書割裂龐雜,漫無條理。或以一字一句分韻;或析取一篇,以篇名分韻;或全錄一書,以書名分韻;與卷首凡例,多不相應,殊乖編纂之體,疑其始,亦如韻府之體,但每條備具始末,比韻府加詳;今每韻前所載事韻,其初稿也。繼欲急於成書,遂不暇逐條採掇,而分隸以篇名。故參差無緒,至於如此。然元以前佚文秘典,世所不傳者,轉賴其全部全篇收入,得以排纂校訂,復見於世。"在《宋會要輯稿》中有的只存《宋會要》某些片斷文字,有的則是完整一門;有些篇幅未經改動,有些篇幅則經過加工;有的加工質量較高,有的則十分粗放,這些情況就反映了集體修書和體例不一的特點,與《提要》的分析是相合的。

《永樂大典》既是按韻分編的類書,它本來就不是像叢書那樣全文收錄,不過因為急於求成,有些是全書、全篇收錄了,這對於保存元以前的佚文秘典,却起了重要作用。《大典》對所採書籍的分散、節刪,本來是正常的,不過在紅字標出的書名後附以他書,則是處理上的問題,我們要想在可能範圍內恢復原書,把這些附入的部分識別出來,就不能不是一個初步的重要工作了。

三、在《輯稿》的增入部分中,有少量文字是因《大典》所收其他書籍中引用了《宋會要》而被抄出的。

《宋會要輯稿》重出篇幅成因考

前北平圖書館和中華書局兩次影印的《宋會要輯稿》(以下簡稱《輯稿》),是嘉慶十四年(1809年)徐松在全唐文館任職期間,從《永樂大典》中抄出的原稿。徐松生前曾經根據《玉海》有關《宋會要》分類的記載,進行過一些排次和校訂。其後,廣雅書局的屠寄等人,又對帝系、後妃、禮、職官4類作了整理,并謄出清稿。民國以後,稿本歸嘉業堂,聘劉富曾等,在廣雅稿的基礎上,編成《清本宋會要》。由於劉氏未打算保存原稿,"將全部徐氏原稿痛加刪并"①,且有所丟失。後由前北平圖書館葉渭清先生審查,認爲"改編本分類隸事,頗多失檢"②,所以仍將徐氏原稿排整校訂,并從改編本中查補一部分丟失的原稿,影印發行。在影印本《輯稿》中,存在着不少整門或較大段落的重出篇幅,對於這些重出篇幅的形成原因加以考察,不僅有利於使用,亦將對該書的進一步整理、校訂,提供方便。

茲將目前所查獲的重出各門簡況,表列如下,并據以分析造成重出的原因。

表中所列55組重出篇幅,可分三種類型:

第一種類型:原在《永樂大典》卷數相同。計有第4、5三門

---

①② 《影印〈宋會要輯稿〉緣起》。

《宋會要輯稿》重出篇簡況表

重出組次	册	類	輯 卷	稿 頁	篇 目	原在《大典》卷數	備 注
一	1 36	帝系 禮	1 49	1—3 1	帝號尊號 帝號尊號	12 300 17 287	僖祖至宣祖出,前一門重文字;僖祖至宣祖較詳。
二	8 72	樂 職官	5 22	38—39 31—33	鈞容樂附東西班 鈞容樂附東西班	21 692 6 133	互有詳略。
三	8 72	樂 職官	5 22	39 33	四夷樂 四夷樂	21 692 6 133	元豐以下互見。
四	14	禮	11	1	配享功臣	17 064 11 853(補)	元豐六年 乾德四年至元豐六年 太祖朝至寧宗朝
五	14	禮	11	1—12	配享功臣雜錄	17 064 11 853(補)	三門並互見,後一門脱 16—17 頁 4 條,又篇尾脱紹熙至嘉定 4 條。
	14	又禮	11	2—10	配享功臣雜錄	17 064 11 853	

（四行對應：太祖朝至寧宗朝；太祖朝至寧宗朝；咸平二年至嘉定十四年；咸平二年至嘉定十四年）

续表

重出组次	册	类	辑卷	稿页	篇目		原在《大典》卷数	备注
五	41	禮	59	12—19	原批"册命親王大臣三"	咸平二年至乾道五年	3 184	
六	17	禮	17	2—9	朝享太廟	紹興十三年修行禮儀注	17 060	後一門脫篇首34字。
	17	禮	17	43—56	時享	附朝享太廟行禮儀注	11 846	
七	17	禮	17	10—11	親享廟雜錄	太祖朝至寧宗朝	17 059	
	17	禮	17	82—84	("時饗"門附)親享廟	太祖朝至寧宗朝	11 846	
八	21	禮	21	7	孚佑王廟	淳熙十六年	6 773	
	21	禮	21	8	西嶽別廟	淳熙十六年	17 140	
九	22	禮	24	33—42	明堂衛卒	治平元年至四年	7 199 7 200	治平元年至四年互見,後一門脫《通考》注文1處。
	23	禮	25	75—97	祖宗配侑	序、建隆四年至興二年	5 455(疑誤) 5 456	

续表

重出组次	册	类	辑卷	稿页	篇	目	原在《大典》卷数	备注
十	23	礼	25	1—14	郊祀赏赐	（熙宁定制）	5504	
	23	礼	25	28—48	郊祀赐例	（熙宁定制）	13719	
十一	27	礼	31	1—53	后妃（一）	建隆二年至大中祥符六年	7365 7366	
	27	又礼	31	1—38	后妃（一）	建隆二年至大中祥符六年	7365 7366	
十二	28	礼	32	1—44	后妃（二）	明道元年至元丰四年	7365 7367	
	28	又礼	32	1—31	后妃（二）	明道元年至元丰四年	7365 7367	
十三	29	礼	33	1—50	后妃（三）	至和元年至崇宁二年	7367 7368 7369	
	29	又礼	33	1—35	后妃（三）	至和元年至崇宁二年	7367 7368 7369	

续表

重出组次	册	类	辑卷	稿页	篇目		原在《大典》卷数	备注
十四	32	礼	40	1—5	濮安懿王园陵	治平元年至元豐四年	6762	元豐四年以上互见,前一门中间脱5条并注文2处,篇尾脱绍興至乾道13条,并注文1处
	32	礼	40	6—12	濮安懿王园廟	治平元年至乾道七年	17 085	
十五	34	礼	43	1—16	景獻太子攢所	嘉定十三年至十五年	3 994	
	34	又礼	43	1—11	景獻太子攢所	嘉定十三年至十五年	3 994	
十六	34	礼	43	17	吊儀	乾興元年至淳熙十四年	缺	後一门补入卷数,係"攢所"门依此上推测。
	34	又礼	43	11—12	外夷人吊之儀	乾興元年至淳熙十四年	(3 994)	
十七	34	礼	43	18—19	吊祭	淳熙三年至七年	缺	後一门补入卷数,係"攢所"门依此上推测。
	34	又礼	43	12—13	吊祭	淳熙三年至七年	(3 994)	

續表

重出組次	册	類	輯卷	稿頁	篇目		原在《大典》卷數	備注
十八	35	禮	47	1—14	優禮大臣	太祖受禪至隆興二年	3187 10454	
	35	又禮	47	1—10	優禮大臣	太祖受禪至隆興二年	3187 10454	
十九	50	儀制	10	1—5	官誥	淳化二年至乾道七年	17308 (17108)	淳化二年十月，紹興三年、乾道三、四年諸門重出，後一門較完整。
	66	職官	11	60—75	官誥院	乾德四年至嘉定六年	14615（補）	
二十	66	職官	11	79	甲庫	至道三年至大中祥符七年	14615	食貨"甲庫"門脱大中祥符五年1條，"七年"條當係大中祥符。
	146	食貨	52	7	甲庫	至道三年至大中祥符七年	14788	
二一	70	職官	18	110—111	鐘鼓院	序，紹興三年至淳熙七年	16665（補）	前一門完整，後一門脱序文及淳熙四年、七年2條。
	75	職官	31	9	鐘鼓院	紹興二年至隆興元年	19514	

·211·

續表

重出組次	册	類	輯稿卷	頁	篇目		原在《大典》卷數	備注
二二	70	職官	18	112	刻漏所	紹興三年至二十七年	10 940	後一門完整。
	75	職官	31	9	測驗渾儀刻漏所	紹興二年至隆興元年	19 514	
二三	91	職官	53	1—6	提舉德壽宫	紹興三十二年至乾道九年	10 945	紹興三十二年至乾道九年互見。
	91	職官	54	1—26	宫觀使	大中祥符七年至紹熙五年	13 323 (13 322)	
二四	91	職官	54	1—26	宫觀使	大中祥符七年至紹熙五年	13 323	
	91	職官	54	27—42	外任宫觀	序,熙寧二年至熙熙五年	16 251	熙寧二年至九年諸條互見。
二五	107	職官	78	61—63	罷免(下)	淳熙十六年至嘉定十四年	17 595	
	107	職官	78	64—68	罷免(下)	淳熙十六年至嘉定十四年	11 425	
二六	121	食貨	1	1—14	檢田雜録	建隆二年至乾道九年	4 750 (4 350)	
	151	食貨	食貨61(上)	71—78	檢田雜録	建隆二年至乾道九年	17 539	

续表

重出组次	册	类	辑稿卷	页	篇	目	原在《大典》卷数	备注
二七	121	食货	1	15—47	农田杂录	建隆三年至乾道九年	缺	乾道九年以前互见，前一门脱淳熙以下十条。
	155	食货63（下）		161—225	农田杂录	建隆三年至嘉泰三年	4748 4749	
二八	121	食货	2	1—21	营田杂录	（上下）序，端拱二年至乾道九年	缺	乾道九年以前多互见，后一门多出注文《朝野杂记》、《宋史》淳熙至嘉定13条。
	122	食货	3	1—21	营田杂录			
	154	食货63（上）		67—108	营田杂录	（上下）序，端拱二年至嘉定十七年	4765 4775 4776	
	155	食货63（下）		109—160				
二九	122	食货	4	1—6	屯田杂录	淳化四年至政和六年	缺	政和六年以前互见，前一门较多。
	154	食货63（上）		37—66	屯田杂录	淳化四年至嘉定十七年	4769 4770	
三十	122	食货	4	7—15	方田	熙宁五年至宣和三年	4751	
	163	食货70（下）		114—123	方田杂录	熙宁五年至宣和三年	17 533	

· 213 ·

续表

重出组次	册	类	辑稿卷 页	篇 目	原在《大典》卷数	备 注
三一	123	食货	食货5 19—37	官田杂录	建炎元年至乾道九年	缺	乾道九年以前互见，前一门贡有残文，后脱淳熙至嘉定25条
	151	食货	食货61（上）1—46	官田杂录	建炎元年至嘉定十二年	4784	
三二	123	食货	食货6 1—10	限田杂录	绍兴元年至庆元五年	4750	乾道八年以前互见，后一门脱淳熙以下5条。
	151	食货	食货61（上）73—80	限田杂录	绍兴元年至乾道八年	17539	
三三	123	食货	食货6 11—34	垦田杂录	绍兴二年至嘉定十六年	4750	乾道九年以前互见，后一门脱淳熙以下23条。
	152	食货	食货61（下）81—88	垦田杂录	绍兴二年至乾道九年	17539	
三四	123	食货	食货6 36—52	经界	绍兴十二年至十八年	17533	绍兴十二年至二十二年互见，前一门脱绍兴以下3条并注文1处。
	163	食货	食货70（下）124—134	经界杂录	绍兴十二年至嘉定十五年	15076	

· 214 ·

续表

重出组次	册	类	辑稿卷	页	篇 目	原在《大典》卷数	备 注
三五	{124 125	食货 食货	7 8	1—57 1—17	水利	（上下）淳化四年至乾道九年	11 106 11 107 11 108	前一门脱文，后一门有脱文绍兴三十二年二月一条，并《文献通考》正文4页。
	152	食货61	（下）89—122	水利杂录	（上）淳化四年至乾道九年	17 540	
三六	126	食货	9	1—11	受纳	绍兴三年至乾道七年	4 687	乾道七年以前脱，见互淳熙定1卷。
	159	食货68	（上）	1—27	受纳	绍兴三年至嘉定十四年	17 544 22 669	
三七	126	食货	9 10	12—31 1—31	赋税杂录	（上下）政和二年至乾道九年	15 422	政和二年以下见互，前一门序政和元年反建隆1卷。
	162	食货70	（上）	1—67	赋税杂录	（上）序，建隆四年至乾道九年	17 533（44页以前缺卷数）	
三八	127	食货	11	10—25	版籍	建隆四年至乾道六年	17 531	乾道六年以前见互，淳熙以下7条。
	161	食货	69	16—34	版籍	建隆四年至嘉定十四年	20 359	

續表

重出組次	册	類	輯稿卷	頁	篇 目	原在《大典》卷數	備 注
三九	127	食貨	11	26—30	戶口總數	缺	開寶九年至淳熙十六年
	161	食貨	69	70—77	戶口總數	17531	開寶九年至乾道九年 乾道九年以前互見，前一門脫文一門中間有處，後一門脫淳熙諸條。
四十	127	食貨	12	1—7	戶口雜録	缺	開寶四年至乾道七年
	161	食貨	69	77—81	戶口雜録	17531	建隆元年至乾道七年 前一門脫 6 頁脫 2 頁
四一	127	食貨	12	8—22	身丁	17544	建炎三年至乾道三年
	158	食貨	66	1—20	身丁錢	4687 7879	建炎三年至開禧三年 乾道九年以前互見，前一門脫淳熙至開禧 23 條。
四二	128	食貨	13	1—37	免役錢	4685 4686	（上，副本下）元祐元年至乾道九年
	157	食貨	14	1—48	免役	20725 20726	（一）（二）治平四年至乾道九年
	158	食貨	65	1—102	免役	17549 17550 17551	治平四年至乾道九年 三門并見，前一門脫治平至元豐 1 卷。
		食貨	66	32—89			

续表

重出組次	冊	類	輯稿卷	頁	篇目	原在《大典》卷數	備注
四三	138	食貨	35	1—18	鈔旁印帖	崇寧三年至乾道九年	15 434
	163	食貨70（下）		135—152	鈔旁定帖雜錄	崇寧三年至乾道九年	17 534
四四	138	食貨	35	19—29	經總制錢	建炎二年至乾道八年	缺
	156	食貨	64	84—113	經總制錢	建炎二年至嘉定十七年	4 682	乾道八年以前互見，前一門脫淳熙至嘉定21條。
四五	138	食貨	35	30—31	無額上供錢	建炎元年至紹興二十九年	4 688
	156	食貨	64	63—65	無額上供	建炎元年至紹興二十九年	17 544
四六	138	食貨	35	31—45	上供錢	建炎三年至乾道九年	4 688	前一門脫紹興三十一年諸路上供錢數1段。
	156	食貨	64	45—60	上供	建炎三年至乾道九年	17 544
四七	141	食貨	40	45—53	市糴糧草（三）	11 598	
	142	食貨	41	3—9	（無標題）	20 787	文史小異。

续表

重出组次	册	类	辑稿卷	页	篇	目	原在《大典》卷数	备 注
四八	142	食货	41	22—25	均籴	政和元年至宣和七年	20 791 20 792	
	163	食货70	（下）	152—155	均籴杂录	政和元年至宣和七年	17 534	
四九	142	食货	41	27—35	量衡	建隆元年至绍兴二十二年	8 633	绍兴二十二年以前互见，前一篇及篇尾中间有脱文，共11条，皆残并残文2处。
	161	食货	69	1—13	宋量	建隆元年至绍兴三十二年	5 213（补） 8 633（补）	
五十	147	食货	53	19—33	义仓	建隆四年至乾道九年	17 541	乾道九年以前互见，前一门中间有脱文4处，后脱绍熙至嘉定7条。后一门中脱绍定5条。
	153	食货	62	18—52	义仓	建隆四年至嘉定十四年	7 509	
五一	147	食货	54	1—10	诸州仓库	建隆四年至乾道九年	17 542	乾道九年以前互见，淳熙后一段，后一门中间脱1条，前至嘉定脱28条。
	153	食货	62	53—75	诸州仓库	建隆四年至嘉定十四年	7 512	

續表

重出組次	册	類	輯卷	稿頁	篇目	原在《大典》卷數	備注
五二	147	食貨	55	15—19	雜買務	序,太平興國八年至隆興二年	14 990	後一門脫序文。
	156	食貨	64	40—44	和買	太平興國八年至隆興二年	缺	
五三	149	食貨	57	1—21	賑貸	(上下)建隆元年至乾道九年	10 898	前一門(下)12頁脱2條,後一門28頁脱正文1條,注文2條。
		食貨	58	1—12	賑貸	(上)建隆元年至乾道九年	15 239	
	159	食貨	68(上)	28—73	賑災	熙寧元年至乾道九年	缺	
五四	150	食貨	59	1—52	恤災	熙寧元年至乾道九年	2 633	前一門副本與下門 13 頁因本與又本門重出,又本脱文20餘條。後一門脱100餘條,并注文2處。
	160	食貨	68(下)112—127		[恤災]		20 899	
五五	150	食貨	60	3—17	恩惠	(二)(副本)熙寧二年至嘉泰三年	17 543	
							20 900	乾道三年以下見,淳熙以下5條。
	160	食貨	68(下)128—152		恩惠	熙寧二年至乾道二年	11 621	
							17 544	

重出,後一門與前二門卷數不同、11、12、13、15、16、17、18共9組。其中16、17兩組,皆是前一門缺《大典》卷數,後一門帶"( )"的卷數,則是後人整理原《輯稿》時,據前此"景獻太子攢所"門推測補入的,實際上都是屬於漏録卷數的部分。在這9組中,具有下列特點:

1. 有關重出各門,原在《大典》同一卷中,或同屬漏録卷數部分。

2. 有關重出各門,都在禮類,而且大體上皆前後相連。

3. 在頁次編排上,重出的後一門都加上一個"又"字,單獨編排。

4. 在書寫格式上,凡編類前加"又"字的各門,與徐抄原稿迥然不同,并且有些地方還附有屠寄的按語。

從第一個特點,可以知道這種類型的重出,是輯出以後造成的。但究竟是怎樣造成的,還需要作進一步的考察。

徐輯原稿,是徐松在全唐文館時,利用全唐文館書吏,以《全唐文》的名義私下抄出的。湯中先生在嘉業堂曾經對原稿、廣雅清稿及嘉業堂清本進行過比較研究,并寫出《宋會要研究》一書,書中記載原稿的格式云:"(原)稿本式樣分兩種,均朱絲直格;一種每半頁十一行,每行二十一字;又一種每半頁八行,每行二十八字,雙行。每册第一行頂格,有寫《全唐文》三字,亦有在版心魚尾之上,寫《全唐文》三字者。每節標題,寫《宋會要》三字,低本文三格,亦有寫《中興會要》、《續宋會要》、《十朝綱要》、《乾道會要》、《中興禮書》者。又有在'宋會要'三字下,注明標目者。版心上方有寫《永樂大典》卷數,亦有不著卷數者。版心下方,有記頁數,亦有不記者。繕寫工整,紙墨古雅，迥非時下鈔本可比。"①影印本《輯稿》除紙及直格顏色無法識別外，其他格式一般都是符合的；但禮類重出各門中，凡是在編排上加"又"字者，就不同了。

湯中記錄廣雅清稿的格式云："廣雅稿本：紅格，闊欄；版心魚尾下書'要'字；每半頁十四行，行二十五字；每卷十餘頁、數十頁不等；每頁首行，小題在上，頂格。大題在下，距行末兩格。凡遇某年號，某年，某月，提行；每條下注《永樂大典》卷數，如無卷數者，即注《永樂大典》不注卷數，其注均雙行繕寫。"②影印本《輯稿》，禮類重出的，在編類中加"又"字的9門中，其書寫格式，除"紅格"顏色無法辨認外，其餘皆與上述廣雅清稿相合。如上表第11組，又禮31·1—38"后喪"門；第15組，又禮43·1—11"景獻太子攢所"門，每頁版心魚尾下皆有"要"字。有關各門，每半頁行數、每行字數，年號、年、月提行，每條下注《永樂大典》卷數，其卷數相同者，注"同上"；注文均雙行繕寫，都符合廣雅稿的特徵。特別是有不少地方，如又禮11·5、11·7、11·8（2處）、11·9，及又禮47·8—9等處的注文，都有屠寄的按語；這些按語，又全是夾在正文中間，與在原稿上書眉、篇尾等處批入的按語完全不同。這就清楚地反映了，在編排上加"又"字的各門，全是附入的廣雅清稿，只是在《影印〈宋會要輯稿〉緣起》中未作交代而已。所以因附入9門廣雅清稿，就成爲《輯稿》整門重出的一個原因。

第二種類型：原在《永樂大典》卷數不同。上表下列各組有關重出各門，皆出自《大典》不同卷中，計有：1、2、3、5三門重出，前兩門屬第一種類型、6、7、8、9、10、14、19、20、21、22、23、24、25、

---

①② 湯中：《宋會要研究》卷3。

26、30、32、33、34、35、36、37、38、41、42 三門重出、43、45、46、47、48、49 補批兩個卷數中前一個不同、50、51、54、55，共 38 組。在這 38 組中，有關重出各門，原稿所錄《大典》卷數，皆不相同；個別地方如第 49 組"宋量"一門篇尾所批兩個卷數，其後一個與復文相同的卷數，實係據"量衡"門復文補入的，前一個與"量衡"門不同的卷數，纔是屬於本門的。在《輯稿》中，有很多被删去及存留的復文，其《大典》卷數被校訂者補入了有關重出的篇幅中；"宋量"一門，就是屬於保存下來，既校補了本門卷數，又批入了復文卷數的一部分。

另一種情況是，編入了少量的原輯稿副本。像上表所注明的食貨 13"免役錢"篇首、食貨 60"恩惠"門篇首，皆注明爲"副本"。但從所錄《大典》卷數來看，與有關重出各門，皆不相同。這就説明：編入少量副本，并不是造成重出的原因，只是由於正本的這一部分殘闕了，纔採用副本加以補充。雖然在極個別的地方，也有因附入副本造成的重出，如食貨 59·13，附入"恤災"門副本宣和元年（1119 年）正月二十七日條，而造成與本門及重出另一門的重出；但却只是一條，是與整門重出的現象無關的。從而可以肯定，上述 38 組，在《永樂大典》中，本來就是重出的部分，而不是抄出以後因其他原因造成的。

《永樂大典》中所收《宋會要》的重出篇幅，較《輯稿》現存的部分，實際上還要多一些。從《輯稿》來看，有些由於輯錄時發現重出而被省略了。如《輯稿》選舉 22·1"宋考課"，原批"與職官全同，存目不錄"。選舉 23·1"吏部"，原批"詳見職官"；"審官東院"，原批"與職官同，存目不錄"。選舉 24·1"審官西院"，原批"與職官全同，存目不錄"。選舉 30·29"自代"，原批"與職官同，存目不錄"等皆是。

從影印殘本《永樂大典》來看,有不少《宋會要》的文字,在《輯稿》中殘闕了,但《輯稿》却保存了《大典》另一處的復文。茲將有關這方面的情況附表如後:

中華書局影印本《永樂大典》現存《宋會要》中
《輯稿》殘闕,僅存別卷復文簡表

《永樂大典》		《宋會要輯稿》				原在《大典》卷數	備　注
篇目	卷數	類	卷	頁	篇目		
城　池	1 056	方域	1	11	東京雜錄	7 699	
月　椿	6 524	食貨	64	79	月椿錢	（錢字）	《輯稿》所補卷數現存《大典》該卷無此文。卷6524復文注"詳見錢字"。
常平倉	7 506	食貨	53	6—19	常平倉	17 541	《輯稿》缺政和1條并注文9處。
廣惠倉	7 513	食貨	53	34	廣惠倉	17 541	
奉迎聖像	18 224	禮	51	13—14	徽號二	17 302	
奉安聖像	18 224	禮	51	14—16	徽號二	17 302	

中華書局影印本《永樂大典》,雖只有全書的百分之三強,但與《輯稿》現存的原稿相校,仍可反映出《宋會要》在《大典》中的重出篇幅是不少的;同時也說明原輯稿丟失和刪除的復文,也有相當的數量,其中有的較現存篇幅還要完整些,上表"常平倉"一門,就是如此。

這就證明:《輯稿》中整門及較大篇幅的重出部分(包括兩

門互見及三門互見，如第 42 組"免役"三門），絕大部分是在《永樂大典》中本來就重出的。

第三種類型：原輯稿存在着漏錄《大典》卷數的部分。計有：27、28、29、31、39、40、44、52、53 共 9 組（禮類 16、17 組，已在前面作了考察，不計在內）。在這 9 組中，雖然只有一門漏錄卷數，但既未注明是副本，校勘結果，又都存在着文字上的差異和此脱彼存的現象，參照《大典》中所收《宋會要》存在着不少重出篇幅的事實，看做是《永樂大典》本來就存在的復文，還是有根據的。

根據以上論斷，可以得出如下結論：在影印本《宋會要輯稿》中，整門及部分較大篇幅的重出問題，是由兩種原因造成的：一種是禮類附入了 9 門廣雅清稿，另一種是在《永樂大典》中本來就重出的。

《宋會要輯稿》校勘舉例

宋代歷次所修11種《國朝會要》,後人統稱《宋會要》。它是當時封建政權對本朝典章制度得失興廢的詳備匯編,對處理各種政務具有重要的參考價值。當時臣僚的章奏,往往援引《會要》,作爲自己政見的論據。宋王應麟論《會要》的重要性説:"自昔帝王之興,必有一代之制,著在方册,作則垂憲。若夫國有大典,朝有大疑,於是稽以爲決,操以爲驗。使損益廢置之序,離合因革之原,不待廣詢博考,一開卷而盡見。此《會要》之書,所以不可廢也。"又云:"《會要》之書,典故盡在,所以彌縫律令之闕,相爲表里。"宋高宗曾云:"《會要》乃祖宗故事之統轄,不可缺。"(俱見《玉海》卷51)盡管如此重要,但由於卷帙浩瀚,11種《會要》,只有李心傳所修《十三朝會要》曾刻版蜀中,其餘皆未刊行。

明初修《永樂大典》時,原書已有殘闕,《大典》編者,按照"用韻以統字,用字以繫事"的類書體例,將該書分隸於《大典》各韻、字之下,大部分收進了《永樂大典》。其原書則於明朝中期散失。清朝嘉慶年間,徐松自《永樂大典》中抄出。其所輯稿本,先後經廣雅書局及嘉業堂整理校訂;在整理校訂的過程中,對原稿有所刪併和丟失。殘稿經前北平圖書館整理後影印；解放後，中華書局再次影印刊行。所以這部書實係尚未經徹底整理的殘稿。

《永樂大典》在帝國主義八國聯軍侵入北京時，已被焚掠殆盡。新中國成立以後，中華書局從國內外搜集了《大典》730卷，於1960年影印發行，因而給《宋會要輯稿》的部分校補提供了條件。雖然影印出來的《永樂大典》殘本，和全書相比，僅及3%強，但已占現存總數（約近八百卷）的90%以上（見影印本《永樂大典》，郭沫若序）。這就是說，現存《永樂大典》中的《宋會要》文字，除此以外，即使有，也不會太多了。用殘餘的《永樂大典》對《宋會要輯稿》能夠校補的部分，雖然是不多的，但却使我們能夠看到一些《宋會要》在《大典》中的原始狀況，當然也可以校補一些闕誤，對今後進一步整理《輯稿》，將不是没有意義的。茲將校勘情况，摘要介紹如後：

總計從中華書局影印本《永樂大典》中，查獲標明《宋會要》的文字，凡107篇，其中《輯稿》已經全部不存及部分殘闕，而進行輯補者44篇；存於《輯稿》而進行校勘者59篇，總計實得103篇，另有非宋代事，而《大典》誤標爲《宋會要》者4篇（即卷7 507 "常平倉"，元世祖至元中事；卷7 513 "河陽倉"，唐咸亨事；卷7 513 "渭橋倉"，唐咸亨事；卷7 513 "柏崖倉"，唐咸亨事）。《輯稿》業已不存，但却無須輯補。

在《輯稿》殘闕的44篇中，存在兩種情况：一種是没有重出篇幅的，另一種是在《輯稿》中保存了《大典》別卷的復文。如《大典》卷7 506有 "常平倉" 一門，《輯稿》業已殘闕，但食貨53却保存了《大典》卷17 541的重出一門，可以相互校正和補充。

現將《輯稿》與《大典》并存的59篇，及上述保存有別卷重出文字的校勘簡况，分類舉例如後：

（一）標題不完整及脱漏 3 例

1.《輯稿》禮 25·65 標題"郊祀神位"，下脱"議論"2 字。按《大典》卷首雖僅標"郊祀神位"，其第 3 頁另有小字標題"議論"2 字，爲抄録人不察，而造成脱漏。

2.《輯稿》職官 27·70 標題"編估局"，《大典》原作"編估打套局"。

3.《輯稿》兵 29·31—39，漏標題。《大典》原題爲"備禦"。

（二）《大典》卷數録誤 3 例

1.《輯稿》禮 25·65—67 版口，"卷五千四百五十三"，原在《大典》"卷五千四百五十四"。

2.《輯稿》食貨 64·70—78 版口，"卷六千五百二十三"，原在《大典》"卷六千五百二十四"。

3.《輯稿》禮 40·13—14 版口，"卷一萬七千八十四"，原在《大典》"卷一萬七千八十五"。

（三）衍文、衍字 3 例

1.《輯稿》后妃 4·18，背 5—4 行："十一月二十八日，詔張氏，封平樂郡夫人，依禄式支破諸般請給。"《大典》無此條。按此條月日同下一條，"詔張氏"以下 18 字同前一條，顯係由於錯簡而造成的衍文。

2.《輯稿》輿服 4·1，4 行："準少府監準少府監牒"。《大典》作"準少府監牒"。

3.《輯稿》食貨 40·50，7 行："草以稻草乾荄人草兼收買"。《大典》作"共人草"，係將"荄"字誤書爲 2 字。《輯稿》改正前者而後者不删，致成衍字。

（四）脱文、脱字 3 例

1.《輯稿》禮25·65,末行:"雖從享於祇"。《大典》作"雖從享於大祇"。

2.《輯稿》輿服4·4,7行:"宴見賓客之"。《大典》作"宴見賓客則服之"。

3.《輯稿》后妃4·7,書眉所批校補文字:"詔東郡夫人……"《大典》作"詔東陽郡夫人"。

(五)因字形相近誤字3例

1.《輯稿》職官55·3,3—4行:"眞宮監視"。《大典》作"真官監視"。

2.《輯稿》職官55·27,12行:"百官之脚也"。《大典》作"百官之脚色"。

3.《輯稿》方域10·19,末行:"置梓州至錦州地鋪"。《大典》作"置梓州至綿州遞鋪"。

(六)因字音相近誤字4例

1.《輯稿》禮40·8,25行:"手詔之書"。《大典》作"手詔之出"。

2.《輯稿》食貨45·11,5行:"應干罪賞條置"。《大典》作"應干罪賞條制"。

3.《輯稿》食貨62·16,11行:"今歲後秋成……"《大典》作"今歲候秋成……"

4.《輯稿》方域11·37,14行:"不如時之給"。《大典》作"不如時支給"。

(七)文義相同誤字3例

1.《輯稿》方域10·43,背6行:"開拆窺察之人"。《大典》作"開拆窺看之人"。

2.《輯稿》方域11·20,7行:"諸處乞〔乞當作'急'〕切文字"。《大典》作"諸處要緊文字"。

3.《輯稿》方域10·42,10行:"故所在多有出額"。《大典》作"故所在多有闕額"。

(八)空字、昏字5例

1.《輯稿》禮40·14,背6行:"本身請給傔□"。《大典》作"本身請給傔糧"。

2.《輯稿》禮40·14,背5行:"於經□制錢内支給"。《大典》作"於經總制錢内支給"。

3.《輯稿》蕃夷5·1,16行:"封□□□"。《大典》作"封譙縣男"。

4.《輯稿》輿服4·16,6行:"騎具裝錦⑮"。《大典》作"騎具裝錦韝"。

5.《輯稿》食貨40·52,背2行:"儒者⑮知體國"。《大典》作"儒者宜知體國"。

(九)顛倒3例

1.《輯稿》兵29·33,8行:"委自通知令佐"。《大典》作"委自知通令佐"。

2.《輯稿》方域11·22,背3行:"汪立乃自首行陳"。《大典》作"汪立乃自行陳首"。

3.《輯稿》方域11·38,7行:"有路兩相鄰之州"。《大典》作"有兩路相鄰之州"。

(十)改補《大典》闕誤4例

1.《輯稿》食貨62·56,1行:"裝發沿江……""發"《大典》本卷爲空字。原校據食貨54,《大典》別卷復文校補。

2.《輯稿》食貨62·56,4行:"逐年和糴斛斗"。"斛斗"二字,《大典》本卷原爲空字。原校據食貨54,《大典》別卷復文校補。

3.《輯稿》蕃夷5·2,2行:"進封秦國太夫人"。"秦"字《大典》原作"奏"。《輯稿》原作"'奏'改爲'秦'"。

4.《輯稿》食貨62·6,背3行:"神宗天聖二年"。《大典》同。改爲"仁宗天聖二年"。

(十一)批改補誤4例

1.《輯稿》食貨53·35,"司農倉"門眉批"上缺"2字。《大典》原文如此,上不缺。

2.《輯稿》后妃4·1,背3行"婉客",眉批"婉客原本如此"。《大典》作"婉容",批誤。

3.《輯稿》后妃4·14,背2行:"紅霞帔趙氏,輿(下補'賜')掌衣"。《大典》作"與轉掌衣"。

4.方域2·2,背2行:"宜(旁補'宜')春"。《大典》無所補"宜"字。

(十二)校改未删誤字2例

1.《輯稿》食貨40·43,14行:"中書舍人王曬"。《大典》"曬"作"曬",《輯稿》改正,未删原字。

2.《輯稿》食貨40·44,11—12行:"今新馬約度關(改爲'缺',原字未删)少草數浩翰"誤字。《大典》同。

(十三)兩書同誤,未經改正2例

1.《輯稿》禮25·65,18行:"崇慶元年"。《大典》同。按"崇慶"爲金衛紹王年號,且本篇下文有3處提到"神宗皇帝",此條之上,接元豐事,故知其爲"崇寧"之誤。

2.《輯稿》禮40·13,3行:"秀安僖王園廟"門,"紹興元年三月……"按《宋史》本紀,秀王偁,乃孝宗生父,紹興"十三年九月,歿於秀州",紹熙元年三月詔"置園廟"。又據本門下文,

"在乾道、淳熙欲舉而未遑"語,知爲紹熙間事。故原文"紹興"當爲"紹熙"之誤。

(十四)兩書相同,據別卷復文批改2例

1.《輯稿》食貨62·58,7行:"……而擅(改作'抑')令坐倉"。出《大典》卷7512,原作"而擅□坐倉"。按食貨54,存《大典》卷17542復文,作"抑令坐倉"。所改據此。

2.《輯稿》食貨62·63,11行:"因(改作'從')中書門下省請也"。出《大典》卷7512,原本亦作"因"。按食貨54,存《大典》卷17542復文,作"從"。所改據此。

通過校勘可以明確如下問題:

第一,進一步證實了《永樂大典》所收《宋會要》,確實存在着整門或較大篇幅的重出現象。如《大典》卷7506,存有"常平倉"一門,與《輯稿》現存原屬《大典》17541卷的"常平倉"門重出。又《大典》卷7512"諸州倉"門,除見《輯稿》食貨62外,其食貨54,尚有出自《大典》卷17543的重出一門。

第二,《輯稿》中誤入的非宋代事條,有些是《大典》原有的問題。上述四篇,紅字標題爲《宋會要》,而所載非宋事,就是一個有力的證據。雖然這四篇在影印本《輯稿》中已不存在了,但湯中先生在《宋會要研究》中,曾提到"渭橋倉"和"栢崖倉"的問題,可見稿本於民國初年在嘉業堂時,還保存其中兩篇,後來才被刪去的。

第三,《輯稿》中有些校補和校改的文字,并非全是《大典》原文。如禮25·65"郊祀神位(議論)"篇首"四年十月"上,補"元豐"二字。是據前條《九朝長編紀事本末》元豐四年條推補的,并非《大典》所錄《宋會要》原文。又食貨40·40,背4行"隆興子年"改作"隆興二年",《大典》原爲"子年"。

第四,徐輯原稿,抄録的錯誤,一般説來是不很多的。《輯稿》中有不少較短篇幅,一字不訛。如后妃3·21"美人"、禮25·64"郊祀神位"、禮25·68"郊祀神位議論"、職官22·21"挽郎"、方域9·14"南昌府城"等,均未發現抄誤之處。當然也有抄誤較多的,如方域10、11"急遞鋪"兩卷,共出現二百九十多處錯誤。

《宋會要輯稿·崇儒》校勘紀要

趙宋政權設立會要所,不斷調集檔案,將檔案節文分門別類按時序編成《會要》,所載本朝典制資料,既完備,又便於檢閱,在當時就成爲朝廷處理政務的根據。紹興九年(1139年)王銖上言稱:

> ……《國朝會要》,備載祖宗以來良法美意,凡故事之損益,職官之因革,與夫禮樂之文,賞罰之章,憲物容典,纖細畢具,粲然一王之法,永貽萬世之傳。今朝廷討論故事,未嘗不遵用此書。①

正因爲有這樣的使用價值,宋政權特別重視給會要所提供資料。程俱在《麟臺故事》中説:

> 朝廷每有討論,不下國史院而常下會要所者,蓋以事各類從,每一事則自建隆元年以來至當時,因革利害,源流

---

① 《宋會要》崇儒 4·25。

皆在，不如《國史》之散漫簡約難見首尾也。①

由此可見，《宋會要》本來就具有記事系統、材料豐富可靠而又便於查閱的特點。可惜原書早已散佚，現在所能見到的，只是從《永樂大典》中零星輯出，未經徹底整理的殘稿。盡管它仍然是現存部頭最大的宋代官修本朝史事的典籍，但和原書相比，已經差別很大了。整理這部古籍，與整理一般古籍相比，難度要大一些。

首先，原書的編排體例已被打亂。《永樂大典》是一部大型類書，它的編排體例，是根據《洪武正韻》，"用韻以統字，用字以繫事"②。在字韻下設事目，每一事目下備錄諸書有關文字。所採《宋會要》的記事，多者整門，少者一兩句，皆按事目的需要節取，原書體例已被打亂。影印本《宋會要輯稿》，雖經前人依《玉海》所載《慶曆國朝會要》的21類類目加以歸併，類下也按照記事內容分門編入，但在分門別類方面，還存在不少問題，尚須作必要的調整。

其次，稿本幾經轉抄，舛誤甚多。《宋會要》原書既佚，無本可校，《永樂大典》也存留極少，每條皆需遍查諸書進行他校。《宋會要》的記事往往較其他史籍偏詳，而且有些記事在現存其他史籍中不見記載，因而進行他校，亦非易事。

這些都是比校勘一般古籍困難之處，加以《宋會要輯稿》篇幅甚大，約計有千萬字左右，因而決不是少數人短時間所能完成的。我們結合研究生校勘學的課程，對該書崇儒類進行了初

---

① 程俱：《麟臺故事》卷2《職掌》。
② 明成祖：《永樂大典序》。

步校勘,發現不少問題。現將這些問題及我們的處理意見,擇要舉例匯報如下,或可爲校勘其他門類之一助。

一、調整門類

徐松從《永樂大典》中輯出《宋會要》之後,曾經做過系統整理,根據《玉海》所載《慶歷國朝會要》的類目,編入各門的記事,并在文字上做了大量的訂校工作。此後,廣雅書局的屠寄,嘉業堂的劉富曾,北平圖書館的葉渭清,均曾做過整理校勘的工作,在編排上大體尊重徐松原來的意見,但也有不少地方作了改動。其中與《崇儒》類有關的改動,如影印本《宋會要輯稿》帝系9·1《詔群臣言事》門篇首,有徐松筆跡的眉批云:"《帝系·帝治》:《詔群臣言事》、《優禮大臣》、《賜功臣字》、《守法》、《經筵》、《觀賞》、《却貢》、《罷貢》、《存先代後》、《錄諸國后》、《出宮人》。"意謂在帝系類下設"帝治"一門,門下設上述11個小目。影印本中有關上述篇目,也多有相應的眉批。如崇儒7·39批有"帝系帝治觀賞",崇儒7·77批有"帝系帝治出宮人"等,即將這11個事目合併爲"帝治"一門編入帝系類,但後來的整理者併未接受這一處理方法,而是將事目作爲一門分別編入有關各類,在類的歸屬上也不一致。影印本的崇儒類中編入了其中7門,今將歷次整理的意見表列如下:

編排者 歸屬類目 篇目	徐松	屠寄	劉富曾	葉渭清
詔群臣言事	帝系帝治	帝系附錄	儀制	帝系
優禮大臣	帝系帝治	賓禮	賓禮	賓禮
賜功臣字	帝系帝治	嘉禮	嘉禮	嘉禮
守法	帝系帝治	帝系附錄	儀制	帝系
經筵	帝系帝治	崇儒	崇儒	崇儒
觀賞	帝系帝治	嘉禮	嘉禮	崇儒
却貢	帝系帝治	帝系附錄	食貨	崇儒
罷貢	帝系帝治	帝系附錄	食貨	崇儒
存先代後	帝系帝治	帝系附錄	賓禮	崇儒
錄諸國後	帝系帝治	帝系附錄	賓禮	崇儒
出宮人	帝系帝治	帝系附錄	后妃	崇儒

此表中徐松的意見據《宋會要輯稿》帝系9·1眉批,屠寄的意見據湯中《宋會要研究》卷3所錄廣雅書局整理後之原輯稿目錄,劉富曾的意見據嘉業堂編寫之清本目錄,葉渭清的意見據影印本。反映葉渭清意見的影印本,是我們整理此書使用的底本,其編入崇儒類的7門應如何調整,就是一個必須解決的問題。這7門原《會要》屬於何類,已經無法查到,它們在《永樂大典》中的狀況,也只能在《永樂大典目錄》中看到一個輪廓,今列表如下:

篇　　目	《永樂大典》卷數	韻　字	事　　目
經　　筵	4 846	筵	經　筵　二
觀　　賞	11 857	賞	事　　韻
却　　貢	13 097	貢	却　　貢
罷　　貢	13 097	貢	罷　　貢
存先代後	19 323	後	事　韻　一
錄諸國後	19 323	後	事　韻　一
出　宮　人	2 990	人	事　韻　十八

　　由上表可知，這7篇的標定，有3篇是《永樂大典》的事目，其他4篇是《永樂大典》的小目還是原《會要》的門目，也難以確定，更解決不了歸屬何類的問題。這樣就只好根據記事的性質，并參考《唐會要》、《五代會要》等有關史籍，來確定應編入的類別了。

　　"經筵"，是爲皇帝講讀經史的制度，所記都與崇儒有關，徐松以後，歷次整理的意見都是一致的，可以保存在崇儒類中。

　　"觀賞"，記載帝王爲宣揚某一事物而召宗室輔臣共同觀賞，以茲提倡，其中所記觀賞種放山居圖、契丹禮物、老君祠等，皆與崇儒無關，以入帝系類爲宜。

　　"却貢"、"罷貢"，重點在記述皇帝的德政，與崇儒沒有直接關係；雖與食貨有關，却不是正常的財政制度，故以編入帝系類爲宜。

　　"存先代後"、"錄諸國後"，表示對前朝及割據諸國的寬容，也屬帝王德政的記事。雖然前人曾參照《宋史·錄周後》

· 237 ·

的體例，主張編入"賓禮"，但會要體的帝系類和紀傳體的《本紀》不同，在《本紀》中難以系統修入這一類無關大局的記事；會要體的帝系類，却可作爲一門編入，無須仿《宋史》而入"賓禮"，故以編入帝系類爲宜。

"出宮人"一門，徐松、屠寄均置之帝系類，是作爲皇帝的德政處理的。但參照宋初王溥所修《唐會要》及《五代會要》，其"出宮人"一門，都是置於"皇后"、"內職"諸門之後，因而編入后妃類，比較符合宋人修《會要》的體例。

根據以上理解，決定除將"經筵"一門留在崇儒類外，其餘6門皆從崇儒類中調整出去。

二、删去今存非《宋會要》的文字

1. 崇儒5·1之12行至5·17，引《崇文總目》2行、李燾《續資治通鑒長編》5行、熊克《九朝通略》注文1行、鄧名世《姓氏辯證》注文6行、周必大《文苑英華序》38行、《文苑英華目録》16頁有餘。《目録》不及今本之詳，其他引文皆出自周必大《纂修文苑英華事始》，①而脱去原引《三朝國史藝文志注》、陳騤等《中興館閣書目》各一段。舊批云："自此下皆非《會要》，宜銷"。今從舊批。

2. 崇儒1·1，《玉海》注文2行；崇儒1·31，《玉海》注文1行；崇儒2·21，《玉海》注文2行；崇儒2·34，《玉海》注文9行。以上皆見今本《玉海》卷112。崇儒1·16，《文獻通考》注

---

① 見中華書局影印本《文苑英華》卷首《序》，又見周必大《文忠集》卷55《平園續稿》15。

文 4 行,見今本《文獻通考》卷 57。崇儒 1·9,《文獻通考》注文 5 行;崇儒 1·38,《文獻通考》注文 2 行:皆見今本《玉海》卷 42。崇儒 2·33,《文獻通考》注文 5 行;崇儒 2·38—39,《文獻通考》注文 14 行;崇儒 2·41,《文獻通考》注文 10 行:皆見今本《玉海》卷 46。這些注文,皆是修《永樂大典》時附入的,既非《宋會要》的原文,其書又皆有傳本,今刪去,以省冗文。

三、校訂文字

1. 證舊批之是。

崇儒 3·2 之 16 行,"六月十一日"條,缺年次。舊批云"《大典》附崇寧三年之後"又"渭清按,六月十一日,即前之書學門,徽宗崇寧三年六月十一日"。檢《群書考索後集》卷 30、《續資治通鑒長編拾補》卷 24,舊批是,據補。

崇儒 3·3 之 5 行,"三年三月十八日"條,缺年號。舊批"疑是大觀",又"渭清按,是大觀三年,《宋史·禮志》八'文宣王廟'下有載"。檢《宋史》卷 20、卷 105 及《玉海》卷 112,舊批是,據補。

崇儒 3·28 之 7 行,"三年",缺年號。舊批:"查《玉海》,係慶歷。"檢《玉海》卷 112、《續資治通鑒長編》卷 141,舊批是,據補。

崇儒 3·36 之 4 行,"二年二月八日詔",缺年號。舊批補"乾道"二字。據《玉海》卷 112,舊批是,據補。

2. 改舊批之誤。

崇儒 3·7 之 17 行,"三月二十七日"條,缺年次。舊批據《文獻通考》補作"熙寧七年"。檢《文獻通考》卷 42、《玉海》

卷112、《續資治通鑑長編》卷244,此條均系"熙寧六年"。則不提舊批,只據所檢書證補入。

崇儒3·33之8行,"三月一日"條,缺年次。舊批補"元豐",又有眉批云:"按元豐恐誤,《玉海》爲紹興十六年。"檢《建炎以來繫年要錄》卷155、劉時舉《續宋編年資治通鑑》卷6,皆繫此條於"紹興十六年",舊批補作"元豐"誤,則據書證補入。

3. 删錯簡衍文。

崇儒3·17之6—8行,"國子監"下"支撥,候將來兩浙路支撥到今來所乞錢日,於本學足用,即報國子監",共28字,與此上兩行重複,當删去。

崇儒3·40之9—10行,"以上分數"下"舍生元額止二十人,赴上舍試,取到六人合格,即係不及十人以上分數",共28字,與此上兩行重複,當删去。

4. 補脫簡。

崇儒3·30之8行,"充武學外舍生"下脫"六月癸丑,詔武學外舍生",共10字,使以下文字與前條混在一起。據《續資治通鑑長編》卷389及《長編紀事末本》卷74補。

崇儒3·31之4行,"及一年"下脫"公試弓馬、策議皆入優等,不曾犯五等罰,今保明聞奏,量材録用,仍每年不得過一名",共33字,據《續資治通鑑長編》卷383補。

崇儒3·32之10行,"等第分數"下脫"而中的獨爲缺文,則貼廣三尺二寸,而的又十之一,其工拙不同明甚",共27字,據《群書考索後集》卷29補。

5. 注文誤作正文。

崇儒6·17之17行,"立皇太子詔"下,"敍宣和末,策立淵聖皇帝事,因及罪已奏天"。按:此17字乃修《會要》者解釋"立皇太子詔"内容的注釋文字,應是小字旁書。

崇儒6·32之7—8行,"賜者德處士"下,"此據政和七年五月高郵軍奏狀,不得其時"。按:此17字爲《會要》編者注明此條依據及所缺材料,不當作爲正文。

6. 正人名誤字。

崇儒4·5之18行,"李防請雕印《四時纂要》及《齊民要術》"。"李防",原誤作"李昉",因偏旁抄誤而成另外一人。據《續資治通鑒長編》卷95及《宋史》卷303本傳改。

崇儒4·16之1—2行,"錢惟治以鐘繇、王羲之、唐明皇墨跡凡七軸獻","錢惟治"原誤作"錢惟演",因一字之誤而易人。據《玉海》卷43、《宋史》卷480本傳改。

崇儒2·2之11—12行,"太常博士滕涉","滕"原誤作"漆"。據《古今合璧事類備要後集》卷76、《宋史》卷457《戚同文傳》改。

崇儒2·33之2行,"黃叔敖","敖"原誤作"教"。據本書崇儒7·2及職官1·49改。

崇儒4·4之16行,"張鎰","鎰"原誤作"鑒"。據《玉海》卷43、《宋史》卷205、《直齋書錄解題》卷3、《舊唐書》卷125本傳改。

崇儒5·34之5行,"何俌","俌"原誤作"補"。據《繫年要錄》卷149改。

崇儒5·24之15行,"何涉","何"原誤作"河"。據《續資治通鑒長編》卷186改。

崇儒6·30之3行,"章惇","章"原誤作"張"。據《宋史》卷18《哲宗紀》、卷471本傳改。

崇儒6·30之7—9行，"張塦"，原誤作"張舉"。據《宋史》卷458本傳改。

7. 補人名及人名脫字。

崇儒3·7之2—3行，"夏侯陽"，原脫"夏"字。據《文獻通考》卷42、《宋史》卷157《選舉三·算學》改。

崇儒4·9之4—5行，"詔參知政事歐陽修提舉三館秘閣寫校書籍"，原脫"歐陽修"人名。據《續資治通鑒長編》卷196、《玉海》卷52補。

崇儒6·18之2—3行，"湖州守臣秦棣"，"棣"字原缺。據《建炎以來繫年要錄》卷148補。

8. 正官名誤字。

崇儒1·29之2行，"以左諫議大夫崔頌判監事"，"左"原誤作"右"。據《續資治通鑒長編》卷3、《群書考索後集》卷26改。

崇儒4·23之3行，"左承奉郎林儵"，原脫"左"字。據《兩朝中興聖政》卷13、《建炎以來繫年要錄》卷65補。

崇儒6·22之4行，"虞允文，可特授正奉大夫左丞相"，"左"原誤作"右"。據《宋史全文》卷25下、劉時舉《續宋編年資治通鑒》卷9、《宋史》卷383本傳改。

9. 地名之異同。

崇儒1·12之9行，"右監門衛大將軍、忠州防御使、權知大宗正事不息"。"忠州"，《宋史》卷247《趙不息傳》作"惠州"；"息"，原誤作"息"。據《宋史》本傳及《葉適集》卷26《故昭慶軍承宣使知大宗正事贈開府儀同三司崇國趙公行狀》改。

10. 正書名之誤。

崇儒5·19之8行，"《續卓異記》三卷"，"記"字原脫。據

《宋史》卷306《樂黃目傳》補。

崇儒2·18之16行，"《九域志》"，"域"原誤作"閱"。據《玉海》卷15及本條上文改。

崇儒5·39之11行，"《論語拾遺》"，"拾遺"原誤作"捨遺"。據《玉海》卷41改。

11．補正年號之脫誤。

崇儒3·31之11行，"大觀二年十一月十七日"，"大觀二年"四字原缺。據《玉海》卷112補。

崇儒3·28頁篇首"置武舉"條，缺年次，《群書考索後集》卷19作"天聖七年"。

崇儒4·13之8—9行，"宣和"年號下有"十年九月十八日，秘書省校書郎衛膚敏轉一官，以校正所進書故也"。此條眉批云："宣和止七年，疑有誤。"檢《宋史》卷378《衛膚敏傳》，膚敏於宣和六年召對，始爲秘書省校書郎，同年出使賀金主生辰，七年再使金，被羈留半年，靖康初始還，進所校書，當在宣和七年出使之前。此"十年"，當是"七年"之誤。

崇儒6·34之19—22行，兩處"致和"年號，據《續資治通鑒長編》卷176、177，均爲"至和"之誤。

崇儒6·35之3—7行，兩處"致和"，據《續資治通鑒長編拾補》卷32，皆是"政和"之誤。

崇儒1·15之1行，"開禧七年八月癸卯"條，眉批"案開禧止三年，此七年誤"。檢《兩朝綱目備要》卷14，此條在"嘉定七年"，據改，并移於"嘉定七年五月二十四日"條下。

12．補正年次之脫誤。

崇儒2·3之22行，"慶歷三年詔"，本書選舉15·12、《九朝編年備要》卷12、《文獻通考》卷46，皆繫於"慶歷四年"。據改。

　　崇儒3·10之12行,(元豐)"六年四月十七日"條,"六"原誤作"八"。據《續資治通鑒長編》卷334、《群書考索後集》卷30、《宋史》卷157改。

　　崇儒3·32之3行,"政和元年","元"字原缺。據本書《選舉》7·23補。

　　13. 正數字差誤。

　　崇儒4·8之13行,"補白本書二千九百五十四卷","二千"原誤作"一千"。據本書職官18·53、禮45·34、《續資治通鑒長編》卷195、《文獻通考》卷174改。

　　崇儒4·15之4行,"國初三館書裁數櫃,計萬二千餘卷","二千"原作"一千"。據本書職官18·49、《文獻通考》卷174、《太平治跡統類》卷2改。

　　崇儒4·15之18行,"凡十八家",原誤作"二十八家"。據本書崇儒4·27、《玉海》卷43改。

　　崇儒2·24之2行,"十有三年","三"原誤作"二"。據《宋大詔令集》卷157《學校增員御筆》、《群書考索後集》卷27改。

　　14. 校數字差異。

　　崇儒1·34之13—14行,"根括到本府城外居民冒占白地錢,月得二千八百餘貫"。按《建炎以來繫年要錄》卷149作"歲入三萬緡有奇",《文獻通考》卷42作"歲入十二萬緡有畸"。

　　崇儒4·18之2行,"得萬七百五十四卷"。檢《玉海》卷52《咸平館閣圖書目錄》條注文所載得書卷數同此,《續資治通鑒長編》卷85作"一萬八千七百五十四卷"。

崇儒6·5之3—4行,"內出太宗御集及御書法帖總三百三十六卷"。檢《玉海》卷28、《群書考索後集》卷18與此同,《續資治通鑒長編》卷9作"三百六十卷"。

15. 正干支之誤。

崇儒1·7之2行,紹興十二年七月"乙卯"。"乙卯"原作"己卯",檢《二十史朔閏表》紹興十二年七月壬辰朔,是月無己卯,據《中興小紀》卷30改。

崇儒6·1之6行,天禧四年"十二月乙巳"。"乙巳"原作"己巳",檢《二十史朔閏表》,天禧四年十二月丁丑朔,是月無"己巳",據《續資治通鑒長編》卷96、《玉海》卷28改。

16. 刪誤增標題。

崇儒3·18之2行,標題"附州學",檢《群書考索後集》卷30,載政和五年正月乙丑曹孝忠奏章,即《會要》此條標題前後所引之文,《會要》於一篇奏章中間誤增標題,致使前後割裂形成混亂,當削去。

17. 補脫句。

崇儒3·15之6—7行,"上等從事郎,中等登仕郎,下等將仕郎",原脫"登仕郎下等"5字,據本書崇儒3·11、《群書考索後集》卷30補。

崇儒3·21之15行,"有方脉,有針科,有瘍科",原脫"有瘍科"3字,據本書崇儒3·12補。

崇儒3·28之4—5行,"步射一石弓力,馬射七斗弓力",原脫"馬射七斗弓力"6字,據《群書考索後集》卷27補。

18. 正倒。

崇儒5·21之19行,"王沿上《春秋集傳》十五卷","十五"原誤作"五十"。據《續資治通鑒長編》卷114、《玉海》卷

40 改。

崇儒5·31之5—6行，"《古今姓氏書辯證》四十卷"，"四十"原誤作"十四"。據《文獻通考》卷207、《玉海》卷50改。

崇儒5·30之11行，"《國朝訓典》"，"訓典"原誤作"典訓"。據《玉海》卷49、《繫年要錄》卷45改。

19. 囬改諱字。

崇儒3·4之22行，"張胄玄"，"玄"字原本避宋始祖玄朗諱作"元"。據《隋書》卷78本傳、《宋史》卷105《禮志》囬改。

崇儒5·23之19行、5·24之14行、5·34之8行，"太玄經"，"玄"字原本避宋始祖玄朗諱作"元"。據《漢書》卷87《揚雄傳》、《隋書》卷34《經籍志》囬改。

20. 注、補殘文。

崇儒1·2之3行，"王宫宗子博士，位國子博士之上"。"宗"、"國"二字原是空格，據《建炎以來朝野雜記乙集》卷13、《宋史》卷165補。

崇儒3·15之17行篇尾，"吳居厚奏，檢會"，此下當有缺文。

崇儒5·23之6—7行，"其父文集仍館閣"，此下當有缺文。

21. 注明年月差異。

崇儒5·19之9行，"淳化三年七月"條，《玉海》卷55繫此條於"淳化二年"。

崇儒5·24之5行，(至和)"三年正月"條，《續資治通鑒長編》卷178繫此條於"至和二年正月庚辰"，《玉海》卷62同《會要》。

崇儒5·25之3行，(嘉祐)"五年五月"條，《續資治通鑒長編》卷185繫此條於"嘉祐二年四月辛未",注文作"六年五月"。

崇儒2·24之1行,政和四年"八月九日詔",《續資治通鑒長編紀事本末》卷126同此,《宋大詔令集》卷175、《群書考索後集》卷27皆繫此詔於"政和五年八月十一日"。

其他因字形相似而誤者,以"政"爲"改",以"雨"爲"兩",以"孝"爲"考",以"請"爲"諸",以"牧"爲"撥",以"設"爲"證",以"詳"爲"許",以"舍"爲"拾",以"致"爲"政"又爲"到"等。字音相同而誤者,如以"禮"爲"理",以"左"爲"佐",以"但"爲"旦",以"河"爲"何",以"張"爲"章"等,皆爲數衆多,不再一一贅述。

通過初步校勘,補充和糾正了原書的大量脱誤字句,也删除了被附入的現存非《宋會要》文字,雖不能恢復《宋會要·崇儒》的原狀,但比起原輯本的質量是大大提高了。至於校勘成果的總數,要等此項工作結束之後,才能作出準確的統計。現在先將初步整理的情況加以介紹,是希望聽取專家的意見,以便進一步改進工作。

附　編
《宋會要輯稿》篇目索引

附 録

片岡日記《米會要輯稿》

凡　　例

一、本《索引》爲校訂與檢閱《宋會要輯稿》兩次影印本（即前北平圖書館綫裝本及中華書局精裝本）的工具書。

二、本《索引》按照原書順序，分列册、類、卷、門各項，録出各門原在《大典》中的卷數及在《輯稿》中的頁數，并根據各門不同特點，分别在標題下注明本門條目、特點及起迄時間等。其中不分條目、不載時間，但在標題中已能顯示本門特點者，則缺而不注。

三、本《索引》除對原書卷首《影印緣起》、《目録》等排印部分，因頁次不同而並録頁數外，對於影印部分，則祇録前北平圖書館原編頁次，因爲原編頁次對兩種印本都能適用。

四、凡是因爲篇幅較長，原書將一卷分裝爲兩册者，均析爲上、下卷，全書原分 366 卷，其中禮、職官、食貨、刑法四類，共 10 卷有上、下卷之分，如把上、下卷各作爲一卷計算，全書共 376 卷。

五、原書一門分在數卷，原批標題不統一，不排次序，或雖有統一標題而排次錯亂者，本《索引》則將標題統一，并用（上）、（下）或（一）、（二）、（三）……加以排列。其中夾有另外標題者，則依原編順序排列；先後倒置者，則以（上）（下）標明。

六、本《索引》對於目前已發現的大篇幅重出（不包括個别事條）、分散各門的相互銜接，以及羼入的廣雅清稿，誤入的非宋代史料等,均分別注於有關標題之下。

七、所有注明重出各門,多有此存彼脱、彼正此誤之處,尚須相互勘補。

本《索引》對此將基本狀況分別注於有關重出各門標題之後,如:

食貨 54

| 〔諸州倉庫〕 | 建隆四年至乾道九年(與食貨 62"諸州倉庫"門互見,本門脱淳熙至嘉定 1 段) 17 542 | 1—10 |

其中 17 542 爲《大典》卷數,1—10 爲《輯稿》頁數。又如:

食貨 62

| △諸州倉〔庫〕 | (《大典》原無"庫"字)建隆四年至嘉定十四年(乾道九年以前與食貨 54 "諸州倉庫"門互見,本門 53—62 頁脱 28 條)7 512 | 53—75 |

八、原書無標題、標題不完整和夾在正文中間及補批標題,均根據不同情況加以補正。其中存於影印本《永樂大典》者,則參考《大典》原題,酌情補正,不存於影印本《永樂大典》者,則據本門内容、文中所夾標題或前人校語加以補正。凡屬於補正部分,均用〔 〕與原有標題相區分,并注明原題(採用批補標題者不注),以便尋檢。

九、原書所録《大典》卷數缺、誤之處,凡能據影印本《大典》補正者,則加以補正。書中前人校勘補批的《大典》卷數,多是根據復文,往往與原在《大典》卷數不合,故屬於批補的卷數,均加注明。

十、凡影印本《永樂大典》現存部分,均在標題前冠以△符號。存於影印本《大典》而《輯稿》散佚的部分,則不增標題。

索 引

卷 首

影印宋會要輯稿緣起　　　　　　（精）一至四
　　　　　　　　　　　　　　　　（綫）一至七

宋會要輯稿總目（綫裝本總目排次與　（綫）一
　　　　　　　原書不合，中華書
　　　　　　　局精裝本缺此）

宋會要輯稿目錄（綫裝本總類排次與　（精）五至一四
　　　　　　　原書次序不合）　　（綫）一至九

（一）帝系類　共5册11卷

第1册　帝系1—2

帝系1

標　　目	内容及《大典》卷數	頁
〔帝號〕（一）	僖祖　順祖　翼祖　宣祖　太祖（僖祖至宣祖與禮49"尊號"門互見，本門較詳）12 300（第2頁版口爲卷11 200，按其内容與前後頁相連，而所録卷數獨異，疑誤）	1—3

· 253 ·

續表

標　　目	内容及《大典》卷數	頁
〔帝號雜録〕	太祖朝 12 300	3
〔帝號〕（二）	太宗　仁宗　孝宗（太宗、仁宗朝正文爲《十朝綱要》） 12 215（仁宗以下缺《大典》卷數）	4—7
〔帝謚〕	孝宗　光宗 13 350	8
〔太子謚〕	昭成太子元僖　悼獻太子祐　獻愍皇太子茂　莊文皇太子愭　景獻皇太子詢 13 350	8
廟號追尊	太祖朝　眞宗朝　仁宗朝　神宗朝　哲宗朝　徽宗朝　高宗朝　孝宗朝 17 055　17 056　17 289	9—20
〔歷朝宰臣〕	太祖朝　太宗朝　（太祖朝"三司使"以上殘缺） 12 315	21—23
太子諸王	宣祖諸子附魏王廷美子　太祖諸子附燕王德昭子　秦王德芳子　太宗諸子附魏王元佐子　魯王元份子　韓王元偓子　吳王元儼子　眞宗諸子（在59頁）　仁宗諸子　英宗諸子附吳王顥子　益王頵子　神宗諸子附吳王佖子　燕王俁子　越王偲子　徽宗諸子　寧宗諸子（本門部分内容重出） 373　370　6762　6763　6761	24—60

帝系 2

標　　目	內容及《大典》卷數	頁
皇子諸王雜錄	開寶六年至淳熙十六年 125　6761　6738　6763	1—27
〔皇孫〕	皇孫諶　皇孫愖（愉）　愷　惇　皇孫挺　擴　攄　柄 3 551　3 552	28—33
濮秀二王雜錄	熙寧二年至嘉定十七年（俱在 36 頁，又禮 40 有"濮安懿王園陵"、"濮安懿王園廟"、"秀安僖王園廟"三門） 6 762　125　6 761	34—58

第 2 冊　帝系 3—4

帝系 3

標　　目	內容及《大典》卷數	頁
〔宗室封建〕	廷美十子　德昭五子　德芳三子　元佐四子　元僖二子　元份四子　元傑四子　元偓一子　元儼六子　顥三子（原作"四子"，據"太子諸王"門校改，又"孝紀"係"孝純"之誤）　頵十子　似三子　俁三子　似一子　偲三子 16 629　373（補）　370（補）　6 761（補）　6 771（補）	1—8
宗室追贈	贈皇太子　贈王　宗室諸王　追封王等　宗室諸追贈　宗室文臣　建隆三年（13 頁）至乾道五年（27 頁）　19 125	9—39

帝系 4

標　　目	內容及《大典》卷數	頁
宗室雜錄（一）	雍熙元年至熙寧十年 125　126	1—36

· 255 ·

第 3 册　帝系 5—6

帝系 5

標　　目	內容及《大典》卷數	頁
宗室雜錄（二）	元豐元年至紹興元年 127	1—37

帝系 6

標　　目	內容及《大典》卷數	頁
宗室雜錄（三）	紹興二年至三十二年 128	1—33

第 4 册　帝系 7—8

帝系 7

標　　目	內容及《大典》卷數	頁
宗室雜錄（四）	隆興元年至乾道九年 128	1—12
〔宗室雜錄（五）〕	（原作"紹熙宗室雜錄"）淳熙十六年至紹熙四年 122	13—15
宗室襲封	（濮秀二王各見本門）慶元元年至嘉定十二年 223（？）（18 頁以下均作 123）	16—17
〔宗室換授〕	紹熙五年至嘉定十四年 123（16、17 頁作 2 230）	17—19
〔宗室補官〕	嘉定十四年 123	19
〔宗室請給〕	紹熙五年至嘉定十六年 123	19—21
〔宗室恩賜〕	嘉定十四年 123	21

· 256 ·

續表

標　　目	内容及《大典》卷數	頁
〔宗室岬孤〕	開禧元年至嘉定六年 123	21—22
〔宗室訓名〕	嘉定八年至十六年 123	22—27
〔宗室賜名〕	慶元六年至嘉定十四年 123	27
〔宗室承繼〕	嘉泰三年至嘉定十四年 123	27—28
〔宗室雜錄（六）〕	紹熙五年至嘉定十二年 123	28—32

帝系 8

標　　目	内容及《大典》卷數	頁
公主（帝姬）	序文、政和三年至建炎元年 10 728	1—2
〔公主册禮〕	序文、嘉祐二年册兗國公主禮 10 728	2—5
〔駙馬都尉尚主禮〕	10 728	5—7
〔公主封贈〕	建隆元年至乾道七年 10 728　10 729　10 730	7—43
〔宗女　宗婦〕	淳熙十六年至開禧三年 10 788	44—45
〔駙馬都尉雜錄〕	開寶三年至紹興三年 缺	46—58
〔進馬〕	太祖朝 缺	59

第 5 册　帝系 9—11

帝系 9

標　　目	內容及《大典》卷數	頁
〔帝治〕	（原批"經筵"、"觀賞"、"却貢"、"罷貢"、"存先代後"、"錄諸國後"、"出宮人"諸門，并見崇儒 7。"優禮大臣"見禮 47，"賜功臣字"見禮 59）	1
詔群臣言事	太平興國六年至乾道六年 13 396（第 1 頁版口作 3 396，疑誤）	1—33

帝系 10

標　　目	內容及《大典》卷數	頁
〔觀賞三元燈〕	序文　上元　中元　下元 建隆二年（2 頁）至宣和七年（2 頁） 8 666	1—8

帝系 11

標　　目	內容及《大典》卷數	頁
守法	止內降　以中制法　以例決事　不以私廢公　法貴力行　官吏奉法　當虔用法之公　恩法并用　責守法懲依違　用法不用例　舊無條法不可創　止增官人俸　乾道新書　祖宗法度　改法宜審於初　僥幸之門自上啓　上下堅守法度　淳熙法册　不輕變法　改正罪名　按劾違法者　不開倖門　違戾當行遣 高宗朝、孝宗朝 21 304（第 1—2 頁版口爲卷 21 302，內容與下文相接，疑誤）	1—14

（二）后妃類　共1册　4卷

第6册　后妃1—4

后妃1

標　　目	内容及《大典》卷數	頁
〔皇后、皇太后〕	僖祖崔后　順祖桑后　翼祖劉后　宣祖杜后　太祖宋后　太宗尹后、符后、李后、李后　眞宗潘后（在3頁篇尾）、郭后、劉后、楊后、李后　仁宗郭后、曹后、張后　英宗高后　神宗朱后、陳后（原批作"哲宗"，據《十朝綱要》改）　哲宗劉后　徽宗王后、鄭后、韋后、劉后、劉后（原在欽宗後，據《東都事略》移前）　欽宗朱后　高宗邢后　孝宗郭后、夏后、謝后　光宗李后　寧宗韓后、楊后 19 305　19 306　19307　19 309　19 311	1—9
〔皇太后皇后雜録（上）〕	咸平二年至靖康二年（原作"咸平一年閏三月"，據《宋紀》閏三月在二年） 19 310	10—25

后妃2

標　　目	内容及《大典》卷數	頁
〔皇太后皇后雜録（下）〕	建炎元年至乾道九年 19 310	1—15
〔皇太后雜録〕	淳熙元年至慶元四年（"皇太后皇后雜録"乾道以前合編，淳熙以下分編爲兩門） 19 311	16—20
皇后雜録	淳熙元年至嘉定八年 19311	21—29

后妃 3

標　　目	内容及《大典》卷數	頁
貴妃	太平興國二年至慶元六年 1 225　1 265	1—11
〔淑妃〕	〔大中祥符〕七年（原作"景德"，誤。據下條及后妃一校改）至淳熙七年　1 266	12
〔德妃〕	淳化二年至元豐元年 1 266	12—14
賢妃	太平興國二年至〔紹興〕十二年（原作"十二年"，隸上文"建炎"。《宋史・張賢妃傳》同。則"十二年"不誤，疑脱"紹興"年號） 1 266	14—17
昭儀	元豐八年至政和六年 1 304	18
淑儀	太平興國四年至慶曆四年 1 304	18
充儀	景祐元年至紹聖二年 1 304	18
貴儀	元豐八年至政和元年 1 304	18—19
婉儀	紹興十四年 1 265	20
△美人	太平興國四年至紹興十六年 2 972	21—23
△才人	太平興國二年至紹興二十二年 2 972	24—25

續表

標目	內容及《大典》卷數	頁
△〔貴人〕	（原作"順容"。改用《大典》原題）慶曆四年 2 972	26
〔郡夫人〕	序文，熙寧十年至乾道九年 2 968	27—28
乳母	太平興國二年至紹熙三年 10 811	29—35

后妃4

標目	內容及《大典》卷數	頁
△內職	序文　內命婦品　宮人女官職員　內職雜錄 景德二年至嘉定十六年 30 478(?)　20 478 2 168(補)　1 264(補) 1 296(補)　24 288(補)	1—29

（三）樂類　共3冊8卷

第7冊　樂1—3

樂1

標目	內容及《大典》卷數	頁
〔律呂〕（上）	乾德四年至景祐二年 20 916　21 679	1—23

樂2

標目	內容及《大典》卷數	頁
律呂（下）	景祐三年至崇寧三年 20 916　5 464	1—32

261

樂 3

標　　目	內容及《大典》卷數	頁
詳定樂律	序文,太祖至神宗(有殘闕) 21 679　21 680	1—15
宋樂	至和元年至大觀二年 21 681　21 682	16—28

第 8 冊　樂 4—6

樂 4

標　　目	內容及《大典》卷數	頁
樂器　樂舞	大觀四年至乾道四年 21 683	1—8
郊祀樂(上)	建隆元年至皇祐二年 5 464	9—22

樂 5

標　　目	內容及《大典》卷數	頁
郊祀樂(下)	皇祐三年至宣和四年 5 465	1—26
詩樂	(係《宋史》"詩樂"文) 21 691	27—28
教坊樂	(係《宋史》"教坊樂","隊舞之制"以下全文,前脫"自唐以來……拍板"一節) 21 692	29—37
〔雲韶部樂〕	(係《宋史》"雲韶部"全文,又篇首一段與職官 22"雲韶部"門互見) 21 692	37—38
〔鈞容直〕	太平興國三年至紹興三十年(係《宋史》"均容直"文,又大中祥符五年條前及紹興三十年條與職官 22"均容"門互見) 21 692	38

續表

標　　目	内容及《大典》卷數	頁
附〔東西班樂〕	（係《宋史》"東西班樂"文，又本門與職官22"東西班樂"互見） 21 692	38—39
〔四夷樂〕	元豐六年（係《宋史》"四夷樂"文，又前4行與職官22"四夷樂"門互見） 21 692	39—39

樂 6

標　　目	内容及《大典》卷數	頁
郊社群祀樂歌	郊祀及郊祀前朝獻　園丘　方丘　祈穀　雩祀　五方帝　感生帝　明堂 5 470　248　8 860　21 614　11 684（？） 21 684	1—15
祠祭朝獻〔樂章〕	寧宗朝　理宗朝 248	16—20
〔諸祀樂章〕	皇地祇　神州地祇　祀汾陰 5 471	21—26

第 9 册　樂 7—8

樂 7　廟祀并各典禮樂歌

標　　目	内容及《大典》卷數	頁
太廟樂章	明道、嘉祐 17 065	1—2
御樓〔樂章〕	建隆、咸平、乾興、明道、嘉祐（正文皆《宋史·樂志》） 5 471　21 689	3—6
〔登門肆赦樂章〕	紹興，寧宗（《宋史·樂志》） 21 689	6

· 263 ·

續表

標　目	內容及《大典》卷數	頁
〔皇帝上尊號〕	21 689	6
〔皇太后、太上皇帝、后朝會册寶上尊號樂章〕	治平四年至紹定三年（正文皆《宋史・樂志》，又"紹興十一年"條，與后樂7・32"紹興册寶"互見） 21 689	6—20
〔册立皇后樂章〕	哲宗至寧宗嘉泰三年（《宋史・樂志》） 21 689	20—26
〔皇帝恭膺天命之寶樂章〕	嘉定十五年（《宋史・樂志》） 21 689	26
〔册皇太子樂章〕	至道元年至嘉定二年（《宋史・樂志》） 21 689	26—27
〔皇子冠樂章〕	寶祐二年（《宋史・樂志》） 21 689	27—29
〔鄉飲酒樂章〕	淳化間（《宋史・樂志》） 21 689	29—31
〔皇太后册寶樂章〕	紹興十〔一〕年（與前"恭上皇帝皇太后尊號樂章"門9—10頁互見，正文皆《宋史・樂志》） 17 293	32

樂8

標　目	內容及《大典》卷數	頁
鼓吹導引樂歌	（正文皆見《宋史》樂十五、十六）郊祀　封禪　天書　迎奉聖像　太廟　帝后發引、祔陵、虞主附廟　奉安御容等樂章　太祖建隆二年至理宗寶慶三年，又5—8頁紹興"五曲"，據《宋志》當在20頁"乾道"前 5 471　11 186　21 690　21 691	1—32

（四）禮類　共33冊62卷（卷20分上下卷）

第 10 册　禮 1—2

禮 1　吉

標　　目	内容及《大典》卷數	頁
〔郊祀職事〕	（原作"郊祀儀注職事"，儀注見下門）序文、乾德六年至慶元三年 5 485　5 486	1—27
郊祀儀注	乾德元年至淳熙十二年 5 490　5 495	28—39

禮 2　吉

標　　目	内容及《大典》卷數	頁
〔郊祀壇殿大小次〕	序文、元祐九年至淳熙十二年（紹興二年以下爲《中興禮書》） 5 487（補）　5 488（補）	1—14
〔郊祀位次〕	慶曆元年至隆興二年（紹興十三年以下爲《中興禮書》） 5 487（補）　5 488（補）	14—16
郊祀奏告	（《中興禮書》）紹興十二年至乾道五年 5 487（補）　5 488（補）	16—27
〔郊祀陳八寶〕	（《中興禮書》）紹興十三年至淳熙十二年 5 487（補）　5 488（以上6門卷數俱補批於卷末）	27—33
郊祀鹵簿	〔乾德元年〕至淳熙三年（首條"八月"據禮28·1補年次） 5 479　5 480	34—37
郊祀冕輅冠服	乾德元年至隆興二年 5 476	38—40
〔南北郊壇〕	序文、景德至紹興（景德三年條重出） 5 451　4 366	41—44

第 11 冊　　禮 3—5

禮 3　吉

標　　目	内容及《大典》卷數	頁
〔郊祀議論〕	乾德元年至嘉定五年（元祐八年以下原題均作"郊祀"） 5 448　5 488　5 451　5 449（19 頁 1 條缺卷數）	1—32

禮 4　吉

標　　目	内容及《大典》卷數	頁
朝日夕月	（《中興禮書》）紹興三年至二七年 17 054	1
〔祀熒惑星〕	（《中興禮書》）紹興七年至乾道五年 缺	2—14
〔祈雨雪〕	乾道四年（此門可補禮 18"祈雨"門之闕） 16 019	15—17
風伯雨師雷神壇	淳熙七年 923	18
五龍祠	建隆三年至大觀二年（誤入漢事 2 條、唐事 1 條） 523	19

禮 5　吉

標　　目	内容及《大典》卷數	頁
〔祠宮觀廟〕	鴻慶宮　鳳臺山宮　上清寶籙宮　龍德宮 　神霄玉清萬壽宮　開元宮　景靈宮　太極觀　天授觀　至道觀　旌忠觀　寅威觀 　醴泉觀　崇寧寺觀　通元觀　妙元觀 天慶觀　集禧觀　萬壽觀　天寧觀　壽觀 崇寧寺觀（接前）　寧壽觀　白雲昌壽觀 恭順將軍廟　大中祥符二年（在 18 頁） 至嘉定十六年 249　234　262　259　16 229　16 224 17 130（補）（其中 12 篇漏錄《大典》卷數）	1—25

第 12 册　禮 6—7

禮 6　吉

標　目	内容及《大典》卷數	頁
親饗先農耕耤	(《中興禮書》)紹興間 11 854	1—38

禮 7　吉

標　目	内容及《大典》卷數	頁
禘祭	(《中興禮書》)紹興間 11 854	1—2
帝后祔廟	(《中興禮書》)紹興間　欽宗、顯仁皇后、懿節皇后祔廟 17 063	3—21
〔加上徽宗皇帝謚號册寶〕	(《中興禮書》)紹興間 17 056	21—31
〔進聖政記〕	乾道間 28 054	32—36
告禮	淳熙三年至嘉定十七年(此門兼敍諸典禮與"郊祀奏告"專敍郊祀不同) 17 325	37—40
太廟朔祭及四孟薦饗祝版	(《中興禮書》)孝宗朝(卷首殘闕) 10 007	41
禮器	(《中興禮書》)紹興間 10 947	42

第 13 册　禮 8—10

禮 8　嘉　(卷首夏桀、唐堯等 3 條係誤入)

標　目	内容及《大典》卷數	頁
聖節	大中祥符五年 22	1

· 267 ·

續表

標　目	内容及《大典》卷數	頁
〔元旦朝賀〕	淳熙十二年（接禮57"元旦冬至朝賀"門） 22	1
朝賀〔儀〕	（《中興禮書》）冬至群臣朝賀儀　正旦群臣朝賀儀 17 464	2—3
朝會	（《中興禮書》）建炎四年至淳熙十五年 （禮56另有"朝會"門） 15 225	4—20
追封先世名臣謐	大中祥符間（誤入"玉璜"1條） 162	21
旌表孝婦	淳熙間 14 914	22

禮9　軍

標　目	内容及《大典》卷數	頁
田獵	建隆二年至慶歷七年 22 818	1—4
大閲講武	序文、建隆三年至開禧元年 11 008　21 527	5—34
兵捷獻俘	開寶四年至宣和三年 22 812　22 818	35—38

禮10　吉

標　目	内容及《大典》卷數	頁
后妃廟	建隆三年至淳熙十五年 17 086	1—13

第 14 册　禮 11—13

禮 11　吉

標　目	内容及《大典》卷數	頁
配饗功臣	太祖朝至寧宗朝（與本卷此下"配享功臣"門互見） 11 853（補）　17 064	1
〔配饗功臣雜録〕	咸平二年至嘉定十四年（與此下及禮 59"配享功臣雜録"門并互見，本門較完整） 17 064　11 853	1—12
配饗功臣	太祖朝至寧宗朝（與本卷此前"配享功臣"門互見，又此門爲廣雅清稿） 11 853（補）　17 064	又禮 11・1—2
〔配饗功臣〕雜録	咸平二年至嘉定十四年（與此前及禮 59"配享功臣雜録"門并重出，又此門爲廣雅清稿） 11 853　17 064	又禮 11・2—10

禮 12　吉

標　目	内容及《大典》卷數	頁
群臣士庶家廟	慶曆元年至嘉定十五年 17 090	1—14
九宫太乙祠	序文、咸平四年至大中祥符元年 2 935	15—16
△〔坤道人門〕	（標題據《大典》補入） 3 527（原缺卷數，據《大典》補入）	16

禮 13　吉

標　目	内容及《大典》卷數	頁
〔神御殿〕	太平興國初（2 頁）至嘉定二年 16 562（25 頁諸條與前不接，缺《大典》卷數）	1—25
祭名臣瑩廟	紹興間 17 092	26

· 269 ·

第 15 册　礼 14

礼 14　吉

標　　目	內容及《大典》卷數	頁
〔群祀〕一	序文、建隆四年至治平二年（注文至紹興三十一年） 缺	1—39 又 39
〔群祀〕二	熙寧四年至宣和二年（注文至四年） 缺	40—74
〔群祀〕三	建炎四年至嘉定十四年 缺	75—108
〔祀祭行事官〕	淳熙三年至嘉定十一年 缺	108—120
〔祭器〕	太平興國四年至紹興十八年 5 411　5 461	121—124
〔郊祀雜物〕	崇寧五年至（乾道）六年（據禮 26·2—3 "乾道六年閏五月十四日"復文補） 5 461	124—126

第 16 册　礼 15—16

礼 15　吉

標　　目	內容及《大典》卷數	頁
緣廟裁制	太平興國二年至嘉定十四年（禮 37 另有"緣廟裁制上下"） 17 054	1—22
廟議	建隆元年至紹熙五年 17 065	又 22—64

禮 16　吉　（按清本《宋會要》以下四門皆隸"崇儒"類）

標　　目	內容及《大典》卷數	頁
〔釋奠〕	淳熙四年至紹熙三年 16 574	1
〔頒先聖〕祝文	崇寧四年 19 862	2
〔幸太學〕	端拱元年至淳熙四年 21 997　21 999	3—5
〔幸武學〕	建隆二年至開寶二年（附論幸太學） 21 999　21 997	5—7

第 17 冊　禮 17

禮 17　吉

標　　目	內容及《大典》卷數	頁
〔宗廟〕	咸平三年至大中祥符三年 缺	1
朝饗太廟	紹興十三年所修儀注（與後"時饗"門43—56互見） 17 060	2—9
親饗廟	太祖朝至寧宗朝（與後"時饗"門互見） 17 059	10—11
〔親饗廟〕雜錄	乾德元年至慶元二年（在 21 頁 22 行） 17 059	11—29
時饗〔親享太廟儀注附〕	乾德六年至嘉定十四年（篇首原作乾道，據《宋史》校改。43—56 頁與前 2—9 頁"朝饗太廟"門互見，又 82—84 頁與前"親饗廟"門互見） 17 057　11 846	30—85
薦新	雍熙二年至紹興十九年 17 058	86—91

· 271 ·

第 18 册　　禮 18—19

禮 18　吉

標　　目	內容及《大典》卷數	頁
〔祈穀〕	景祐、紹興 19 603	1
祈雨	序文、建隆二年至嘉定十四年（缺乾道一段見禮 4） 10 600	2—31
〔祈雪〕	紹興元年至嘉定五年 21 548	32—33
〔祈晴〕	淳熙四年至嘉定七年 8 542	34—35
〔謝晴〕	乾道八年 8 544	36
禱災異	紹興三十一年至淳熙三年（38 頁崇寧至建炎，爲淳熙三年禮部"檢照《國朝會要》"所引文字） 11 612	37—38
祈禱禁屠	淳熙八年 11 612	38
末島	（有關邊防事項） 11 612	38
〔酺祭〕	紹興三十二年至嘉定八年 2 942	39—40

禮 19　吉

標　　目	內容及《大典》卷數	頁
〔司中司命司民司錄壇、風師雨師雷師壇〕	政和三年 7 872	1

續表

標　　目	内容及《大典》卷數	頁
〔祀九宮貴神〕	序文、咸平四年至大觀四年 7 873	1—9
〔祀大火星〕	康定元年至崇寧四年 7 874	9—13
〔祀熒惑星〕	崇寧三年至紹興十八年 4 371　7 874（補）　1 855（補）　1 874（補）	14—15
〔星變〕	長星　流星　飛星　隕星 7 866　7 867	16—17
〔黄帝壇〕	太平興國八年 4 371	18
〔先農壇〕	雍熙四年至明道元年 4 371	19
〔先蠶壇〕	景德中 4 371	20
〔四望壇〕	元豐二年 4 372	21
〔蜡臘〕	建隆元年至乾道四年（年次有錯亂。又篇首建隆元年條下頁重出） 22 665　17 717	22—24

第 19 册　禮 20 上

禮 20（上）　吉

標　　目	内容及《大典》卷數	頁
〔山川祠〕	開寶四年至乾道六年（體例不一，年次錯亂） 1 203　1 204	1—20

續表

標　　目	内容及《大典》卷數	頁
〔諸祠廟（上）〕	舜帝祠　夏禹祠　魏武帝祠　文孝行祠　五代漢高祖祠　吳泰伯祠　唐叔虞祠　楚令尹子文祠　介子推祠　吳季札祠　鄭子產祠　狐突祠　趙盾祠　茅焦祠　李冰廟　蕭相國祠　曹參祠　樊噲祠　卓茂祠　霍光祠　盧文臺祠　張大夫行祠　二伏波祠　崔瑗祠　方儲祠　梁松祠　鮑蓋祠　程嬰、公孫杵臼、韓厥祠　廉頗祠　屈原祠　伍子胥祠　諸葛武侯祠　蜀漢壽寧侯祠　蜀將張飛祠　關平祠　鄧艾祠　甘寧祠　張華祠　卞壼祠　陳壽祠　張寬祠　沈約祠　李冲祠　姚景祠　韓擒虎祠　張遁祠　李靖祠　尉遲恭祠　狄仁傑祠　顏魯公祠　楊晟祠　柳宗元祠　裴度祠　王元暐祠　劉諫議祠　韋處厚祠　陳明府祠　劉全祠　花驚定祠　李同祠　汪華祠　歐陽祐祠　二顧節度使　蘇孝祥祠　李元則祠　夏魯奇祠　朱辰祠　趙普祠　韋皋祠　陸弼祠　王韶祠　種世衡祠　范文正公祠　寇萊公祠　蘇緘祠　王承偉祠　張兵部祠　李繼和祠　蕭元禮祠　王吉祠　王太尉祠　陳瑾祠　何李二公祠　楊邦乂祠　謝晦祠　趙師旦祠　曹覲祠　孫冕祠　劉滬祠　張太守祠　彥仙祠　嚴顏祠　李光祠　蕭中一祠　陳撼祠　劉位祠　張觷祠　種師道祠　張玘祠　周渭祠　盧太尉祠　宋皇祠　陳規祠　陳曉祠　池天夫祠　袁王祠　曹都衙祠　邵宏淵廟　董孝子祠　張孝子祠（47頁張孝子祠涉及至元前後事）	21—83

· 274 ·

續表

標　　目	內容及《大典》卷數	頁
〔諸祠廟（上）〕	孝子蔡順祠　姜詩孝感祠　吳玠祠　唐琦祠　姚興祠　張叔夜祠　趙立祠　馬俊祠　項羽祠　漢河間獻王祠　長江王祠　焦公祠　隱士衛大經祠　邵知祥祠　周樸祠　廉若水祠　張天師祠　趙柄祠　諸仙祠　麻源第三谷祠　江陵岑叟祠　神仙厈纘祠　孫思邈祠　李相公祠　榮隱先生祠　晋范長生祠　魏子騫祠　嚴君平祠　諸眞人祠　赤松子祠　句曲眞君祠　趙君祠　梓桐帝祠　諸眞武祠　舜二妃祠　諸夫人祠　諸聖母祠　神母祠　諸龍母祠　葛姥祠　太姥神祠　慈姥祠　班姬祠　神女祠　諸龍女祠　諸仙女祠　諸龍祠　諸洞、泉、淵、澤、潤、穴、宮、浦、湫、渡、嶺、岩、窟祠　五龍王祠　張龍公祠　龍子祠 1 205　1 206　1 207　1 208　1 209　1 210　1 211　1 214　1 215　1 219　1 229　1 230　1 231　1 232　1 233　1 234	21—83

第 20 册　禮 20 下

禮 20（下）　吉

標　　目	內容及《大典》卷數	頁
〔諸祠廟（下）〕	諸山神祠　石甕神祠　諸海神祠　諸江神祠　諸河神祠　諸水神祠　諸湖神祠　諸溪神祠　諸湫神祠　諸潭神祠　諸池神祠　諸沼井神祠　諸泉、源、灘、洞神祠　應靈侯神祠　望帝祠　水帝祠　諸王祠　諸公祠　諸侯祠　諸夫人祠　諸將軍祠　諸府君祠　鄧明君祠　諸長官祠　諸郎祠　諸聖祠　諸神祠　楊班祠　郭成祠　折御卿祠　漢符嘉祠　古靈鼉祠　昭顯后祠　造父祠　巴子祠	84—171

續表

標　目	内容及《大典》卷數	頁
〔諸祠廟（下）〕	史崇祠　陳亨祖祠　范旺祠　陳勝祠　應氏祠　周德威祠　白馬祠　輔教神祠　（166頁,淳祐戌申條） 1 235　1 232　1 236　1 237　1 238 1 239	84—171

第 21 冊　禮 21—23

禮 21　吉

標　目	内容及《大典》卷數	頁
〔四鎮〕	乾德六年至紹興七年 15 488	1—2
〔岳瀆諸廟〕	大中祥符元年至乾道四年 2 945　17 302（補）	3—5
〔祭西嶽〕	元祐元年 4 161	6
〔八神祠〕	4 161	6
孚佑王廟	淳熙十六年（與下條複） 6 773	7
西嶽別廟	淳熙十六年（與上條複） 17 140	8
〔諸廟〕	海神廟　淮瀆廟　諸王公侯妃太子廟　諸眞人廟　二股河龍女廟　蒺藜山太陰廟　后土廟　諸夫人廟　孚濟廟　協濟廟　諸廟賜額　嘉澤廟錢鏐碑文（在42頁）　重修義靈廟　李光褒烈廟　鄭驤愍節廟　光武廟　忠節廟　褒忠廟　楊存中昭忠廟　鐘紹庭愍忠廟　諸眞君廟等　（23頁"峻靈王廟"、"忠烈王廟"與下頁重出） 11 048　2 488　9 249　267　17 127 17 160　17 129　17 102　17 157　17 101 17 162　17 139　17 149　17 150	

續表

標　　目	内容及《大典》卷數	頁
	17 155　　17 147　　17 148　　17 153 17 151　　17 152　　17 156　　17 144 17 137　　17 099　　17 095　　17 098 17 132　　13 809（補）　　17 302	9—64

禮 22　吉

標　　目	内容及《大典》卷數	頁
〔封禪〕	太平興國九年至政和四年 16 849	1—19

禮 23　吉

標　　目	内容及《大典》卷數	頁
〔社稷〕	天聖十年至淳熙四年（4 頁以後爲《中興禮書》） 20 422　　20 423	1—13
△〔郡縣社稷〕	（標題據《大典》補）紹熙三年至？（原作"十年"，按紹熙無十年，待考） 20 424	14

第 22 册　禮 24

禮 24　吉

標　　目	内容及《大典》卷數	頁
明堂御劄	皇祐二年至治平元年（33 頁英宗治平元年以下至 42 頁治平四年條，與禮 25 之"祖宗配侑"門互見。本門治平四年前多《通考》注文 1 段） 7 199　　7 200	1—41
〔明堂議論〕	治平四年至宣和七年 7 200	42—68

續表

標　目	內容及《大典》卷數	頁
〔明堂制度〕	政和五年至七年 7 200	68—83
〔明堂頒朔〕	政和三年至靖康元年 7 201	84
〔明堂大禮〕	紹興元年至嘉定十四年 7 201	84—110

第 23 冊　禮 25

禮 25　吉

標　目	內容及《大典》卷數	頁
郊祀賞賜	序文、熙寧定制（與後"郊祀賜例"門互見） 5 504	1—14
〔郊祀賞賜雜錄〕	慶歷二年至嘉〔泰〕（原作"太"）三年 5 504	14—27
郊祀賜例	序文、熙寧定制（與前"郊祀賞賜"門互見） 13 719	28—48
〔郊祀雜賜、敕〕	大中祥符元年至嘉泰三年 13 719	48—49
郊祀恭謝	大中祥符五年至乾道六年 5 503	50—59
郊祀祭器	景德三年至政和四年 5 457	60—62
〔郊祀祝詞〕	大中祥符四年祀汾陰后土冊文 5 472	63
△郊祀神位	淳化二年 5 453	64

續表

標　　目	內容及《大典》卷數	頁
△郊祀神位〔議論〕	（"議論"二字據《大典》補入）元豐四年至紹興十三年 5 454（原作卷5 453，據《大典》改正）	65—68
△郊祀神位	紹熙二年至嘉泰三年 5 453	69—70
△〔郊祀神位議論〕	元豐間 5 454	71—72
△〔郊祀〕配侑	序文、太平興國三年至景祐二年 5 455	73—74
祖宗配侑	序文、建隆四年至紹興十三年（77頁）（年次錯亂。87頁治平以下至94頁紹興以上，與禮24"明堂御劄"門複，本門缺《通考》注文1處，又94—97頁與84—87頁複） 5 455　5 456	75—97

第 24 冊　禮 26—28

禮 26　吉

標　　目	內容及《大典》卷數	頁
〔郊祀〕	景德三年至嘉泰四年（排次錯亂） 5 459	1—7
〔郊祀牲牢〕	序文、建隆四年至政和八年（10頁〔元豐〕五年至"大觀"上，與本門13—14頁複） 5 460	7—15

禮 27　吉

標　　目	內容及《大典》卷數	頁
大禮五使	淳熙三年至嘉定十四年 13 325　13 326	1—16

· 279 ·

禮 28　吉

標　　目	內容及《大典》卷數	頁
郊祀御劄	乾德元年至嘉定五年（31頁注有《存心錄》。1—28缺《大典》卷數） 5 439	1—40
〔郊祀事務（一）〕〔后土〕	開寶元年至宣和五年 5 439　5 440	40—62
〔郊祀事務（二）〕〔五方帝感生帝〕	序文、乾德元年至紹興三年 5 440	62—65
〔郊祀事務（三）〕〔祈穀〕	景德三年至隆興二年 5 483	66—69
〔郊祀事務（四）〕〔宿齋〕	乾德元年至紹〔熙〕二年（原作"光宗紹興二年"） 5 483	69—76
〔郊祀事務（五）〕〔大禮五使〕	序文、建隆四年至紹興四年 缺	76—87
〔郊祀事務（六）〕〔差官、南郊家事庫、法物庫〕	大中祥符六年至紹〔熙〕二年（87頁原作"光宗紹興"，誤） 缺	87—88

第 25 冊　禮 29

禮 29　凶

標　　目	內容及《大典》卷數	頁
歷代大行喪禮（上）	太祖　太宗　眞宗　仁宗　英宗　神宗　哲宗 開寶九年至崇寧元年 7 346　7 347　7 348	1—83

· 280 ·

第 26 册　禮 30

禮 30　凶

標　　目	内容及《大典》卷數	頁
歷代大行喪禮（下）	孝宗　光宗　寧宗 紹熙五年至寶慶二年 7 363　7 364　7 324（在 64 頁，疑爲 7 364 之誤）	1—96

第 27 册　禮 31

禮 31　凶

標　　目	内容及《大典》卷數	頁
〔后喪〕（一）	宣祖昭憲杜后　太祖孝明王后、孝惠賀后、孝章宋后　太宗元德李后、明德李后　眞宗章懷潘后、章穆郭后 建隆二年至大中祥符六年（27 頁。又與後一門互見） 7 365　7 366（8 頁作"7 356"，疑誤）	1—53
又〔后喪〕（一）	宣祖昭憲杜后　太祖孝明王后、孝惠賀后、孝章宋后　太宗元德李后、明德李后　眞宗章懷潘后、章穆郭后 建隆二年至大中祥符六年（19 頁）（此門爲廣雅清稿，與前一門互見） 7 365　7 366	又禮 31·1—38

第 28 册　禮 32

禮 32　凶

標　　目	内容及《大典》卷數	頁
〔后喪〕（二）	眞宗章獻明肅劉后、章懿李后、章惠楊后　仁宗張后、廢后郭氏、慈聖光獻曹后 明道元年（15 頁）至元豐四年（與後一門互見） 7 365　7 367	1—44

續表

標　　目	內容及《大典》卷數	頁
又〔后喪〕(二)	眞宗章獻明肅劉后、章懿李后、章惠楊后　仁宗張后、廢后郭氏、慈聖光獻曹后　明道元年(10頁)至元豐四年　(此門爲廣雅清稿,與前一門互見)　7365　7367	又禮 32·1—31

第29冊　禮33

禮33　凶

標　　目	內容及《大典》卷數	頁
〔后喪〕(三)	仁宗温成張后　英宗宣仁聖烈高后　神宗欽聖憲肅向后、欽慈陳后、欽成朱后　至和元年至崇寧二年(與後一門互見)　7367　7368　7369	1—50
又〔后喪〕(三)	仁宗温成張后　英宗宣仁聖烈高后　神宗欽聖憲肅向后、欽慈陳后、欽成朱后　至和元年至崇寧二年　(此門爲廣雅清稿,與前一門互見)　7367　7368(7369)(24頁8行注"同上"誤,據前一門補)	又禮 33·1—35

第30冊　禮34—36

禮34　凶

標　　目	內容及《大典》卷數	頁
〔后喪〕(四)	哲宗昭懷劉后　徽宗顯恭王后、顯仁韋后、明達劉后、明節劉后　高宗憲聖慈烈吳后　大觀二年(4頁)至慶元四年　7369　7375　7380	1—39

禮 35　凶

標　　目	内容及《大典》卷數	頁
〔請聽政御殿〕	淳熙十四年至嘉泰元年（注文至嘉定二年。上接禮55"聽政"後） 16 572	1—2
請舉樂	建隆四年至淳熙十六年 21 717	3—16

禮 36　凶

標　　目	内容及《大典》卷數	頁
〔喪服〕	斬衰服　齊衰服　齊衰杖期　齊衰不杖期　緦麻服　雜服制　追行服　成服　短喪 19 797　19 798　19 799　19 800　19 803　19 809　19 812　19 808　19 805	1—22
〔展日視事〕	淳熙十五年（據《宋紀》高宗崩於淳熙十四年，其小祥當在十五年） 13 395	23

第 31 册　禮 37

禮 37　凶、吉

標　　目	内容及《大典》卷數	頁
〔山陵〕	宣祖安陵　太祖永昌陵　太宗永熙陵　真宗永定陵　仁宗永昭陵　英宗永厚陵　神宗永裕陵　哲宗永泰陵　徽宗永祐陵　欽宗永獻陵　高宗永思陵　孝宗永阜陵（篇首"紹興"爲"紹熙"之誤）　光宗永崇陵　寧宗永茂陵　乾德元年至嘉定十七年 8 189	1—27
緣陵裁制（上）	建隆元年至治平元年（禮15另有"緣廟裁制"門） 8 189	27—33

續表

標　　目	内容及《大典》卷數	頁
緣陵裁制（下）	治平四年至乾道九年 8 189	33—46
〔后陵〕	宣祖昭憲杜后　太祖孝章宋后　太宗元德李后、明德李后　眞宗章懷潘后、章穆郭后、章懿李后、章獻明肅劉后、章惠楊后　仁宗張皇后、郭皇后、温成張后、慈聖光獻曹后　英宗宣仁聖烈高后　神宗欽聖獻肅向后、欽成朱后　徽宗顯仁韋后　高宗獻聖慈烈吳后 建隆二年至慶元四年（末十一日、十二日條當在四年） 8 192	47—75

第 32 册　禮 38—40

禮 38　凶

標　　目	内容及《大典》卷數	頁
〔守陵〕	乾德四年至建炎四年 8 198	1—3
〔修陵〕	開寶三年至建炎元年 8 198	3—5
〔發陵〕	大中祥符六年 8 198	5—6

禮 39　凶

標　　目	内容及《大典》卷數	頁
拜掃	景德四年至紹熙二年 11 585　11 584（文字相連，疑誤其一）	1—2
〔命公卿巡陵〕	序文、建隆二年至孝宗朝（原作"隆興八年"，按隆興無八年，待考） 8 197	3—15
〔改卜陵〕	乾德元年至大中祥符四年 7 346	16—20

禮 40　凶

標　目	內容及《大典》卷數	頁
濮安懿王園陵	治平元年至元豐四年（與下一門互見,本門中間脫5條并注文二處,篇尾脫紹興至乾道13條并注文一處。又帝系2有"濮秀二王雜錄"一門） 6 762	1—5
△濮安懿王園廟	（《大典》原隸"親廟"） 治平元年至乾道七年（元豐四年以前與上一門互見,本門較完整） 17 085	6—12
△秀安僖王園廟	（大典原隸"親廟"）紹熙元年至三年（原作"紹興"誤,《大典》同,據《宋史·光宗紀》及下文"在乾道淳熙欲舉而未遑"句改） 17 085（原作卷17 084誤,據《大典》改正）	13—14

第 33 冊　禮 41

禮 41　凶

標　目	內容及《大典》卷數	頁
親臨宗戚大臣喪	7 382	1
〔發哀〕	皇伯祖　皇叔祖　皇伯　皇叔　皇伯母　皇叔母　皇兄　皇弟　皇兄弟之妻　皇姑　皇姊　皇子　皇子婦　皇女　皇侄　皇侄婦　皇侄女　皇從兄　皇從弟　皇從侄　皇妃　皇外祖母　皇舅　皇舅妻　皇從母　外戚　乳母　諸國宰臣　使相　前宰相　執政　前執政 開寶三年至開禧二年 7 382	1—6
〔喪服雜錄〕	淳化四年至淳熙七年 7 382	6—10

續表

標　目	內容及《大典》卷數	頁
〔外國發哀〕	序文、大中祥符二年至建中靖國元年 7 382	10—14
〔臨奠〕	序文、乾德四年至乾道七年 16 590	15—22
〔臨奠雜錄〕	乾德四年至紹興二十七年 16 590	22—23
〔輟朝〕	諸皇親大臣喪輟朝日數諸國奉使附 建隆元年（44 頁）至乾道九年（36 頁） 缺	24—55
〔輟朝雜錄〕	開寶二年至乾道三年（《中興會要》無此門） 缺	55—60

第 34 冊　禮 42—44

禮 42　凶

標　目	內容及《大典》卷數	頁
國忌	建隆元年至嘉定九年 14 019	1—17

禮 43　凶

標　目	內容及《大典》卷數	頁
〔景獻太子〕攢所	嘉定十三年至十五年（原作"十五日九月十五日"，據《宋史·禮志》校改。與後"景獻太子攢所"門互見） 3 994	1—16
〔外夷入吊之儀〕	乾興元年至淳熙十四年（與後"外夷入吊之儀"互見） 缺	17

索 引

續表

標 目	内容及《大典》卷數	頁
〔吊祭〕	淳熙三年至七年(與後"吊祭"門複) 缺	18—19
景獻太子攢所	嘉定十三年至十五年(此門爲廣雅清稿,與前"〔景獻太子〕攢所"門互見) 3 994	又禮 43·1—11
外夷入吊之儀	乾興元年至淳熙十四年(此門爲廣雅清稿,與前"〔外夷入吊之儀〕"門互見) 3 994(原注"同上")	又禮 43·11—12
吊祭	淳熙三年至七年(此門爲廣雅清稿,與前"吊祭"門互見) 3 994(原注"同上")	又禮 43·11—13

禮 44 凶

標 目	内容及《大典》卷數	頁
賻贈(一)	熙寧定制 14 909 19 233(補) 又 19 132(補)	1—12
〔賻贈〕(二)	特恩加賜 建隆二年至乾道九年 14 909 19 132(補) 19 133(補)	12—23
賻贈雜録	建隆元年至乾道五年(30 頁兩段,按原批補入 25、27 頁) 14 909 又 19 233(補) 19 133(補)	24—30

第 35 册　禮 45—48

禮 45　賓

標 目	内容及《大典》卷數	頁
宴享	建隆元年至紹熙元年 16 746 16 747	1—21

· 287 ·

續表

標　　目	内容及《大典》卷數	頁
〔雜宴〕	序文　習射晏　喜雪宴　喜雨宴　觀稼宴　元旦宴　清明宴　社日宴　下元宴（原作"下元節"，又與後"下元宴"條互見）　重陽宴（與後"重陽宴"條互見）　下元宴（與前"下元宴"條互見）　冬至宴　曲宴　重陽宴（與前"重陽宴"條互見）　春宴　見辭賜晏　見辭免宴　坤成節宴　大祀慶成宴　進士宴　修書宴　講書宴　觀書宴　賞花釣魚宴 16 753　16 754　16 755　16 751　16 761	22—39
宴餞	序文、大中祥符五年至八年 缺	40—41

禮46　賓

標　　目	内容及《大典》卷數	頁
〔鄉飲酒禮〕	紹興十三年至二十六年 12 070	1—5

禮47　賓

標　　目	内容及《大典》卷數	頁
優禮大臣	太祖受禪至隆興二年（與下一門互見） 3 187　10 454（補）　11 87（5頁，疑誤）	1—14
優禮大臣	太祖受禪至隆興二年（此門爲廣雅清稿，與前一門互見） 3 187　10 454	又禮47·1—10

禮 48　軍

標　　目	内容及《大典》卷數	頁
祃祭	太平興國五年至紹興三十一年 16 597	1
〔受降〕	太平興國四年受太原劉繼元降 7 670	2

第 36 冊　禮 49

禮 49　嘉

標　　目	内容及《大典》卷數	頁
尊號	僖祖　順祖　翼祖　宣祖（與帝系1"帝號"門互見,本門較略） 17 287	1
〔冊尊號雜錄附〕（一）	序文（原批"他處複出",檢未獲）　太祖　太宗　眞宗　仁宗　英宗　神宗　哲宗　徽宗　欽宗 17 287　17 288	1—23
〔冊尊號雜錄附〕（二）	高宗　孝宗　光宗 17 288　7 764（？）　7 664　17 291	23—56
〔附奉上祖宗徽號〕	淳熙十四年至紹熙五年 17 291	56—67
〔冊尊號雜錄附〕（三）	寧宗（91頁載寶慶元年、三年事） 17 291　17 292	67—97

第 37 冊　禮 50—52

禮 50　嘉

標　　目	内容及《大典》卷數	頁
后妃尊號	建隆元年至嘉泰二年 17 297	1—14
〔后妃尊號雜錄康壽宮附〕	紹熙五年至嘉泰二年 17 297	14—18

· 289 ·

禮 51 嘉

標　　目	内容及《大典》卷數	頁
徽號(一)	〔朝謁太清宮、上玉皇聖祖徽號、上皇祇徽號〕 大中祥符五年(6頁)至政和七年 17 302	1—13
△徽號(二)	〔迎奉聖像〕大中祥符五年至六年 17 302　又 18 224(據《大典》補入)	13—14
△〔徽號(三)〕	〔奉安聖像〕政和三年至七年 17 302　又 18 224(據《大典》補入)	14—16
〔徽號(四)〕	〔宣讀天書　朝謁上帝祖宗聖容　祭蕭鼎　奉安神霄　飛雲蕭〕 咸平五年(19頁)至紹興十九年(22頁) 17 302	16—24

禮 52 嘉

標　　目	内容及《大典》卷數	頁
〔巡幸〕	序文、建隆元年至嘉定八年 18 586	1—18

第 38 册　禮 53—55

禮 53 嘉

標　　目	内容及《大典》卷數	頁
〔册后〕(一)	建隆元年至宣和七年(欽宗即位未改元) 19 318	1—8
〔册后〕(二)	(原批作"后禮")淳熙十六年至嘉泰三年 19 319	9—14
册命皇太子妃	政和五年至乾道七年 1 267	15—17
親王娶	(禮品) 1 268　2 268(文字相連,疑誤其一。)	18—19

禮 54　嘉

標　　目	内容及《大典》卷數	頁
〔改元詔〕	建隆至祥興（闕寶慶、紹定、端平、嘉熙、開慶、景定、咸淳諸改元詔） 5 149　　5 150　　16 924	1—21

禮 55　嘉

標　　目	内容及《大典》卷數	頁
〔聽政〕	建隆二年至紹興三十一年（接禮 35"請聽政御殿"前） 缺	1—4

第 39 冊　禮 56—57

禮 56　嘉

標　　目	内容及《大典》卷數	頁
〔朝會〕	序文、建隆元年至紹興三年（禮 8 另有"朝會"門） 5 351	1—12
皇帝朝德壽宮	淳熙元年至十年 5 356	12—13
命婦内朝	大中祥符二年至元祐元年 5 356	13—15

禮 57　嘉

標　　目	内容及《大典》卷數	頁
朝賀	〔天聖〕七年至宣和六年（"天聖"原缺，據下門復文補） 17 464	1
〔元旦冬至朝賀〕	建隆元年至紹興十二年（下接禮 8"元旦朝賀"門） 14	2—4

續表

標　目	内容及《大典》卷數	頁
上壽	德壽宮太上皇帝慶壽　太上皇后慶壽　慈福宮慶壽　會慶節上壽　重明節上壽　太上皇后生辰　紹興元年至慶元五年 19 252	5—13
誕聖節	序文，建隆元年至乾道九年 16 749	14—19
節	〔重明節〕〔瑞慶節〕〔興龍節〕〔天寧節〕〔乾龍節〕〔上元節〕　天慶節　天祺節　天貺節　先天節　天應節　長春節　乾明節　壽寧節　承天節　乾元節　壽聖節　長寧節　坤成節 建隆元年至嘉定十四年（22 頁） 2 550　　5 231　　21 415　　4 454（補） 21 416　　21 430	20—38

第 40 册　禮 58

禮 58　嘉

標　目	内容及《大典》卷數	頁
〔歷代大臣諡〕	序文、太平興國八年至乾道九年 13 347	1—10
歷代帝諡	建隆元年至政和三年 13 348　　13 349	11—65
〔后諡〕	僖祖文懿崔后　順祖惠明桑后　翼祖簡穆劉后　宣祖昭憲杜后　太祖孝惠賀后、孝明王后、孝章宋后　太宗淑德尹后、懿德符后、明德李后、元德李后　真宗章懷潘后、章穆郭后、章獻明肅劉后、章懿李后、章惠楊后　仁宗慈聖光獻曹后、温成張后　英宗宣仁聖烈高后　神宗欽聖憲肅向后、欽成朱后、欽慈陳后　哲宗昭慈聖獻孟后、昭德劉后、昭懷劉后（在 77 頁，據《東都事略》爲哲宗后）　徽宗顯恭王后、明達劉后、明節劉后　欽宗仁懷朱后　〔孝宗〕（據《宋史》）成穆郭后、成恭夏后　光宗慈懿李后 13 352　　13 353	66—78

續表

標　　目	內容及《大典》卷數	頁
〔王諡〕	13 354	79—85
〔羣臣諡〕	13 360	86—114
處士諡	缺	115
僧諡	咸平三年至大中祥符六年 缺	115

第 41 冊　禮 59—61

禮 59　嘉、吉

標　　目	內容及《大典》卷數	頁
册命親王大臣	序文、淳化五年至乾道九年 3 187	1—8
〔羣官儀制〕	淳熙元年至開禧三年 3 187	9—11
〔配饗功臣雜錄〕	（原作"册命親王大臣二"）咸平二年至乾道五年（卷首十八年當補"紹興"二字，接 19 頁二十七年上。又此門與禮 11 及又禮 11"配享功臣雜錄"門并重出，本門脫紹熙至嘉定 4 條） 3 184	12—19
〔章穎上劉、岳、李、魏四人傳表〕	（劉錡、岳飛、李顯忠、魏勝） 3 185	20—21
〔賜功臣字〕	序文、建隆二年（23 頁）至乾道六年（25 頁） 3 185　3 115（？）	21—26

禮 60　嘉

標　　目	內容及《大典》卷數	頁
〔賜酺〕	雍熙元年至天禧五年 2 134　2 135（據卷末補批卷數）	1—9

禮 61 嘉

標　　目	內容及《大典》卷數	頁
〔旌表〕	開寶七年至嘉定七年 15 548（？）　11 548	1—15

第 42 冊　禮 62

禮 62 嘉

標　　目	內容及《大典》卷數	頁
賫賜（一）〔附公用錢〕	建隆元年至紹興二十七年（"公用錢"見23—30頁） 13 723　13 724　13 725　13 250（？）	1—54
賫賜（二）	序文、建炎元年至嘉定十四年 13 725　13 726	54—85
〔賜衣服〕	（原批作"賫賜"）天聖三年至七年（儀制9另有"賜服"門） 13 728	86—87
〔宗室賜、差遣賜〕	（原作"賫賜"）慶歷元年至嘉祐五年（年次錯亂） 13 728	88—89
〔不賜〕	（原作"賫賜"）治平四年 13 728	90
濫賜、〔密賜、辭賜〕	治平元年至紹熙元年（年次錯亂） 13 730	91—93

（五）輿服類　共 3 冊 6 卷

第 43 冊　輿服 1—2

輿服 1

標　　目	內容及《大典》卷數	頁
大駕五副輅	熙寧七年至政和三年 1 687　16 88	1—2

續表

標　　目	內容及《大典》卷數	頁
皇后車輦	序文、政和三年定制 1 689	3—4
皇太子車輅	至道初至乾道九年 1 689　14 760　14 761（後兩卷文字相連，疑誤其一）	4—6
皇帝儀衛	元豐元年至淳熙十五年（年次錯亂） 18 256（部分篇幅缺卷）	7—12
皇太后儀衛	天聖元年至紹聖元年 15 312	13—14
皇太妃儀衛	哲宗朝 15 312	14
常行儀衛	仁宗朝 18 256	14—15
鹵簿雜律儀仗	建隆四年至紹熙二年（原作"紹興"，誤。又紹興十二年條重出） 18 256　18 205（？）　14 587	16—43

輿服 2

標　　目	內容及《大典》卷數	頁
大駕鹵簿	序文、政和、宣和 14 586	1—5
〔中道鹵簿〕	政和、宣和 14 586（13 頁作"14 568"，疑誤）	5—22
〔大駕外仗〕	政和、宣和 14 586	22—34
〔立仗〕	14 586	34—35
〔小駕鹵簿〕	14 586	35—37

第44册　輿服3—4

輿服3

標　目	內容及《大典》卷數	頁
鹵簿雜錄	旗　蓋　旍　氅　幢　鉦　角　中鳴 弩　刀　金節　盾　棒　班劍　導駕象 1 497　15 040　1 500　11 837　6 526 8 018　21 813　8 137　11 209　2 024 19 585　18 216	1—15
〔鼓吹〕	序文、建隆四年至乾道九年 缺	16—24

輿服4

標　目	內容及《大典》卷數	頁
△天子服	太祖建隆元年 19 785	1
△皇太子服	序文、至道元年至乾道七年 19 785	1—3
△〔后妃服〕	序文、天聖二年至大觀四年（原作"皇后服"，據《大典》改） 19 786	4
臣庶服	太平興國七年至淳熙二年（篇尾有誤入唐事1條，又本門年次錯亂） 19 815	5—10
△朝服	景祐三年至元豐六年 19 790	11—14
△祭服	序文、建隆四年至紹興十六年（卷首誤錄《唐會要》1條，已刪） 19 791	15—27
△公服	序文、太平興國二年至乾道九年（脫淳熙以下11條，尚存於影印本《大典》，又本門年次錯亂） 19 792	28—29
△章服	嘉祐三年至嘉定十三年 19 792	30—32

第 45 冊　輿服 5—6

輿服 5

標　　目	內容及《大典》卷數	頁
袞冕	咸平五年至元豐元年 11 429	1—4
冕冠	建隆元年至元豐四年（年次錯亂） 3 927　3 928	5—6
諸臣冕	元祐元年至政和三年 11 429	7—13
諸色袍	黃袍　絳紗袍　履袍　韡袍　儀仗錦袍　文綾袍　高鬢青袍　緋袍　繡袍　緋繡袍　紫繡袍　紫縐繡袍　黃繡袍　綠繡袍　青繡袍　五色繡袍　緋繡對鳳袍　瑞鷹袍　飛麟袍　瑞馬袍　瑞馬大袍　白澤袍　紫繡白澤袍　獅子袍　赤豹袍　紫羅繡辟邪袍　紫縐繡辟邪袍　紫繡辟邪袍　綠繡苴文袍　緋苴文袍　青苴文袍　青繡苴文袍　黃雪花袍　黃繡雪花袍　緋繡寶相花袍　緋縐繡寶相花袍　青縐繡寶相花袍　青繡寶相花袍　紫繡寶相花袍　皂衣白袍　賜進士袍　釋褐賜袍　戎服大袍　緋銷金袍 5 514	14—27
帶制	序文、開寶元年至嘉定十四年（開寶條在31頁） 15 016（30頁作"15 061"，疑誤）　19 792	28—32

輿服 6

標　　目	內容及《大典》卷數	頁
尊號寶	序文、大觀元年至紹熙四年（大觀2條在卷末） 11 574	1—6

續表

標　目	内容及《大典》卷數	頁
〔寶〕	傳國寶　承天受命之寶　天下合同之寶 　御前之寶　書詔之寶　恭膺天命之寶 　天下同文之寶　昭受乾符之寶　欽崇 國祀之寶　定命寶　大宋受命中興之寶 　皇后之寶　皇太子寶　親王之寶 11 572　11 573	7—13
鼎	崇寧三年至重和元年（重和元年條下"十年月己卯"，疑衍"年"字，隸重和元年之十月） 11 965	14—17
〔洗制〕	（《中興禮書》） 11 421	18
百官配綬	元豐二年 19 250	19
魚袋	序文、雍熙元年至政和元年（《中興會要》、《乾道會要》無此門） 1 618	20—21
〔旌節〕	熙寧五年至孝宗紹興三十二年（未改元） 缺	22
〔衛士帽〕	17 275	23
〔鳴鞭〕	序文、紹興十三年至十五年 4 722	24
〔馬珂〕	5 626	25
〔傘〕	序文、大中祥符五年至淳熙十六年 11 419	26—27
〔甲〕	用毛飾甲　朱紅馬甲　三色甲（元豐元年至乾道四年） 22 686	28—29

（六）儀制類　共 6 册 13 卷

第 46 册　儀制 1—2

儀制 1

標　　目	内容及《大典》卷數	頁
垂拱殿視朝	〔講武殿、崇政殿、崇德殿、承明殿、長春殿附〕 序文、乾德六年至嘉定十二年 5 352　1 681	1—18
文德殿視朝	〔紫宸殿、崇元殿附〕 序文、建隆元年至紹興十二年 5 352	19—36

儀制 2

標　　目	内容及《大典》卷數	頁
常參起居	序文、乾德二年至淳熙九年（原作"九月正月二十五日"） 5 352	1—24
德壽宮起居	序文、淳熙十二年（乾道元年 1 條在 22 頁） 1 681	25

第 47 册　儀制 3—4

儀制 3

標　　目	内容及《大典》卷數	頁
〔朝儀班序〕	建隆三年至乾道七年 缺	1—54

· 299 ·

儀制 4

標　　目	内容及《大典》卷數	頁
正衙	（文德殿朝儀） 5 353　5 352（？）	1—3
〔正衙雜錄〕	乾德二年至元豐四年 5 353　5 352（？）	3—8
門戟	元豐五年、政和八年 20 734	9
〔朱衣吏引〕	序文、淳化四年至〔慶元〕四年（原作"慶曆"，誤） 11 186	10—11
〔導從〕	序文、淳化四年至紹熙元年（年次錯亂） 13 227	12—21
得替官送還公人	乾德二年至隆興元年 缺	22—29
〔接送〕	淳熙元年至開禧元年 12 210	30—33

第 48 册　儀制 5—6

儀制 5

標　　目	内容及《大典》卷數	頁
羣官儀制	乾德二年至紹熙四年 13 573	1—36

儀制 6

標　　目	内容及《大典》卷數	頁
羣臣奏事	序文、開寶九年至嘉定八年 13 396	1—31

第 49 册　　儀制 7—8

儀制 7

標　　目	內容及《大典》卷數	頁
拜表例	序文、乾德二年至淳熙十六年 11 496	1—13
拜表儀	序文、乾德二年至乾道七年 11 496	13—18
〔章奏條貫〕	雍熙二年至紹熙二年（33 頁紹興、淳熙 4 條當移前） 19 343	19—34

儀制 8

標　　目	內容及《大典》卷數	頁
集議	序文、乾德二年（在 8 頁）至淳熙十五年（15 頁前年次錯亂） 13 949	1—24
彈劾	序文、太平興國五年至乾道八年 4 382	25—42

第 50 册　　儀制 9—10

儀制 9

標　　目	內容及《大典》卷數	頁
告謝	序文、景德元年至乾道七年 5 356	1—5
辭謝	序文、乾德二年至乾道七年 缺	6—23
賜服	（禮 62 另有"賜衣服"門） 19 817	24—31
〔賜服雜錄〕	建隆元年至天聖七年 19 817	31—33

儀制 10

標　　目	內容及《大典》卷數	頁
〔官誥〕	淳化二年至乾道七年（淳化二年十月，紹興二年，乾道三、四年諸條與職官 11"官告院"門互見） 17 308　17 108（？）	1—5
臣僚恩慶封贈	序文、建隆元年至熙寧十年（年次錯亂） 19 130	6—9
勳臣封贈	後梁至度宗咸淳三年 370	10—13
陳請封贈	淳化四年至紹興二十八年 19 131	14—21
宗室、外戚、內外臣僚、僞國王、外臣等敘封母妻	序文、開寶九年至乾道九年 365	22—41

第 51 冊　　儀制 11—13

儀制 11

標　　目	內容及《大典》卷數	頁
宰相追贈	太平興國六年至乾道四年 19 127	1
三公追贈	建隆元年至元豐元年 19 127	2
使相追贈	建隆三年至宣和五年 19 127	2—3
東宮官僚追贈	乾德二年至明道二年 19 127	3
尚書丞郎追贈	建隆三年至乾道九年 19 127	3—11
正郎以下特贈	明道二年至乾道八年 缺	11—12

續表

標　目	内容及《大典》卷數	頁
從官贈職	紹聖二年至乾道八年（12 頁後 7 行係本門卷首復文） 19 128	13—14
武臣追贈	建隆二年至乾道九年 19 128	14—24
觀察使追贈	乾德四年至乾道九年 19 128	24—29

儀制 12

標　目	内容及《大典》卷數	頁
〔外戚追贈〕	開寶三年至嘉定二年（年次錯亂） 19 126	1—15
〔再贈官〕	建隆元年至乾道九年 19 126	15—19

儀制 13

標　目	内容及《大典》卷數	頁
内侍追贈	雍熙四年至乾道九年 19 128	1—6
〔僞國主追贈〕	孟昶　李煜　劉鋹　錢俶　劉繼元 19 128	6—7
〔前朝臣、外臣追贈〕	韓保正　韓通　李彝興　潘羅支　黎桓　王承美　李公蘊　趙德明　折惟忠　李德政　李日尊　李乾德　劉彥昇 建隆元年至紹興五年 19 128	7—8

續表

標　　目	內容及《大典》卷數	頁
〔隱逸追贈〕	魏野　李漢　孔旼　邵雍　魏漢津 天禧四年至崇寧五年 19 128	8
〔追贈雜錄〕	淳化三年至乾道四年 19 128	8—11
帝諱	大中祥符九年至紹聖元年 15 251	12—13
〔廟諱〕	大中祥符二年至嘉定十三年 15 251	13—19
羣臣名諱	雍熙二年至淳熙三年 15 251	19—23
家諱	（因犯祖諱改名） 15 251	24
改地避諱	（除官地名因犯祖諱而改） 15 251	24—25
辭官避諱	（因所除官名犯祖諱而辭） 15 251	25—28
犯諱	（任官地名犯祖諱不辭被罪） 15 252	29
不諱	15 252	29—30
私忌	開寶九年至熙寧四年 缺	31—32

（七）瑞異類　共1册3卷

第52册　瑞异1—3

瑞異1

標　　目	内容及《大典》卷數	頁
〔天瑞〕	壽星　含譽星　客星　慶雲　瑞雪 乾德三年至淳熙八年 7 861　7 862　3 209 22 547　21 547（後兩卷文字相連，疑誤其一）	1—5
〔物瑞〕	芝草　瑞龜 雍熙中至紹熙元年 685　2 705（？）	6—7
祥瑞〔雜録〕	建隆二年至淳熙六年（注文至八年） 15 396　15 397	8—28
天書	眞宗朝　大中祥符元年至天禧元年 1 758	29—34

瑞異2

標　　目	内容及《大典》卷數	頁
〔日食〕	建隆元年至紹興十三年 20 097	1—5
〔日中異象〕	隆興元年至乾道九年 20 094	6
彗	端拱元年至紹興二十六年 7 864	7—12
孛	淳熙二年、紹定四年 7 865	13
星變	建隆二年至淳熙十四年 7 863	14

續表

標　目	內容及《大典》卷數	頁
虹異	靖康元年(丙午)至淳熙五年(誤入2條) 152	15
〔雪異〕	赤雪　雪絲(與17頁複) 慶歷四年至靖康元年 21 549	16
〔詔奏雪〕	熙寧元年 21 549	16
〔春雪〕	咸平四年至景定五年 21 549	16—17
〔雪災〕	元祐二年至紹熙二年(靖康元年條見前16頁) 21 550	17
雷震	咸平六年至嘉定十二年 2 720	18—19
旱	建隆二年至咸淳十年 16 019(27頁慶元以下缺卷數)	20—30
火災	建隆二年至嘉定四年(40頁篇首有缺文，本門年次錯亂) 11 643　11 942　11 941(？)	31—45

瑞異3

標　目	內容及《大典》卷數	頁
水災	太平興國二年至嘉定十七年 11 121	1—33
地震	嘉祐二年至淳熙十二年 缺	34—38
地坼	熙寧五年、元豐八年 缺	38—39
地生毛	紹熙四年 缺	39

續表

標　目	內容及《大典》卷數	頁
〔蝗災〕	（正文《宋史·五行志》,注文爲《會要》） 天禧元年至景定三年(《會要》文至開禧三年) 7 666	40—47

（八）運曆類　共1册2卷

第53册　運曆1—2

運曆1

標　目	內容及《大典》卷數	頁
△五運	建隆元年至政和八年 15 951	1—4
曆法	建隆二年至開禧三年 20 829　20 879？（12頁）	5—14
修日曆〔聖政記附〕	乾興元年至乾道七年（職官18"國史日曆所"門,可接此門後） 20 845	15—28
〔修實錄〕	太祖實錄　太宗實錄　哲宗實錄 太平興國三年至大觀四年(《國朝會要》、《中興會要》、《乾道會要》無此門) 19 702	29—30
諸儒論三家異同	1 298	31—33
〔銅儀〕	太平興國至熙寧七年（原已删去） 1 298	33

運曆 2

標　　目	内容及《大典》卷數	頁
銅儀	大中祥符三年至熙寧八年 1 302	1—3
〔沈括三議〕	(《宋史・天文志》) 渾儀議　浮漏議 　　景表議 1 302	3—13
〔渾天儀〕	元豐渾儀木樣　元祐渾天儀　紹興渾天儀 2 302	13—26
節候	紹興三十二年至嘉定十七年 290	27—36
禁火	11 639(?)	37

(九)崇儒類　共4册7卷

第 54 册　崇儒 1—2

崇儒 1

標　　目	内容及《大典》卷數	頁
〔宗學〕	建中靖國元年(追述起元祐六年)至嘉定十七年 21 952	1—28
太學	建隆三年至嘉定五年 21 945　21 946　21 947	29—49

崇儒 2

標　　目	内容及《大典》卷數	頁
〔在京小學〕	大觀三年至宣和二年 21 953	1
〔郡縣學政和學規附〕	端拱二年至紹興二十七年 21 955　21 956　21 957	2—40
鄉學	太平興國五年至景祐三年 21 954	41

第 55 册　　崇儒 3—4

崇儒 3

標　　目	内容及《大典》卷數	頁
書學	崇寧三年至宣和六年 22 000	1—2
〔算學〕	元祐元年至宣和二年 22 000	2—7
〔律學〕	熙寧三年至靖康元年 22 000	7—11
〔醫學州學附〕	崇寧二年至宣和二年 22 000　22 001	11—26
畫學	崇寧五年（追述）至大觀元年 22 001	26—27
武學	序文、慶曆二年至紹熙四年 21 995	28—45

崇儒 4

標　　目	内容及《大典》卷數	頁
勘書	序文、淳化五年至乾道七年 1 742	1—14
求書、藏書	乾德元年至淳熙十六年 1 742	15—32

第 56 册　　崇儒 5—6

崇儒 5

標　　目	内容及《大典》卷數	頁
編纂書籍	《文苑英華》（1 頁《崇文總目》以下原批"皆非《會要》，宜銷"）太平興國七年至雍熙三年 5 818	1—17

・309・

續表

標　　目	内容及《大典》卷數	頁
校勘經籍	淳熙四年至六年 20 358	18
獻書升秩	太平興國五年至紹熙三年 1 741	19—43
説書除職講書賜予	景祐元年至嘉祐六年 缺	44

崇儒 6

標　　目	内容及《大典》卷數	頁
御制	眞宗、孝宗、光宗 天禧四年至紹熙四年 13 585	1—3
御書	淳化四年至淳熙十六年（篇尾紹興 3 條疑是紹熙之誤） 1 753	4—24
録賢	嘉祐二年至紹興三十一年 4 840	25—28
〔賜處士號〕	天聖八年至乾道七年（年次錯亂） 13 449	29—32
賜先生號	大中祥符三年至宣和七年 8 570　8 571	33—36
〔賜名、賜第〕	熙寧三年至紹興間 缺	37
勅置守墳	開寶三年至景祐三年 3 455	38—39
堯陵	熙寧元年至元豐六年 8 187	40

第 57 册　崇儒 7

崇儒 7

標　　目	内容及《大典》卷數	頁
經筵	建炎二年至嘉定十四年 4 846	1—38
觀賞	至道三年至紹興十六年（原批屬帝系類） 11 857	39—46
却貢	建隆四年至開禧元年（原批屬帝系類） 13097	47—53
罷貢	乾德四年至紹熙五年（原批屬帝系類） 13 097	54—68
〔存先代後〕	建隆元年至淳熙十五年（原批屬帝系類） 19 323	69—75
録諸國後	大中祥符元年至紹興二年（原批屬帝系類） 19 323	75—76
〔出宫人〕	開寶五年至慶元五年（原批屬帝系類） 2 990	77—81

（十）職官類　共 49 册 79 卷（内 36、41、43、48 各分上下卷）

第 58 册　職官 1

職官 1

標　　目	内容及《大典》卷數	頁
三公三少	序文、治平四年至淳熙十五年（按政和二年改三師爲三公，又增三少，故政和二年五月條以上當併入"三師三公"門） 16 980　16 918　159（補）　17 249（補） 11 582（補）　11 581（補）	1—6

· 311 ·

续表

标　目	内容及《大典》卷数	页
〔三公三少杂录〕	淳熙四年至嘉定十六年（9页残文4行已见3页宣和五年五月十二日条，原批入下页，不妥） 16 918	6—9
〔三师三公〕	序文、淳化三年至治平二年（治平四年至政和二年五月见前"三公三少"门，此门当置"三公三少"门前） 159	10—11
太尉	政和二年至嘉定十七年 15 269	12—15
〔三省〕	序文（又17页录《神宗正史》序文）、治平四年至淳熙十四年 11 941　11 942	16—67
〔中书门下省〕	序文、（又74页录《神宗正史》序文）、乾德二年至元丰五年（按75—76页五年贾昌朝1条，七年陈执中1条，皆庆历事，移庆历三年条后） 11 939	68—77
〔中书门下后省〕	序文、绍兴元年至嘉定十三年 11 939	78—83

第 59 册　职官 2

职官 2

标　目	内容及《大典》卷数	页
〔门下省〕	序文（又2页录《神宗正史》序文）、建隆三年至崇宁五年（《中兴会要》、《乾道会要》无此门） 11 936	1—6

續表

標　　目	内容及《大典》卷數	頁
〔給事中〕	元豐五年至淳熙十二年（接本卷"門下封駁司"後） 449	7—9
〔起居院〕	序文（又採《兩朝國史》、《神宗正史·職官志》序〔13頁〕）、景德二年至乾道九年 16 652　10 166（補）	10—22
〔舍人院〕	淳熙二年至紹熙元年（接職官三"舍人院"後） 2 966	22—24
〔起居郎舍人〕	元豐至紹聖元年 2966	25
通進司	序文（又26及29頁錄《兩朝國史》、《哲宗正史》序文） 淳化四年至慶元二年 1 101	26—36
銀臺司	序文、淳化四年至元豐六年 1 101	37—40
〔發敕司〕	（隸銀臺司）序文、淳化三年至景德三年 1 102	41
〔門下封駁司〕	淳化四年至嘉祐五年（《續會要》以下作"給事中"，接本卷"給事中"前） 1 102	42—43
〔進奏院〕	序文、太平興國八年至淳熙十三年 缺	44—51
奉安符寶所	嘉定十六年 10 945	52

第 60 册　職官 3

職官 3

標　　目	内容及《大典》卷數	頁
中書省	《兩朝國史》序文（又 3 頁錄《神宗正史》序文、5 頁錄《哲宗正史》序文）、太平興國九年至宣和六年 11 937	1—12
〔舍人院〕	序文（又採《神宗正史》序〔15 頁〕）、開寶九年至乾道元年（開寶一條在篇首書眉，接職官 2"舍人院"前） 2 958（補）　16 652　2 959	13—20
〔中書舍人〕	淳熙八年 2 959	21
五房五院	（隸中書省）序文、開寶六年至乾道八年 16 670　6 146（補）	22—45
檢正	熙寧三年至淳熙十四年 18 911　10 944（補）	46—48
△〔裕民局〕	重和元年至宣和元年 19 781	49
〔諫院〕	序文（又錄《兩朝國史》和《神宗正史》序文）、雍熙五年至淳熙十五年（58 頁 30 行"雍熙二年"，當是淳熙之誤，原校改作"紹熙"，今不取。又 60—61 頁，原批分別按年月移前） 16 654　16 413	50—61
〔登聞院〕	序文（又錄《兩朝國史志》序〔67 頁〕）、乾德（原作"乾道"）四年至嘉定十六年 16 654	62—74
登聞院鼓	景德四年至建炎三年 16 654	74
訴理所〔當贖、檢覆附〕	元祐元年至紹興三十二年 10 943	75—78

· 314 ·

第 61 册　　職官 4

職官 4

標　目	内容及《大典》卷數	頁
尚書省	序文（又 4 頁録《兩朝國史》、《神宗正史》、《哲宗正史·職官志》序文）、淳化三年至靖康元年 11 940	1—18
都司左右司	（《神宗正史》）序文、元豐六年至慶元五年 1 099	19—27
應奉司	宣和三年至七年 1 108	28—35
〔行在諸司〕	序文、開寶二年至大中祥符六年（年月錯亂，屠寄已據《長編》排次） 1 125	36—42
〔提舉修勅令〕	熙寧三年至政和元年（《國朝會要》、《中興會要》、《乾道會要》無此門） 18 986	43—44
勅令所	紹興三十二年（孝宗已即位，未改元）至嘉定十七年（乾道七年條後有殘闕） 10 942	45—52

第 62 册　　職官 5

職官 5

標　目	内容及《大典》卷數	頁
〔制置三司條例司〕	熙寧二年至三年 1 098　1 096（？）	1—7
編修條例司	皇祐五年至元豐三年 1 098	8—11
〔講議司〕	崇寧元年至宣和七年 1 107	12—18

· 315 ·

續表

標　目	内容及《大典》卷數	頁
詳議司	靖康元年 1 107	19—20
議禮局	崇寧二年至政和三年 29 779	21—23
禮制局	政和二年至宣和二年 缺	23
〔三部勾院〕	開寶五年至大中祥符九年 16 669	23—24
都磨勘司	（一作"勘合司"）開寶七年至熙寧九年 （25頁爲廣雅稿，又據26頁卷首所削殘文知與前頁相銜接） 1 098	25—32
〔理欠司〕	序文、淳化三年至四年 1 098	33
都憑由司	雍熙四年至至道二年（至道二年併入前"理欠司"門） 1 098	34
〔三司承受御寶憑由司〕	序文、景德四年至紹興三年 1 098	34—37
〔開拆司〕	太平興國三年至大中祥符八年 1 098	38
〔衙司〕	景德三年至熙寧七年 1 098	39—41
河渠司	皇祐三年至嘉祐三年 1 119	42—43
〔勾當公事〕	康定元年至熙寧三年 1 119	43—44
〔疏濬黄河司〕	熙寧七年至十年 1 119	45—46
〔三司推勘院〕	開寶八年至嘉定十七年（年次有錯亂） 16 665（補）	47—64

續表

標　目	內容及《大典》卷數	頁
〔糧料院〕	序文、開寶六年至天聖八年（糧料院元豐以前隸三司，以後隸太府寺，故職官27另有"糧料院"一門，與本門不複） 16 669	65—66
〔都鹽院〕	序文、咸平五年至熙寧八年 缺	67—68
糶鹽院	序文、咸平二年至大中祥符七年 缺	68

第 63 冊　職官 6

職官 6

標　目	內容及《大典》卷數	頁
〔樞密院承旨司〕	序文（又4頁錄《神宗正史》序文）、太平興國七年至紹熙四年（缺"樞密院"門） 1 101	1—19
檢詳所	淳熙十三年 1 101（眉批作"卷10 944"）	19
〔國用司〕	乾道二年至五年 13 322	20—22
國用所	嘉泰三年至開禧二年 10 945	23—28
〔樞密院編修司〕	淳熙三年至嘉定七年 1 098	29
〔時政記〕	開寶七年至乾道八年 18 931	30—32
御前弓馬子弟所	開禧二年 10 945	33—35
皮剥所	開寶二年至紹熙五年 10 940	35—42
〔東西府〕	熙寧六年至八年 10 989	43

續表

標　目	內容及《大典》卷數	頁
〔宣徽院〕	開寶九年至紹聖三年 16 646	44—45
〔翰林學士院〕	序文（又錄《兩朝國史》、《神宗正史》序文）乾德元年至淳熙五年（原批作"翰林院"，據《宋史‧職官二》改） 16 647	46—56
〔侍讀、侍講翰林侍書附〕	太平興國八年至慶元五年（58 頁有《神宗正史‧職官志》、《哲宗正史‧職官志》記事，64 頁有《東都事略》注文關於元豐年間文彥博致仕 1 條） 16 647	56—63
知制誥	雍熙三年至熙寧三年（與下一門互見） 17 309	65—66
知制誥	雍熙三年至熙寧三年（與上一門互見） 17 309	67—69
〔侍講〕	淳熙元年至嘉定十六年 11 916	70—73
講筵所	淳熙十三年 （原批"已補入侍講門"，檢未獲） 941（補）　10 941	74—76

第 64 冊　職官 7—8

職官 7

標　目	內容及《大典》卷數	頁
學士	序文（又錄《兩朝國史》序文）、明道二年至政和六年 缺	1—5
〔文明殿學士〕	序文、太平興國五年至皇祐三年 缺	6—8
徽猷閣學士直學士	大觀二年至靖康元年 13 423	9

續表

標　　目	内容及《大典》卷數	頁
延康殿學士	建炎二年1條（原批"併入端明"） 13 423	9
〔保和殿大學士、學士〕	（初名"宣和"）政和五年至宣和元年 13 423	9—10
天章閣學士直學士	序文（在宣和四年條後）、天禧五年至宣和四年（元豐至宣和在篇首） 13 423	10—12
龍圖閣學士直學士	序文、咸平四年至紹興二十一年 13 423	13—15
敷文閣學士直學士	序文、紹興十年至二十九年 13 423	15—16
〔觀文殿學士〕	熙寧四年至元豐三年 13 422	17
〔寶文閣學士直學士〕	序文、嘉祐八年至治平四年 13 422	17—18
樞密直學士	序文、大中祥符五年至政和四年 缺	19
〔資政殿大學士、學士〕	序文、景德二年至建炎四年 13 421	20—21
〔東宮官〕	序文（《國朝會要》、《兩朝國史志》、《續會要》、《哲宗正史·職官志》併錄）、至道元年至淳熙十五年（35—36頁元祐3條按原批移前） 239　11 581　6 133（補）　7 684（補） 22 423（補）	22—36
〔親王諸宮司〕	1 125	37
管勾北宅所	大中祥符七年至景祐三年 10 941（補）	37
諸王府官	教授　直講　侍講　贊讀 至道元年至乾道五年 17 230　19 240（補）　7 690（補）　7 687（補）	38—39

續表

標　目	內容及《大典》卷數	頁
〔東宮官雜錄〕	淳熙二年至嘉定十三年 239	40—46

職官 8

標　目	內容及《大典》卷數	頁
吏部（一）	序文（又 3 頁錄《神宗正史》序文）、太平興國三年至紹興二十八年 14 614　7 309（補）	1—26
吏部（二）	紹興三十二年（孝宗即位未改元）至嘉定十六年（復文見選舉 23"吏部"門）。 14 615（28 頁作 14 614，獨與上下不合，疑誤）	27—68

第 65 冊　職官 9—10

職官 9

標　目	內容及《大典》卷數	頁
〔司封部〕	《神宗正史》、《兩朝國史志》序文（在 3 頁和 17 頁）、雍熙三年至嘉泰三年（注文至嘉定十四年） 14 644　375	1—17

職官 10

標　目	內容及《大典》卷數	頁
〔司勳部〕	序文、元祐元年至開禧二年（卷末另附《神宗正史》序文，又元祐條複，紹聖條移前） 14 645　3 288（補）　7 309（補）	1—17
勳官	序文、淳化元年至紹興三年 3288	18—19
〔考功部〕	序文（又附《兩朝國史》、《神宗正史·職官志》、《哲宗正史·職官志》序文）、元豐五年至嘉泰元年 14 646　194（補）	20—44

第 66 册　職官 11

職官 11

標　目	內容及《大典》卷數	頁
審官東院	序文、太平興國六年至治平元年（復文見選舉 23，存目不錄） 缺	1—4
〔審官西院〕	熙寧三年至七年（與後"審官西院"門及選舉 24"尚書右選"序文併互見） 缺	4—5
〔磨勘（一）〕	建隆二年至建炎四年 缺	6—33
〔磨勘（二）〕	紹興元年至乾道九年 缺	33—54
〔尚書左選〕	（舊"審官東院"）淳化三年至元豐五年（附《兩朝國史》序文），詳見選舉 23"尚書左選"門 14 615	55
〔審官西院〕	熙寧三年（與前"審官西院"門及選舉 24"尚書右選"序文併互見。本門不完整，原批"複校銷"） 14 615	55—56
〔尚書右選〕	（舊審官西院）序文（詳見選舉 24"尚書右選"門） 14 615	56
〔流內銓〕	序文 14 615	56
〔侍郎左選〕	（舊吏部流內銓）序文、元豐三年（詳見選舉 24 卷"侍郎左選"門） 14 615	56—57
〔三班院〕	太平興國六年至雍熙四年 14 615	57

續表

標　　目	內容及《大典》卷數	頁
〔侍郎右選〕	（舊三班院）序文〔附《兩朝國史志》序文。又與選舉25"侍郎右選（上）"互見〕 14 615	57
〔格式司〕	建隆元年（與下"吏部格式司"門互見，原批"複校銷"） 14 615	58
〔流外銓〕	咸平元年（詳見選舉25"流外銓"門） 14 615	58—59
〔官告院〕	序文、乾德四年至嘉定六年（淳化二年十月，紹興二年，乾道三、四年諸條與儀制10"官誥"門互見。本門年次有錯亂） 14 615（補）	60—75
〔吏部格式司〕	建隆元年至熙寧四年（卷首建隆元年條，與前"格式司"門互見） 1 108　又1 907（補）　14 615（補）　（76頁原錄作卷1 107，與後2頁獨異，疑誤。）	76—78
〔甲庫〕	至道三年至大中祥符七年（與食貨52·7"吏部甲庫"門互見） 14 615	79

第67冊　職官12—13

職官12

標　　目	內容及《大典》卷數	頁
〔度支判司事〕	（"戶部"門見食貨56，本卷僅列其屬官，又本門係摘《兩朝國史志》序文） 7 312	1
〔金部判司事〕	《兩朝國史志》序文（與食貨56"金部"門之序文複） 7 312	1
〔倉部判司事〕	《兩朝國史志》序文 7 312	1

續表

標　　目	內容及《大典》卷數	頁
總制司	紹興五年至六年 1 122	2
〔膳部判司事〕	《兩朝國史志》序文（與職官13"膳部"門序文複） 7 313	3
〔職方判司事〕	《兩朝國史志》序文 7 313	3
〔駕部判司事〕	《兩朝國史志》序文、元豐中至紹興元年 7 313	3
〔庫部判司事〕	《兩朝國史志》序文 7 313	3

職官 13

標　　目	內容及《大典》卷數	頁
禮部	序文（1頁有《兩朝國史志》序、2—3頁錄《神宗正史志》序）、咸平六年至乾道七年 14 659	1—8
〔貢院〕	序文、太平興國三年（在15頁）至淳熙十四年（本門各條與選舉3—5"貢舉雜錄"諸門有關各條互見，詳略不同） 14 659	8—15
〔祠部〕	序文、太平興國八年至嘉定二年 14 665	15—39
〔度牒庫〕	建炎四年至紹熙三年 14 659	39—41
〔膳部〕	《兩朝國史志》、《神宗正史志》序文、紹聖元年至淳熙十三年（《兩朝國史志》序文與職官12"膳部判司"門複） 14 665	42—45
〔主客部〕	《兩朝國史志》、《神宗正史志》序文、元祐元年至乾道九年 22 309　14 665（補）	46—47

第 68 冊　職官 14—15

職官 14

標　　目	內容及《大典》卷數	頁
〔兵部〕	序文（又採《兩朝國史》、《神宗正史志》序）、淳化元年至嘉定八年 原缺　7 305（補）	1—19
〔職方〕	序文、太平興國二年至大中祥符三年 6 125	20

職官 15

標　　目	內容及《大典》卷數	頁
〔刑部〕	序文（又採《神宗正史志》序，在 5—6 頁）、開寶七年至嘉定十二年 14 673	1—28
〔審刑院〕	序文、淳化二年至熙寧元年 14 673　16 665（補）	28—31
法官	乾德四年至熙寧五年 14 673	31—43
〔糾察在京刑獄司〕	大中祥符二年至熙寧三年 1 118　又 14 673（補）	44—46
〔都官部員外郎〕	《兩朝國史志》序文 1 314	47
〔比部員外郎〕	《兩朝國史志》序文 1 314	47
〔司門部員外郎〕	《兩朝國史志》序文 1 314	47

第 69 册　職官 16—17

職官 16

標　　目	内容及《大典》卷數	頁
〔刑部侍郎〕	序文（原校刪除） 7 307	1
〔工部侍郎〕	序文（原缺"工部"門，本卷僅列其屬官） 7 307	1
〔屯田部員外郎〕	《兩朝國史志》序文（食貨 63·49 頁《兩朝國史》、《神宗正史志》"屯田判司"序文。前者與本門互見，後者可補此門後） 缺	2
〔虞部員外郎〕	序文（採《兩朝國史》、《神宗正史志》） 7 314	2—3
〔水部員外郎〕	序文（採《兩朝國史志》、《神宗正史志》） 7 314	3
軍器所	序文、建炎四年至乾道九年 10 943（8 頁獨爲 10 942，疑誤）	4—21
△〔軍器局〕	紹興七年 19 781	22—23
〔弓弩院〕	開寶元年至嘉祐三年 16 668	24
〔弓弩造箭院〕	序文、咸平六年至熙寧三年 16 668	24
〔六部侍郎〕	序文、元祐二年至建炎四年 1 292	25

職官 17

標　　目	内容及《大典》卷數	頁
△〔御史臺〕	《中興會要》採《兩朝國史志》序文 2 607（原缺卷數，據《大典》補入）	1—2

· 325 ·

續表

標　　目	内容及《大典》卷數	頁
△〔御史臺〕	《國朝會要》採《神宗正史志》序文 2 607（原缺卷數，據《大典》補入）	3—4
〔御史臺雜錄〕	景德四年至隆興二年（職官55另有"御史臺"門，本門年月錯亂） 10 167	5—22
〔御史中丞〕	太平興國四年至乾道元年 8129	23—28
殿中侍御史	元祐六年至政和三年（元祐條在29頁，又同頁7行有"建炎十三年"條，按建炎止四年，待考） 10 170	29—30
監察御史	序文、太平興國三年至〔乾道〕八年（八年原隸隆興。按隆興無八年，其下二月條有宰執虞允文等奏對語。《宋史》本傳，允文乾道八年二月爲"特進左丞相兼樞密使"，據此補入） 10 171　21 248補	31—35
御史裏行	景祐元年至元豐四年（景祐條在後） 10 172	36
御史知雜	序文、皇祐四年至元豐五年（序文至七年） 10 172	36—37
△〔三京留司御史臺〕	序文（採《兩朝國史志》）、咸平六年至崇寧元年 2 607（原缺卷數，據《大典》補入）	38—40

第 70 冊　職官 18

職官 18

標　目	内容及《大典》卷數	頁
秘書省（一）	序文（採《兩朝國史》、《神宗正史》〔2頁〕志）、淳化元年至乾道九年 11 943	1—36
秘書省（二）	淳熙二年至十五年 11 944	37—45
〔著作佐郎〕	政和至乾道三年 7 320	46
〔秘閣〕	端拱元年至崇寧二年（《玉海》注文至紹定五年） 21 837	47—49
集賢院	太平興國二年 16 650	50
〔崇文院〕	序文、建隆元年至政和六年 16 650	50—53
編修院	16 650	53
國史院	序文、紹興二十八年至嘉泰四年 16 650	53—60
實錄院	序文、紹興七年至慶元二年 16 650	60—74
監修國史	乾德二年至元豐三年（注文至五年） 10 163	75—76
史官	熙寧二年至宣和四年 10 161	77
修撰	元祐元年至紹興元年（上接後門） 16 468	78
修撰	序文、端拱二年至熙寧二年（下接前門） 16 468　16 469（文字相連，疑誤其一）	78—79

續表

標　目	内容及《大典》卷數	頁
會要所	淳熙十六年至紹熙五年 10 940	80—81
〔太史局〕	（舊"司天監"元豐改名）序文（又採《兩朝國史》、《神宗正史》志序）、熙寧二年至嘉定八年 19 778	82—101
國史日曆所	淳熙元年至嘉定十五年（運曆 1 有"修日曆"門可接於前） 10 940	102—109
〔天文院〕	16 665（在下一門卷末批注）	110
〔鐘鼓院〕	序文、紹興三年至淳熙七年（與職官 31"鐘鼓院"門互見，本門較完整） 16 665（卷末批注）	110—111
刻漏所	紹興三年至二十七年（原作"二日十年正月九日"據職官 31·9 頁復文改，本門與職官 31"測驗渾儀刻漏所"門互見。本門不完整） 10 940（卷末批注）	112

第 71 册　職官 19—20

職官 19

標　目	内容及《大典》卷數	頁
〔殿中省〕	序文（又採《兩朝國史志》序）、太平興國六年至靖康元年 11 947	1—12
〔御藥院〕	序文（又採《兩朝國史志》、《神宗正史·職官志》序文）、天聖四年至淳熙十三年 16 665	13—15

續表

標　目	內容及《大典》卷數	頁
〔御輦院〕	序文、大中祥符九年（年原作"十"，誤）至淳熙十三年 16 66(9)7（原作"166 697"？）	16—20

職官 20

標　目	內容及《大典》卷數	頁
〔宗正寺〕	序文（又採《兩朝國史》、《神宗正史》〔5頁〕志序）、開寶六年至隆興二年 13 338	1—15
〔大宗正司〕	《神宗正史》序文（17頁）、慶曆四年至乾道七年 1 102	16—32
〔外宗正司〕	序文、紹興二年至隆興元年（序文崇寧元年至乾道七年） 1 102	33
敦宗院	崇寧元年至乾道七年 16 666	34—41
玉牒〔所〕	紹興二十年至嘉定六年（紹興2條在卷末） 22 856　10 940（補）	42—54
〔修玉牒官〕	序文、至道初至乾道九年 22 857	55—63

第 72 册　職官 21—22

職官 21

標　目	內容及《大典》卷數	頁
〔光禄寺〕	序文（並採《兩朝國史》、《神宗正史》、《哲宗正史》志序）、開寶六年至隆興元年 13 337	1—7

續表

標　　目	内容及《大典》卷數	頁
〔翰林司〕	序文、淳熙元年至紹熙五年 1 125	8—9
〔牛羊司〕	序文、咸平五年至嘉定十四年 1 119	10—14
乳酪院	序文、大中祥符五年至七年 16 667（卷末批注）	15

職官 22

標　　目	内容及《大典》卷數	頁
〔衛尉寺〕	序文（并採《兩朝國史》、《神宗正史》、《哲宗正史》志序）、治平四年（神宗已即位未改元）至建炎三年 13 337	1—4
〔儀鸞司〕	序文、大中祥符九年至嘉定五年 1 106	5—12
〔金吾街仗司〕	序文、淳化五年至慶元六年 1 106	13—16
〔太常寺〕	序文 13 731　6 398	17—18
〔齋郎〕	建隆四年至嘉祐六年 7 320	19—20
△〔挽郎〕	乾興元年（仁宗已即位，未改元）至天聖元年 7 327	21
〔禮儀院〕	序文、大中祥符六年至天聖元年 16 653	22—24
大晟府	序文、崇寧四年至宣和七年 缺	25—27

續表

標　目	内容及《大典》卷數	頁
〔教坊〕	序文、開寶八年至紹興三十一年（又33頁補抄兩條） 6 133	28—31（33）
〔雲韶部〕	（前3行與樂5"雲韶部"門互見，本門係《國朝會要》文） 6 133	31
〔鈞容東西班樂附〕	序文、太平興國三年至紹興三十年（大中祥符五年以前及紹興三十年條與樂5"均容樂"門互見，本門出《中興會要》。又"東西班樂序"與樂5"東西班樂"門互見，本門出《國朝會要》、《續國朝會要》） 6 133	31—33
〔四夷樂〕	乾德四年至元豐六年（元豐條與樂5"四夷樂"門互見，本門出《國朝會要》、《續國朝會要》） 6 133	33
〔管勾〕	（徐松按語） 19 367（補）	34
郊社局	嘉祐元年至熙寧元年 19 779	34
太社局	熙寧三年 19 779	34
大樂局	乾興元年（仁宗已即位，未改元） 19 779	34
鼓吹局	19 779	34
〔太醫局〕	序文（又採《神宗正史》志序，在37頁）、淳化三年至嘉泰三年（43頁紹熙元年以下當移前） 19 780	35—44

· 331 ·

第 73 册　職官 23—25

職官 23

標　　目	內容及《大典》卷數	頁
〔車輅院〕	序文、建炎三年至開禧二年 16 667	1—2
〔騏驥院〕	元豐二年至慶元二年 16 667	2
養象所	序文、乾德五年至淳熙十六年 10 940	3
〔羣牧司〕	序文（又採《神宗正史志》序，在 8 頁）、咸平三年至大觀四年（第 4 頁與兵 21 "牧馬官"序文互見，本門有脱文） 13 328　1 119	4—18
〔淇水二監〕	元祐六年（建置見兵 21·4） 19 522	19

職官 24

標　　目	內容及《大典》卷數	頁
〔大理寺〕	序文（又採《兩朝國史》、《神宗正史》〔在 4 頁〕志序）、建隆二年至嘉泰三年 13 735	1—44

職官 25

標　　目	內容及《大典》卷數	頁
〔鴻臚寺〕	序文（採《兩朝國史》、《神宗正史》、《哲宗正史》〔在 1—2 頁〕志序）、景德四年至紹興二十五年 13 338	1—5
禮賓院	序文、咸平元年至熙寧九年 16 669	6—7

續表

標　目	内容及《大典》卷數	頁
〔寺務司〕	序文 缺	8
〔課利司〕	序文、大中祥符六年至熙寧九年 1 125	9—10
〔同文館〕	序文、熙寧七年至紹興三年 11 306	11

第 74 冊　職官 26—27

職官 26

標　目	内容及《大典》卷數	頁
〔司農寺〕	序文（又採《兩朝國史》、《神宗正史》〔在 2 頁〕志序）、咸平四年至嘉定八年 13 739	1—22
提點倉草場所	序文、咸平五年至熙寧八年 10 940	23—27
四排岸司	序文、景德四年至開禧三年 1 114	28—31
下卸司	熙寧三年至九年 1 115	32
〔都麴院〕	序文、至道三年至熙寧四年 16 669	33—34

職官 27

標　目	内容及《大典》卷數	頁
〔太府寺〕	序文（又採《兩朝國史》、《神宗正史》及《哲宗正史》〔在 2—3 頁〕志序）、至道元年至淳熙十五年 13 733	1—33
〔都商税院〕	序文、至道元年訖嘉祐四年 16 669	34—35

· 333 ·

續表

標　　目	內容及《大典》卷數	頁
〔都提舉市易司〕	序文、熙寧三年至元豐四年（熙寧諸條年次錯亂） 1 124	36—40
提舉在京諸司庫務司	序文、景德二年至熙寧三年 1 118	41—49
〔榷貨務、都茶場〕	《四朝國史志》及《會要》建置沿革（篇首《朝野類要》"四轄"一段，據屠寄按語，當注於榷貨務下） 21 233	50
〔雜買務、雜賣場〕	建置沿革 21 233	50—51
〔左藏庫〕	建置沿革 21 233	51
〔文思院〕	（《四朝國史志》及《會要》）建置沿革（與職官29"文思院"門複，原批"校銷"。又52頁"事要"以下多非宋事，原批"刪存不抄"） 21 233　21 231（？）	51—53
供奉〔供奉官附〕	雍熙（當作"淳熙"）二年至淳熙十六年缺	54—56
〔糧料院〕	建炎三年至淳熙十二年（宋初糧料院見職官5） 16 669	57—60
〔審計司〕	建炎元年至慶元元年 1 107	61—63
抵當免行所	（又名抵當所）序文、熙寧四年至九年（《中興會要》以後無此門） 10 942	64—65
惠民和劑局	紹興六年至乾道元年 19 780	66—68

續表

標　　目	內容及《大典》卷數	頁
〔修合賣藥所〕	政和四年 1 108	69
△〔編估打套局〕	紹興七年至淳熙四年（原批作"編估局"、改用《大典》原題） 19 781	70

第 75 册　職官 28—31

職官 28

標　　目	內容及《大典》卷數	頁
〔國子監〕	序文（又 5—6 頁採《神宗正史・職官志》、《哲宗正史・職官志》序）、建隆三年至嘉定七年（29 頁有至道二年"國子監直講"一條） 19 501　19 502　19 503　19 240（補）	1—29
〔昭文館〕	淳化元年（原批"複校銷"） 11 306	30
〔廣文館〕	序文、元祐七年至紹聖二年 11 306	30—32

職官 29

標　　目	內容及《大典》卷數	頁
〔文思院〕	（少府監闕，其官屬見此卷）序文、咸平三年至嘉定四年（與職官 27"文思院"門複） 16 668　又 21 233（補）　2 1231（補）	1—6
〔西內染院西染色院附〕	序文、淳化元年至熙寧二年 16 668	7—8
〔綾錦院〕	序文、大中祥符六年至熙寧七年 16 668	8

續表

標　　目	內容及《大典》卷數	頁
〔文繡院〕	崇寧三年 16 668	8
〔裁造院〕	序文、景德三年至天聖三年 16 668	8

職官 30

標　　目	內容及《大典》卷數	頁
〔提舉修內司〕	（將作監闕，其官屬見此卷）天禧四年至淳熙十六年 1 118	1—6
〔東西八作司〕	序文、景德四年至熙寧四年 1 119	7—15
〔提點修造司〕	序文、淳化四年至熙寧二年 1 118	16—17
〔溝河司〕	（都水監闕，其屬官見此）天聖四年至熙寧九年 1 119　　17 376（補）	18
〔街道司〕	序文、嘉祐二年至熙寧五年（《續會要》附都水監，中興以後《會要》無此門） 1 119　又 17 376（補）	18—19

職官 31

標　　目	內容及《大典》卷數	頁
司天監	序文（在 3 頁。并採《兩朝國史》、《神宗正史》志序）、太平興國六年至乾道九年（元豐改名爲"太史局"） 19 514	1—9
〔測驗渾儀刻漏所〕	紹興二年至隆興元年（與職官 18"刻漏所"門互見。本門較完整） 19 514	9

續表

標　目	内容及《大典》卷數	頁
〔鐘鼓院〕	紹興三年至隆興元年（與職官18"鐘鼓院"門互見，本門脱序文及淳熙四年、七年兩條） 19 514	9

第 76 册　職官 32—33

職官 32

標　目	内容及《大典》卷數	頁
〔殿前司〕	序文（併採《兩朝國史》、《神宗正史》、《哲宗正史》〔在 3、4 頁〕志序）、乾德四年至紹興八年 1 103	1—12
馬步軍殿前司	淳熙二年至嘉定八年 1 103	13—25
行宫禁衛所	建炎四年 10 943	26—27
主管禁衛所	紹興元年至淳熙十五年 10 943	27—29
差使剩員所神衛剩員所	序文、熙寧九年至乾道七年 10 942	29—34
御營使	隆興元年 13 322	35—36
〔都統制〕	建炎元年至嘉定十六年 缺	37—50
〔御馬院〕	建炎三年至嘉定十四年 16 667	51—55
〔省馬院〕	淳熙元年至三年 16 667	55

職官 33

標　　目	内容及《大典》卷數	頁
〔環衛〕	隆興二年至嘉定二年 15 315	1—5
〔六軍諸衛〕	序文（又採《哲宗正史・職官志》序〔在 6—7 頁〕）、咸平五年至靖康元年 15 318	6—8
〔三衛〕	崇寧四年 15 318	9—11

第 77 册　　職官 34—35

職官 34

標　　目	内容及《大典》卷數	頁
〔閤門通事舍人〕	（政和六年改爲"宣贊舍人"）序文（在 4 頁）、乾德五年至嘉定二年（年次有錯亂） 2 967	1—11
〔帶御器械〕	序文、咸平元年至淳熙十二年 15 226　15 126（文字相連，疑誤其一）	12—13
〔内殿崇班左右侍禁〕	淳化二年 4 224	14
〔皇城司〕	（舊武德司，太平興國六年改）序文（又採《兩朝國史志》、《神宗哲宗正史・職官志》序）、淳化二年至嘉定三年 1 105	15—43

職官 35

標　　目	内容及《大典》卷數	頁
〔四方館〕	序文（又採《兩朝國史》、《神宗正史》〔在 3—4 頁〕志序）、建隆中至隆興元年 11 307	1—21
〔閤門司〕	序文 缺	22

續表

標　　目	内容及《大典》卷數	頁
閤門使	紹興元年至五年 13 326	22—23
引進使	景德元年至乾興元年（仁宗已即位未改元） 13 326	23

第 78 册　職官 36 上

職官 36（上）

標　　目	内容及《大典》卷數	頁
〔内侍省　入内内侍省〕	序文（又採《兩朝國史》、《神宗正史》、《哲宗正史》〔在 13—14 頁〕志序）、乾德四年至乾道七年 11 945	1—27
〔内東門司〕	序文（又採《兩朝國史志》、《神宗正史·職官志》序）、景德三年至乾道元年 1 106	28—30
〔合同憑由司〕	序文（又採《兩朝國史志》序）、淳熙六年至十四年 1 098	31
主管往來國信所（上）	序文（又採《兩朝國史志》序）、景德二年至乾道九年 10 941	32—58

第 79 册　職官 36（下）

職官 36（下）

標　　目	内容及《大典》卷數	頁
〔主管往來國信所〕（下）	淳熙三年至嘉定九年 10 941	59—71

· 339 ·

續表

標　目	內容及《大典》卷數	頁
後苑造作所〔西作附〕	序文(又採《兩朝國史志》序)、景德二年至宣和七年 10 940	72—76
〔後苑〕燒朱所	建置沿革 10 940	76
〔軍頭引見司〕	(《兩朝國史》、《神宗正史》〔在 81 頁〕志)序文、端拱元年至淳熙十三年 1 105	77—94
〔翰林院〕	序文(并採《兩朝國史》、《神宗正史》志序)、大中祥符六年至淳熙十三年 16 647	95
〔翰林御書院〕	序文、嘉祐五年至紹興三十年 16 647	95—97
〔翰林醫官院〕	序文、雍熙二年至淳熙十五年 16 647	97—106
〔翰林圖畫院〕	序文、至和元年至熙寧六年 16 647	106—107
〔翰林天文院〕	序文、大中祥符二年至紹興十四年 16 647	107—108
〔翰林〕天文局	淳熙四年至紹熙二年 缺	109
〔技術官〕	(醫官院、御書院、翰林院、翰林天文院、翰林圖畫院官) 序文、開寶八年至嘉定二年 缺	110—125

第 80 册　職官 37—40

職官 37

標　　目	内容及《大典》卷數	頁
天策上將軍	（原作"天策上將軍府"）大中祥符八年至慶曆四年 缺	1
元帥府	靖康、建炎間（高宗事） 缺	1—2
元帥	建隆元年（封錢俶） 15 129	3
開封尹〔權知府事附〕	序文、建隆二年至宣和七年（宣和條在 4 頁） 11 190	4—6
臨安尹	乾道元年至九年（光宗事） 11 190	6—8
左右廂公事所	熙寧三年至靖康元年 10 942	9—10
〔州牧〕	序文、大中祥符八年至淳熙五年 19 642	11—12
〔行府〕	建隆元年至雍熙三年 10 988	13

職官 38

標　　目	内容及《大典》卷數	頁
節度使	乾德元年至乾道八年 13 274	1—5
節度使雜録	乾德三年至太平興國五年 13 274	6
承宣使	宣和三年 13 318	7

續表

標　　目	內容及《大典》卷數	頁
觀察使	大中祥符七年 13 296	8
刺史〔防禦、 團練附〕	序文、建隆元年至元豐七年 10 175	9—10

職官 39

標　　目	內容及《大典》卷數	頁
〔都督府〕	紹興二年至乾道元年 10 981	1—21
〔司戶〕	序文、乾道六年至嘉泰四年 缺	22

職官 40

標　　目	內容及《大典》卷數	頁
〔制置使〕	建炎元年至嘉定十四年 缺	1—19

第 81 冊　職官 41 上

職官 41（上）

標　　目	內容及《大典》卷數	頁
宣諭使	宣和七年至開禧三年 13 312	1—17
宣撫使	咸平三年至嘉定十二年（21 頁"四年" 條，據《宋史·張濬傳》，當隸"建炎"） 13 314（第 40 頁作"13 313"，疑誤）	18—43
〔總領所〕	序文、紹興三年至淳熙十年 10 944	44—59
〔四川總領所〕	淳熙二年至十四年 10 944	59—60

續表

標　目	内容及《大典》卷數	頁
〔總領所雜録〕	淳熙四年至嘉定十五年 10 944	60—70
聖政所	紹興三十二年（孝宗已即位，未改元）至紹熙三年 10 944	70—74

第 82 册　職官 41 下

職官 41（下）

標　目	内容及《大典》卷數	頁
經略使	（《哲宗正史》）序文、元豐元年至淳熙六年 13 311	75—78
〔安撫使〕	序文、咸平三年至嘉定十六年 13 304	79—118
〔參謀　參議〕	序文、建炎四年至紹興五年 13 953	119
〔走馬承受公事〕	（政和六年改爲廉訪使）序文（有《國朝會要》、《兩朝國史志》）、至道元年至建炎四年 13 391	120—136

第 83 册　職官 42

職官 42

標　目	内容及《大典》卷數	頁
勸農使	至道二年訖至和二年 601（？）　610　又 13 331（補）	1—3
鹽鐵使　營田大使	太宗朝　高宗朝紹興十年 缺	4

續表

標　目	内容及《大典》卷數	頁
〔發運司〕	序文(《神宗正史・職官志》)、治平三年至宣和七年 1 114	5—12
〔催綱司〕	序文、大中祥符四年至政和五年 1 114	13—14
〔發運使〕	乾德二年至乾道六年(建炎以前年次有錯亂) 缺	15—57
〔轉運使〕	咸平元年至紹熙元年 缺	58—61
察訪使	熙寧三年至元符元年 13 318	62—63
招討使	熙寧八年至紹興三十一年(注文至三十二年) 13 324	64—66
招撫使	紹興十年至開禧二年 13 324	67—68
撫諭使	建炎元年至乾道二年 13 312	69—73
鎮撫使	建炎四年至紹興三年 13 325(第 74 頁作"13 324",疑誤)	74—78

第 84 册　職官 43 上

職官 43(上)

標　目	内容及《大典》卷數	頁
〔提點司〕	(《兩朝國史志》序文) 1 117	1
提舉常平倉農田水利差役門	熙寧二年至乾道九年(下接後"常平司"門) 1 117　14 607(補)	2—38

索　引

续表

標　目	内容及《大典》卷數	頁
△御史臺主簿	元豐三年至元祐元年 14 607（原批作"卷1 117"）	39
〔常平司〕	淳熙元年至開禧二年（上接前"提舉常平倉農田水利差役"門） 1 117	40—42
提舉茶鹽司	淳熙元年至嘉定十七年 1 115	43—46
都大提舉茶馬司	序文（又採《哲宗正史志》序）、熙寧七年至乾道九年 11 683　11 684	47—117
〔提點綱馬驛程〕	乾道二年至九年 11 684	117—118

第 85 册　職官43下

職官43（下）

標　目	内容及《大典》卷數	頁
〔提點坑冶鑄錢司〕	序文、元豐三年至嘉定十五年（144頁"紹聖"當是"紹興"之誤） 1 120	119—180

第 86 册　職官44—45

職官44

標　目	内容及《大典》卷數	頁
〔市舶司〕	序文、開寶四年至嘉定六年 1 124	1—34
〔河北糴便司〕	治平元年至大觀二年 1 118	35—38
〔制置解鹽司〕	熙寧二年至大觀四年（詳見食貨24"鹽法雜録〔二〕"，本門多數條目重出） 1 115	39—41

· 345 ·

續表

標　目	內容及《大典》卷數	頁
經制使	熙寧十年至紹興九年 1 122　又 13 303	42—50
提舉保甲司	熙寧三年至崇寧五年 1 108	51—52
提舉弓箭手司	元豐五年至靖康元年 (詳見兵 4"弓箭手"門,本門諸條皆重出) 1 124	53—55

職官 45

標　目	內容及《大典》卷數	頁
〔諸路監司〕	元豐三年至嘉定十四年 1 109	1—45

第 87 冊　職官 46—47

職官 46

標　目	內容及《大典》卷數	頁
分司	(西京、南京)建隆元年至紹興三十一年 1 118	1—9

職官 47

標　目	內容及《大典》卷數	頁
〔判知諸州府軍監〕	序文(併採《兩朝國史》、《神宗正史》〔在 11 頁〕、《哲宗正史》〔在 12 頁〕志序)、乾德四年至嘉定十年(建炎諸條年月錯亂) 9 777　9 776　9 020(補)	1—58
〔通判諸州府軍監〕	序文(又採《哲宗正史志》序,在 62 頁)、建隆四年至嘉定十六年 9 776　16 292	58—73

續表

標　　目	內容及《大典》卷數	頁
〔司理院〕	端拱元年至乾道七年 29 989	74

第 88 冊　職官 48 上

職官 48（上）

標　　目	內容及《大典》卷數	頁
〔上佐官〕	序文（又採《兩朝國史志》序，在 2 頁）、開寶四年至淳熙七年 缺	1—3
〔幕職官〕	序文（又採《哲宗正史志》序，在 8 頁）、乾德三年至嘉定十六年 14 397（序文以下缺卷數）	4—17
〔縣令〕	淳熙二年至嘉定九年（18 頁末乾道四年爲慶元元年條之釋文） 18 998	18—24
〔縣官〕	序文（又採《兩朝國史》、《哲宗正史》〔在 29 頁〕志序）、建隆四年至嘉定十六年（神宗以前"知縣"、"縣令"分述，"知縣"25—27 頁，"縣令"27—29 頁，29 頁《哲宗正史》以下合爲"縣吏"） 16 599	25—52
〔縣丞〕	天聖四年至嘉定十三年 8 139	53—58
〔驛丞〕	咸平六年至淳熙十二年 缺	59

第 89 冊　職官 48 下

職官 48（下）

標　　目	內容及《大典》卷數	頁
〔縣尉〕	建隆三年至嘉定十三年 15 277	60—88

· 347 ·

續表

標　　目	內容及《大典》卷數	頁
〔鎮寨官〕	淳熙元年至紹熙三年 15 277	88—91
鎮將	序文（又採《哲宗正史志》序）、建隆四年至政和四年 缺	92—93
△牙職	開寶四年至慶元六年 20 479	94—106
都鈐轄　鈐轄	序文（又採《兩朝國史志》序）、咸平五年至嘉定十三年 21 231	107—121
〔都巡檢使、巡檢、巡檢司〕	序文（又序在129—130頁）、乾德五年至嘉定九年 12 206	122—137
監當	淳熙七年至嘉定八年 9 775	138—147

第 90 冊　　職官 49—51

職官 49

標　　目	內容及《大典》卷數	頁
〔都監〕監押	序文（又採《兩朝國史》、《哲宗正史》〔在 4 頁〕志序）、乾德三年至嘉定十二年 22 782	1—9

職官 50

標　　目	內容及《大典》卷數	頁
〔遣使巡撫〕	建隆元年至天禧四年 10 947	1—4

職官 51

標　　目	内容及《大典》卷數	頁
〔國信使〕	開寶八年至嘉定十五年（年月錯亂） 13 327　13 427（？）	1—45
〔館伴使〕	景德元年至天聖三年 13 327	45—46
〔正旦使生辰使附〕	太平興國二年至景德三年 13 327	46—47
〔祭奠使〕	嘉祐三年至紹興三十年 13 327	47—49
〔祈請使、通問使〕	建炎元年 13 327	49
報謝使	嘉祐八年 缺	49

第 91 册　職官 52—54

職官 52

標　　目	内容及《大典》卷數	頁
〔奉使〕	淳熙元年至十六年 13 265	1—8
〔遣使〕	建隆二年至嘉定四年（卷尾 1 條無年月） 13 256　4 054	9—19
〔諸使雜錄〕	命諸路安撫使副、橫班東西班諸司使序文、雍熙四年至宣和六年 13 336	20—27

職官 53

標　　目	内容及《大典》卷數	頁
〔提舉德壽宮〕	（原作"提舉所"）紹興三十二年至乾道九年（本門與下"宮觀使"門 19—24 頁互見） 10 945	1—6

職官 54

標　　目	内容及《大典》卷數	頁
宮觀使	序文、大中祥符七年至紹熙五年(19—24頁紹興三十二年至乾道九年,與上"提舉德壽宮"門互見。又熙寧諸條,與下"〔外〕任宮觀"門互見。) 13 323(2頁作"13 322",疑誤)	1—26
〔外〕任宮觀	(《哲宗正史志》)序文、熙寧二年至紹熙五年(熙寧諸條與上"宮觀使"門互見) 16 251	27—42

第 92 冊　　職官 55—56

職官 55

標　　目	内容及《大典》卷數	頁
△〔御史臺〕	(標題據《大典》)序文(職官17另有"御史臺"門) 2 607	1
△〔御史臺〕	(標題據《大典》)開寶七年至嘉定四年 2 607	2—28
〔進納補官〕	淳化五年至乾道九年(下接職官62之"進納補官"門) 3 878	29—53

職官 56

標　　目	内容及《大典》卷數	頁
〔官制別錄〕（一）	元豐三年至大觀四年 3 805	1—30
〔官制別錄〕（二）	政和二年至靖康元年 3 806	31—52

第 93 册　職官 57

職官 57

標　　目	内容及《大典》卷數	頁
〔俸料〕	（原批作"俸禄四"，前無一、二、三，據序文改） 13 175	1—17
〔俸禄雜録（一）〕	（原作"俸禄五"）乾德三年至靖康元年 13 176（25—29 頁及 36—39 等頁均作"13 116"，疑誤）	18—63
〔俸禄雜録（二）〕	建炎元年至紹興三十二年（孝宗已即位，未改元） 13 116（按：本卷諸門内容相接，疑爲 13 176卷之誤）	63—80
〔俸禄雜録（三）〕	隆興元年至乾道九年 13 177	81—92
〔吏禄〕	熙寧三年至紹興十三年 13 177	92—100

第 94 册　職官 58—59

職官 58

標　　目	内容及《大典》卷數	頁
職田	咸平元年至嘉定二年 4 782	1—31

職官 59

標　　目	内容及《大典》卷數	頁
考課	建隆二年至乾道九年（選舉22"考課"門複，存目不録） 17 484	1—30

第 95 册　職官 60—61

職官 60

標　　目	内容及《大典》卷數	頁
轉對	建隆三年至紹興二十九年 15 145	1—7
宣對	紹熙二年 15 145	8
輪對	紹興二年至紹熙二年 15 146	9—12
面對	紹興三十二年（孝宗已即位，未改元）至淳熙十六年 15 144	13—14
△〔休沐〕	序文、開寶九年至乾道九年 19 636	15
〔自代〕	咸平四年至紹興五年（復文選舉 30"自代"門，存目不錄） 15 008	16—19
〔久任官〕	慶曆七年至嘉定十一年 3 876	20—42
〔再任官〕	嘉祐六年至宣和五年（均見注文） 19 387	43

職官 61

標　　目	内容及《大典》卷數	頁
〔省官〕	開寶三年至咸平四年 缺	1
〔改官〕	元祐二年至〔紹〕聖元年（"紹"原作"詔"） 3 872	2
〔換官〕	太平興國三年至隆興元年 3 874	3—23
〔以官回授〕	紹興元年至嘉定十五年 3 875	24—37
〔對換官〕	至道三年至嘉定十六年 3 875	38—57

第 96 册 職官 62

職官 62

標　　目	内容及《大典》卷數	頁
〔借補官〕	建炎元年至乾道八年（接后"借補官"門） 3 877	1—8
特恩補官	建炎二年至乾道九年（接後"特恩補官"門） 3 877	8—10
〔借補官〕	淳熙元年至紹熙元年（接前"借補官"門） 3 877	11—12
〔特恩補官〕	淳熙二年至嘉定十六年（接前"特恩補官"門） 3 877	12—19
〔特恩除職〕	淳熙元年至十六年 3 877	19—27
〔進納補官〕	淳熙二年至嘉定十五年（前接職官 55"進納補官"門） 3 878	27—31
〔賑濟補官〕	淳熙元年至嘉定十一年 3 878	31—37
〔假試官〕	元豐四年 3 838	38
〔攝官〕	開寶四年至嘉定十六年 3 838	38—60

第 97 册 職官 63—64

職官 63

標　　目	内容及《大典》卷數	頁
〔避親嫌〕	淳化四年至乾道九年 20 480	1—16

職官 64

標　　目	内容及《大典》卷數	頁
〔黜降官〕（一）	建隆四年至慶歷六年 3 883（2 頁作"3 881"，疑誤）	1—52

第 98 册　　職官 65—66

職官 65

標　　目	内容及《大典》卷數	頁
〔黜降官〕（二）	慶歷七年至熙寧十年 3 884	1—43

職官 66

標　　目	内容及《大典》卷數	頁
〔黜降官〕（三）	元豐元年至元祐三年 缺（依次疑是 3 885）	1—38

第 99 册　　職官 67—68

職官 67

標　　目	内容及《大典》卷數	頁
〔黜降官〕（四）	元祐四年至崇寧元年九月九日 缺（依次疑是 3 886）	1—41

職官 68

標　　目	内容及《大典》卷數	頁
〔黜降官〕（五）	崇寧元年九月十四日至政和八年 缺（依次疑是 3 887）	1—42

第 100 册　　職官 69—70

職官 69

標　　目	内容及《大典》卷數	頁
〔黜降官〕（六）	重和元年至靖康二年正月 3 888	1—30

職官 70

標　　目	内容及《大典》卷數	頁
〔黜降官〕 （七）	建炎元年至紹興三十二年閏二月 3 889	1—53

第 101 冊　　職官 71—72

職官 71

標　　目	内容及《大典》卷數	頁
〔黜降官〕 （八）	紹興三十二年六月至乾道五年 3 890（第 1 頁作"3 880"，疑誤）	1—25
〔黜降官雜錄〕 （一）	咸平三年至乾道六年 3 890	25—33

職官 72

標　　目	内容及《大典》卷數	頁
〔黜降官〕 （九）	淳熙元年至十六年 3 891	1—10
〔黜降官雜錄〕 （二）	淳熙元年至紹熙元年（56 頁三月條以下 并當移前） 3 891	10—57

第 102 冊　　職官 73

職官 73

標　　目	内容及《大典》卷數	頁
〔黜降官〕 （一〇）	紹熙元年至嘉定十七年 3 892（9、12、50 諸頁作"3 891"，疑誤）	1—58
〔黜降外任官〕	紹熙元年至慶元三年 3 893	58—68

· 355 ·

第 103 冊　職官 74—75

職官 74

標　　目	内容及《大典》卷數	頁
〔黜降官〕（一一）	慶元三年六月至嘉定六年七月 3 893	1—47

職官 75

標　　目	内容及《大典》卷數	頁
〔黜降官〕（一二）	嘉定六年八月至嘉定十七年 3 894	1—36
〔黜降官内外任〕	慶元元年至嘉定十三年 3 894	36—40
〔黜降官雜錄〕（三）	慶元二年至嘉定十七年 3 894	40—42

第 104 冊　職官 76

職官 76

標　　目	内容及《大典》卷數	頁
〔收叙放逐官〕（上）	建隆元年至建中靖國元年 3 866	1—24
〔收叙放逐官〕（下）	崇寧二年至乾道九年 3 867	25—59
〔追復舊官〕	元祐四年至嘉定十五年 3 869　19 824	60—74

第 105 册　職官 77

職官 77

標　　目	内容及《大典》卷數	頁
〔起復〕	序文（又 14 頁另附序文）、太平興國六年至嘉定十四年（22 頁倒 2 行"紹興"，疑爲"紹熙"之誤） 19 825	1—24
〔陳乞侍養〕	大中祥符七年至乾道六年 缺	25—27
致仕（上）	序文、建隆二年至紹興三十二年（孝宗已即位，未改元） 13 462　13 642（文字相連，疑誤其一）	28—72
致仕（下）	隆興元年至淳熙十四年 13 463	73—86

第 106 册　職官 78—79

職官 78

標　　目	内容及《大典》卷數	頁
罷免（上）	建隆四年至靖康元年 11 424	1—35
〔罷免（中）〕	建炎元年至淳熙九年（53 頁〔淳熙元年〕"五月二十九日"條爲右丞相錢象祖上言。按《宋史·錢端禮傳》稱"孫象祖嘉定元年"爲"左丞相"，疑所繫年號有誤） 11 424	35—60
罷免（下）	淳熙十六年至嘉定十四年（與下門複） 17 595	61—63
罷免（下）	淳熙十六年至嘉定十四年（與上門複） 11 425	64—68

職官 79

標　目	內容及《大典》卷數	頁
〔戒飭官吏〕	淳熙元年至嘉定十六年（37 頁） 3 900	1—41

（十一）選舉類　共 14 冊 34 卷

第 107 冊　　選舉 1—2

選舉 1

標　目	內容及《大典》卷數	頁
貢舉（一）	建隆元年至乾道八年 10 641	1—17
貢舉（二）	淳熙元年至紹熙四年 10 644	18—24
〔貢舉（三）〕	（原作"舉士十一"）慶元元年至嘉定十六年 10 645	25—29

選舉 2

標　目	內容及《大典》卷數	頁
〔進士科〕	開寶五年至淳熙十四年（年月有錯亂，又景德二年至大中祥符七年與 5 頁重出） 5 696　10 652（大中祥符二年條缺卷數）	1—25
〔進士科雜錄〕	淳熙十一年至嘉定十六年 5 696	25—33

第 108 冊　　選舉 3—4

選舉 3

標　目	內容及《大典》卷數	頁
貢舉雜錄（一）	建隆三年至天禧三年 10 641	1—12

續表

標　目	内容及《大典》卷數	頁
〔貢舉雜録（二）〕	（原批作"科舉條制"）天聖元年至元符三年（38頁以下至選舉5"貢舉雜録〔五〕"門與職官13"貢院"門有關各條互見,詳略不同） 10 642　10 643	13—58

選舉 4

標　目	内容及《大典》卷數	頁
〔貢舉雜録（三）〕	（原批作"考試條制"）建中靖國元年至靖康元年 10 643	1—16
〔貢舉雜録（四）〕	（原作"舉士十"）建炎元年至乾道八年 10 644	17—44

第 109 册　　選舉 5—6

選舉 5

標　目	内容及《大典》卷數	頁
貢舉雜録（五）	淳熙元年至開禧三年 10 645	1—34

選舉 6

標　目	内容及《大典》卷數	頁
貢舉雜録（六）	（原作"舉士十二"）嘉定元年至十六年 10 646	1—50
貢舉印	天聖七年至元豐六年 15 514	51

第 110 册　選舉 7—8

選舉 7

標　　目	内容及《大典》卷數	頁
親試（上）	（一作"殿試"，又原題作"舉士十三"）開寶六年至宣和六年 10 647	1—37

選舉 8

標　　目	内容及《大典》卷數	頁
親試（下）	建炎二年至嘉定十六年 10 648　13 245	1—30
親試雜録	景德二年至乾道八年 10 648	31—45

第 111 册　選舉 9—11

選舉 9

標　　目	内容及《大典》卷數	頁
賜及第	賜進士及第　賜本科及第 雍熙二年至熙寧五年（《中興會要》、《乾道會要》無此門） 10 653	1—3
〔賜出身、賜同出身〕	賜本科出身　賜進士出身　賜同進士出身　賜三傳出身　賜同三傳出身　賜學究出身　賜同學究出身　賜上舍出身　賜同上舍出身　賜明經出身　賜同明經出身　賜童子出身 開寶三年至乾道九年 10 653　10 654	3—20
〔賜童子出身命官賜絹免文解附〕	淳化二年至乾道九年 10 674	21—30

選舉 10

標　　目	內容及《大典》卷數	頁
試判	（一作"書判拔萃科"）建隆三年至熙寧四年 16 300	1—5
舉賢良方正能直言極諫等科（一）	序文、乾德二年至慶曆六年 10 669	6—29

選舉 11

標　　目	內容及《大典》卷數	頁
舉賢良方正能直言極諫等科（二）	皇祐元年至乾道七年 10 669	1—31
〔舉賢良方正能直言極諫等科（三）〕（原作"制科"）	淳熙元年至開禧元年 5 697	32—41
經明行修科	元祐元年至八年（《國朝會要》、《中興會要》、《乾道會要》無此門） 10 652	42—43

第 112 冊　　選舉 12—13

選舉 12

標　　目	內容及《大典》卷數	頁
宏詞科（一）	序文、紹聖元年至乾道八年 缺	1—21
〔宏詞科（二）〕	淳熙二年至嘉定七年 5 699	22—25
明經科	建隆四年至紹聖元年 10 652	26—32

· 361 ·

續表

標　　目	内容及《大典》卷數	頁
〔八行科〕	大觀元年至政和六年(《國朝會要》、《中興會要》、《乾道會要》無此門) 10 652	33—37
童子科	嘉定五年至十四年 5 695	38—40

選舉 13

標　　目	内容及《大典》卷數	頁
唱名	雍熙二年 8 248	1
恩科(即特奏名科)	紹興三十二年(孝宗已即位,未改元。原作"三十一年",誤)至嘉定十五年 5 700	2—10
試法	雍熙三年至乾道六年(刑法 1 另有"試法律"門) 10 649	11—29

第 113 冊　　選舉 14—16

選舉 14

標　　目	内容及《大典》卷數	頁
新科明法	熙寧四年至紹興十六年(《國朝會要》、《乾道會要》無此門) 缺	1—7
鎖廳	太平興國五年至紹聖二年(《中興會要》、《乾道會要》無此門) 10 649	8—13
發解(一)	乾德二年至大中祥符八年 10 648	13—26

選舉 15

標　　目	内容及《大典》卷數	頁
發解（二）	天禧元年至治平四年四月（神宗已即位，未改元） 10 648	1—19
發解（三）	治平四年十月至宣和七年 10 649	20—32

選舉 16

標　　目	内容及《大典》卷數	頁
發解（四）	建炎元年至乾道八年 10 649	1—18
〔發解（五）〕	淳熙元年至嘉定十七年 15 089	18—37

第 114 册　　選舉 17—18

選舉 17

標　　目	内容及《大典》卷數	頁
〔教授〕	紹興三十二年（孝宗已即位，未改元）至紹熙五年 11 958（？）　21 958	1—4
武舉（上）	咸平三年至乾道九年 10 673	5—35

選舉 18

標　　目	内容及《大典》卷數	頁
武舉（下）	淳熙元年至嘉定十七年 10 674	1—20
宗室應舉	紹興三十二年（孝宗已即位，未改元）至乾道八年（《乾道會要》，前三書無此門） 10 654	21—25

續表

標　目	内容及《大典》卷數	頁
〔效士〕	紹興二年至十年（《中興會要》，餘無此門） 10 654	25—26
百篇〔試〕	序文、太平興國五年至景德三年（《國朝會要》，後三書無此門） 10 654	27
童子試	（四歲至十一歲） 缺	28—29

第 115 冊　　選舉 19—21

選舉 19

標　目	内容及《大典》卷數	頁
〔試官〕（一）	太平興國元年至重和二年 缺	1—24

選舉 20

標　目	内容及《大典》卷數	頁
試官（二）	宣和元年至紹興十四年 缺	1—7
〔試官（三）〕	（原作"舉士十七"）紹興十五年至乾道九年 缺	8—23

選舉 21

標　目	内容及《大典》卷數	頁
選試	淳熙元年至嘉定十七年 13 250	1—19

第 116 冊　選舉 22—24

選舉 22

標　　目	內容及《大典》卷數	頁
考課	（原批"與職官全同,存目不錄",復文見職官 59）	1
考試	淳熙元年至嘉定十六年 13 250	1—28

選舉 23

銓選（一）

標　　目	內容及《大典》卷數	頁
吏部	（《兩朝國史志》、《神宗正史志》）序（原批"詳見職官",復文見職官 8） 16 784	1
審官東院	（原批"與職官同,存目不錄",復文見職官 11）	1
尚書左選上	（舊審官東院）《神宗正史志》序文（又《兩朝國史志》序文,見職官 11"尚書左選"門）　熙寧二年至政和六年 16 785	2—9
尚書左選下	政和七年至乾道九年 16 785	9—19

選舉 24

銓選（二）

標　　目	內容及《大典》卷數	頁
審官西院	（原批"與職官全同,存目不錄",復文見職官 11）	1
尚書右選	（舊審官西院）《神宗正史志》序文（《會要》序文分見職官 11"尚書右選"、"審官西院"兩門）　熙寧三年至乾道九年 16 785	1—8

銓選(三)

標　目	內容及《大典》卷數	頁
侍郎左選	(舊流內銓)《神宗正史志》序(12頁) (又《會要》序文見職官11"侍郎左選"門) 建隆三年至乾道九年 缺	9—26

第 117 冊　　選舉 25—27

選舉 25

銓選(四)

標　目	內容及《大典》卷數	頁
三班院	咸平二年至熙寧七年 缺	1—10
侍郎右選(上)	(舊三班院)序文、又《兩朝國史志》、《神宗正史志》序(見10頁)(又《兩朝國史志》序,見職官11"侍郎右選"門) 熙寧五年至宣和二年 缺	10—17
流外銓	景德二年至熙寧六年(序文見職官11"流外銓"門) 5 059	18—21
侍郎右選(下)	(流外銓)宣和四年至嘉定十六年(序文見職官11"流外銓"門) 5 059(22頁以下缺《大典》卷數)	22—33

選舉 26

標　目	內容及《大典》卷數	頁
銓試(上)右選呈試附	紹興三十二年(孝宗已即位,未改元)至乾道八年(《乾道會要》。《國朝會要》、《續國朝會要》、《中興會要》無此門) 缺	1—7

續表

標　　目	内容及《大典》卷數	頁
〔銓試（下）右 選呈試附〕	淳熙元年至嘉定四年 13 249	8—26

選舉 27

標　　目	内容及《大典》卷數	頁
〔舉官〕（一）	建隆三年至嘉祐八年 10 664	1—30

第 118 册　　選舉 28—30

選舉 28

標　　目	内容及《大典》卷數	頁
舉官（二）	治平元年至崇寧四年 10 664	1—33

選舉 29

標　　目	内容及《大典》卷數	頁
〔舉官〕（三）	大觀元年至紹興十二年 10 665	1—30

選舉 30

標　　目	内容及《大典》卷數	頁
舉官（四）	紹興三年（疑爲十三年）至乾道九年 10 665	1—29
自代	（原批"與職官同，存目不録"）復文見職官 60	29

第 119 册　　選舉 31—32

選舉 31

標　　目	内容及《大典》卷數	頁
〔辟舉〕	建炎元年至乾道九年 10 672	1—11
召試	乾德二年至乾道九年 13 248	12—23
〔召試除職〕	端拱元年至元祐三年 20 480	24—38

選舉 32

標　　目	内容及《大典》卷數	頁
宗室召試	皇祐元年至紹興十年 13 248	1—5
〔召試雜錄〕	景德二年至熙寧元年 13 248	5—10
〔憫恤舊族〕	咸平元年至紹熙二年 19 651	11—26

第 120 册　　選舉 33—34

選舉 33

標　　目	内容及《大典》卷數	頁
〔特恩除職（上）〕	雍熙三年至宣和七年 20 480	1—39

選舉 34

標　　目	内容及《大典》卷數	頁
特恩除職（下）	靖康元年至乾道九年 20 480	1—30
〔舉遺逸〕	開寶三年至乾道五年（原作"舉士十九"） 10 653	31—46
禮遺（或作"敦遺"）	嘉祐四年至乾道五年 10 652	47—53

· 368 ·

(十二)食貨類　共43冊70卷(內61、63、68、70各分上下卷)

第121冊　食貨1—2

食貨1

標　目	內容及《大典》卷數	頁
檢田雜錄	建隆二年至乾道九年(與食貨61上"檢田雜錄"門互見) 4750(第1頁版口作"4350",疑誤)	1—14
農田雜錄	建隆三年至乾道九年(與食貨63下"農田雜錄"門互見。本門脫淳熙至嘉泰10條,紹興二十六至二十八年,亦有抄誤處) 缺	15—47

食貨2

標　目	內容及《大典》卷數	頁
營田雜錄〔上〕附莊田	序文、端拱二年至紹興九年(與食貨63上、下"營田雜錄"門互見。本門缺注文4條,《朝野雜記》正文5條) 缺	1—21

第122冊　食貨3—4

食貨3

標　目	內容及《大典》卷數	頁
營田〔雜錄(下)〕附莊田	紹興十年至乾道九年(與食貨63下"營田雜錄"門互見。本門脫注文3處,《宋史》正文1條,並淳熙至嘉定13條) 缺	1—21

食货 4

標　　目	内容及《大典》卷數	頁
屯田雜録	淳化四年至政和六年（與食貨 63 上"屯田雜録"門互見。本門脱正文 10 條、注文 3 條，併建炎三年至嘉定十七年 1 卷）缺	1—6
方田	熙寧五年至宣和三年（與食貨 70 下"方田雜録"門互見） 4 751	7—15
青苗〔上〕	熙寧二年至三年 17 551	16—29

第 123 册　　食貨 5—6

食货 5

標　　目	内容及《大典》卷數	頁
青苗（下）	熙寧三年至政和八年 17 552	1—18
官田雜録	建炎元年至乾道九年（與食貨 61 上"官田雜録"門互見。本門 25 頁有殘文，後脱淳熙元年至嘉定十二年共 35 條）缺	19—37

食货 6

標　　目	内容及《大典》卷數	頁
限田雜録	紹興元年至慶元五年（乾道八年以前與食貨 61 上"限田雜録"門互見。本門較完整） 4 750	1—10
墾田雜録	紹興二年至嘉定十六年（乾道九年以前與食貨 61 下"墾田雜録"門互見。本門較完整） 4 750	11—34

续表

标　　目	内容及《大典》卷数	页
经界	熙宁1条　绍兴十二年至二十八年（绍兴十二至二十八年与食货70下"经界杂录"门互见。本门脱绍熙至嘉定3条，并注文1处。） 2 267　17 533	35—52

第 124 册　食货 7

食货 7

标　　目	内容及《大典》卷数	页
水利上	淳化四年至绍兴三十年（与食货61下"水利杂录〔上〕"互见。本门27、31页有脱文） 11 106　　11 107　　11 108（11 页作"10 665"，疑误）	1—57

第 125 册　食货 8

食货 8

标　　目	内容及《大典》卷数	页
〔水利下〕	绍兴三十二年（附《文献通考》正文自元年始）至乾道九年（与食货61下"水利杂录〔上〕"互见。本门脱淳熙元年至嘉定十七年1卷） 11 108	1—17
〔湖田、围田、陂塘、河港、总水利〕	隆兴元年至乾道九年 11 109	18—32
造水碓	大中祥符八年至崇宁二年 15 340	33—34
△〔修置堰、闸、渠、斗门、堤岸等〕	淳化元年至庆元五年（43页）（51、52页卷3 526有关"斗门"3篇现存《大典》中） 6 671　　16 767　　16 766　　22 784 22 786（？）　22 785　　1 701　　1 702 1 704　　1 073　　3 526　　1 210 （原作"一万千千二百十"）	35—53

第 126 册　食貨 9—10

食貨 9

標　　目	内容及《大典》卷數	頁
〔受納〕	紹興三年至乾道七年（與食貨 68 上"受納"門互見。本門脱淳熙二年至嘉定十四年 1 卷） 4 687	1—11
賦税雜録〔上〕	政和二年至紹興二十年（與食貨 70 上"賦税雜録〔上〕"互見。本門缺序文及建隆至政和元年五月 1 卷） 15 422	12—31

食貨 10

標　　目	内容及《大典》卷數	頁
賦税雜録（下）	紹興二十一年至乾道九年（與食貨 70 上"賦税雜録〔上〕"互見，後接食貨 70 下"賦税雜録〔下〕"） 15 422　14 422（？）	1—31

第 127 册　食貨 11—12

食貨 11

標　　目	内容及《大典》卷數	頁
錢法	序文、咸平三年至渡江後 4 670	1
鑄錢監	（諸監歲額） 4 676	2—3
錢法〔雜録〕	太平興國二年至崇寧五年（原批"《番陽志》引《宋會要》"） 5 329	4—6
〔錢文〕	景祐元寶　日本乾文寶　交趾國黎字錢 4 673	7

續表

標　　目	内容及《大典》卷數	頁
鑄錢監	（"宋畢衍《備對》"27個錢監每年所鑄銅鐵錢數） 4 676	8—9
版籍	建隆四年至乾道六年（與食貨69"版籍"門互見。本門脱淳熙至嘉定7條） 17 531	10—25
户口〔總數〕	（原作"户口雜録"）開寶九年至淳熙十六年（乾道九年以上與食貨69"户口總數"門互見，本門中間有脱文11處） 缺	26—30

食貨 12

標　　目	内容及《大典》卷數	頁
户口雜録	開寶四年至乾道七年（與食貨69"〔户口〕雜録"門互見。本門6頁脱文2條） 缺	1—7
身丁	建炎三年至乾道九年（與食貨66"身丁錢"門互見。本門脱淳熙元年至開禧三年共23條） 17 544	8—22
〔參役錢〕	乾道元年 4 680	23
〔辭役錢〕	乾道元年 4 680	23
醋息〔錢〕	乾道元年 4 680	23

第 128 册　食货 13—14

食货 13

标　目	内容及《大典》卷数	页
免役钱（上）	元祐元年至八年（与食货 65"免役"及 66"免役"门并重复。本门缺治平四年至元丰八年 1 卷） 4 685　4 686	1—37

食货 14

标　目	内容及《大典》卷数	页
免役〔钱〕（下）	绍圣元年至乾道九年（与食货 65"免役"及 66"免役"门并重复） 4 686	1—48

第 129 册　食货 15—17

食货 15

标　目	内容及《大典》卷数	页
〔商税（一）〕	（原作"商税杂录"）岁额 17 556	1—20

食货 16

标　目	内容及《大典》卷数	页
商税（二）	岁额 17 556	1—22

食货 17

标　目	内容及《大典》卷数	页
商税（三）	（原作"商税"四）岁额 15 433	1—10
〔商税杂录（一）〕	建隆元年至绍兴三十二年（原作"二十二年"） 15 433	10—48

第 130 册　食货 18—19

食货 18

標　　目	内容及《大典》卷數	頁
〔商税雜録（二）〕	（原作"商税"五）紹興三十二年（孝宗已即位，未改元）至乾道九年 15 434	1—7
〔商税雜録（三）〕	（原作"商税"）淳熙元年至嘉定十七年 15 434	8—31

食货 19

標　　目	内容及《大典》卷數	頁
〔酒麴〕	（原作"酒麴雜録"）熙寧十年歲額 17 558	1—19

第 131 册　食货 20—21

食货 20

標　　目	内容及《大典》卷數	頁
酒麴雜録（一）	建隆二年至嘉祐六年 17 558	1—8
酒麴〔雜録（二）〕	治平四年（神宗已即位，未改元）至紹興三十年 17 559	9—23

食货 21

標　　目	内容及《大典》卷數	頁
酒麴雜録（三）	（原作"酒麴雜録下"）紹興三十一年（原作"三年一年"）至乾道九年 17 559	1—12
〔買撲坊場〕	建炎元年至紹興三十二年 17 559	12—15

續表

標　目	內容及《大典》卷數	頁
公使酒	序文、太平興國六年至淳熙十一年（太平興國條在21頁篇首及16頁書眉） 12 051	16—21
榷醋	太平興國七年至崇寧二年（注文至紹興二年） 14 701	22

第 132 冊　食貨 22—23

食貨 22

標　目	內容及《大典》卷數	頁
鹽法（一）	（原作"鹽法五"）諸州歲額 9 787	1—38

食貨 23

標　目	內容及《大典》卷數	頁
鹽法（二）	（原作"鹽法六"）諸州歲額（8頁以下爲據《中書備對》修入熙寧九年以後鹽課額、鈔價、鹽稅錢歲額） 9 788	1—18
鹽法〔雜錄〕（一）	建隆二年至皇祐三年 9 788	18—40

第 133 冊　食貨 24—25

食貨 24

標　目	內容及《大典》卷數	頁
鹽法〔雜錄〕（二）〕	至和二年至大觀三年（又散見職官44"制置解鹽司"門） 9 789	1—40

食貨 25

標　　目	内容及《大典》卷數	頁
鹽法〔雜錄（三）〕	大觀四年至建炎四年（36頁兼敍紹興八年1條） 9 790	1—38

第 134 册　　食貨 26—27

食貨 26

標　　目	内容及《大典》卷數	頁
鹽法〔雜錄（四）〕	（原作"鹽法九"）紹興元年至二十九年 9 791	1—44

食貨 27

標　　目	内容及《大典》卷數	頁
鹽法〔雜錄（五）〕	紹興三十年至三十一年 9 791	1—8
鹽法〔雜錄（六）〕	（原作"鹽法十"）紹興三十二年至乾道九年（年月有錯亂） 9 792	9—45

第 135 册　　食貨 28—29

食貨 28

標　　目	内容及《大典》卷數	頁
鹽法〔雜錄（七）〕	淳熙元年至嘉定七年 9 793　9 794	1—58

食貨 29

標　　目	内容及《大典》卷數	頁
〔茶色號〕	（原作"茶號"） 5 782	1

· 377 ·

續表

標　　目	内容及《大典》卷數	頁
產茶額	紹興三十二年 17 560	2—5
〔買茶額〕	17 560	6—7
〔賣茶額〕	17 560	7
〔買茶場〕	17 560	7
〔買茶價〕	17 560	8—10
〔賣茶價〕	17 560（第 10 頁版口作"17 550"，疑誤）	10—14
〔賣茶場、在京都茶庫〕	17 560	14—16
〔茶數修入〕	5 782（19 頁作"5 783"，疑誤） 5 781	17—22

第 136 冊　　食貨 30—31

食貨 30

標　　目	内容及《大典》卷數	頁
茶法雜録（一）	（原作"鹽法雜録上"）乾德五年至嘉祐七年 17 560	1—10
〔茶法雜録（二）〕	熙寧四年至政和二年 5 784	11—44

食貨 31

標　　目	内容及《大典》卷數	頁
茶法雜録（三）	（原作"鹽法雜録下"）紹興五年至乾道八年 5 785	1—21

續表

標　　目	内容及《大典》卷數	頁
〔茶法雜録（四）〕	淳熙元年至嘉定五年 5 781	22—34

第 137 册　食貨 32—33

食貨 32

標　　目	内容及《大典》卷數	頁
茶鹽雜録	政和三年至紹興四年（按前"茶法雜録"諸門，間亦茶鹽兼敍，此門似當置於"茶法雜録"二、三之間） 5 785（10 頁作"5 784"，疑誤）	1—31
〔附撫州茶、鹽税課〕	（原批"撫州志引"） 10 952	32—33

食貨 33

坑冶上（金、銀、銅、鉛、錫、水銀、朱砂等場）

標　　目	内容及《大典》卷數	頁
〔各路坑冶置場務所〕	（建罷時間） 17 565	1—5
各路坑冶所出額數	（祖額及元豐元年歲額） 17 566	6—18
〔各路坑冶興發停閉〕歲額附	（《中興會要》所載當是高宗朝事） 17 566	18—26
〔賦税上供金銀及山澤礦冶所入歲額〕	（原批作"諸坑冶務"，與内容不合） 17 565	27—29

· 379 ·

第 138 册　食貨 34—35

食貨 34
坑冶下

標　目	内容及《大典》卷數	頁
〔礬場〕	4 269	1
〔礬場雜錄〕	建隆三年至紹熙三年 4 269	1—11
〔產砂〕	天聖元年至建炎四年 5 750（徐松按:《大典》砂字）	12
〔坑冶雜錄〕	（課金）至道元年至嘉定十四年（篇首 1 條時間待考,以下年月多錯亂） 9 481（?）　9 482（?）　11 732　67	13—30
〔禁銅〕	太平興國二年至嘉泰元年（年月有錯亂） 67　66	31—33
〔坑冶雜錄〕	（原作"採鉛"）建炎三年至紹興十三年（部分内容與前"坑冶雜錄"門重複,復文已删除） 4 877	34—35
坑冶雜錄	崇寧二年至端平三年（此係《宋史・食貨志》） 11 732	36—37
各路產物買銀價	（卷首原有缺文） 缺	38—39

食貨 35

標　目	内容及《大典》卷數	頁
鈔旁印帖	崇寧三年至乾道九年（與食貨 70 下"鈔旁定帖雜錄"門互見。篇尾"四年"疑有誤,待考） 15 434	1—18

續表

標　目	內容及《大典》卷數	頁
經總制錢	建炎二年至乾道八年（與食貨64"經總制錢"門互見。本門脫淳熙至嘉定一段）缺	19—29
無額上供錢	建炎元年至紹興二十九年（與食貨64"無額上供"門互見）4 688	30—31
〔上供錢〕	建炎三年至乾道九年（與食貨64"上供"門互見，本門脫紹興三十一年諸路上供錢數）4 688	31—45
公用錢	序文、景德元年至大中祥符元年（原批"此條可移入公使錢"，"公使錢"見食貨64）缺	46

第 139 冊　食貨 36—37

食貨 36

標　目	內容及《大典》卷數	頁
〔榷易〕	乾德二年至宣和二年（年月有錯亂）20 719	1—33

食貨 37

標　目	內容及《大典》卷數	頁
〔市易〕	建隆元年至紹興三十年 17 553	1—36

第 140 冊　　食貨 38—39

食貨 38

標　　目	內容及《大典》卷數	頁
和市	熙寧二年至嘉定十六年 13 478	1—25
〔互市〕	乾德四年至嘉定十年（篇尾紹熙五年條當移前） 13 477	26—44

食貨 39

標　　目	內容及《大典》卷數	頁
市糴糧草 〔一〕	建隆元年至元祐六年 11 596	1—40

第 141 冊　　食貨 40

食貨 40

標　　目	內容及《大典》卷數	頁
市糴糧草 〔二〕	紹聖元年至隆興二年 11 597	1—39
△市糴糧草 （三）	乾道元年至九年（45 頁 15 行至 53 頁 6 行與食貨 41〔和糴雜錄〕之 3—9 頁互見。本門較完整） 11 598	40—56

第 142 冊　　食貨 41—42

食貨 41

標　　目	內容及《大典》卷數	頁
和糴	（序文兩則） 20 787	1—2

續表

標　目	內容及《大典》卷數	頁
〔和糴雜錄〕	乾道七年(在7頁)至淳熙十六年(3頁16行至9頁13行與食貨40"市糴糧草三"之45—53頁互見。又本門3頁"三十日"條,上述復文隸乾道三年七月) 20 787	3—21
均糴	政和元年至宣和七年(與食貨70下"均糴雜錄"門互見) 20 791	22—25
遏糴	慶元元年 20 792	26
量衡	建隆元年至紹興二十二年(與食貨69"宋量"門互見。本門27、31、34頁及篇尾皆有脫文,共11條,并殘文2處) 8 633	27—35
諸郡進貢	太平興國二年至孝宗紹興三十二年 13 096	36—38
詔令入貢	政和七年 13 086	39
〔歷代土貢〕	太平興國八年至紹興二十九年(43頁,又其下三年、十年條所繫年號待考) 13 086	39—44
禁珠玉、貢珠玉、獻珠玉	開寶五年至淳熙三年 2 045　19 973	45—50

食貨42

標　目	內容及《大典》卷數	頁
宋漕運(一)	(原作"宋漕運二")建隆三年至治平四年(神宗已即位,未改元。又此下"漕運"諸門,與食貨46—48"水運"諸門,多重出條目) 15 944	1—21

第 143 册　食货 43—45

食货 43

标　目	内容及《大典》卷数	页
宋漕运（二）	（原作"宋漕运三"）熙宁四年至绍兴六年三月 15 945	1—21

食货 44

标　目	内容及《大典》卷数	页
宋漕运（三）	（原作"宋漕运四"）绍兴六年十一月至嘉定十五年（原批"熙宁以下补入水运"） 15 946	1—22

食货 45

标　目	内容及《大典》卷数	页
〔纲运设官〕	（原批作"漕运五"）序文、大中祥符四年至宣和七年 15 947	1—7
△〔纲运令格〕	（《大典》原题作"宋漕运六"） 捕亡令　赏格　命官　盗贼敕　杂敕 职制令　辇运令　赏令　盗贷　厩库令 　理欠令　厩库敕　断狱敕　辞讼令 鬬讼敕　考课敕　赏式　随敕申明等 绍兴元年至淳熙八年 15 948	8—19

第 144 册　食货 46—48

食货 46

标　目	内容及《大典》卷数	页
水运〔一〕	序文、开宝三年至治平三年（此下"水运"诸门与食货 42—44"漕运"诸门，多重出条目） 缺	1—17

· 384 ·

食貨 47

標　　目	内容及《大典》卷數	頁
水運〔二〕	治平四年（神宗即位，未改元）至紹興十一年 缺	1—21

食貨 48

標　　目	内容及《大典》卷數	頁
水運〔三〕	紹興十二年至乾道九年（淳熙以下見食 貨44"漕運"門14—22頁） 17 547	1—13
陸運	序文、建隆三年至嘉定十一年 17 547　15 946（補）	13—22

第 145 册　食貨 49—50

食貨 49

標　　目	内容及《大典》卷數	頁
轉運	序文（又採《兩朝國史志》序）建隆元年 至隆興二年（末條八年所繫年號待考） 缺	1—46
轉漕	（存目不錄）	

食貨 50

標　　目	内容及《大典》卷數	頁
船戰船附	乾德四年至嘉定十五年 4 920	1—35

第 146 册　食貨 51—52

食貨 51

庫

標　　目	内容及《大典》卷數	頁
内藏庫	太平興國三年至嘉定十一年 14 785	1—8

續表

標　目	內容及《大典》卷數	頁
左藏庫〔下〕	淳熙元年至嘉定十六年（前當接此下一門） 14 785	8—19
左藏庫〔上〕	太平興國二年至乾道八年（後當接此上一門） 14 785	20—34
度支庫	序文（採《兩朝國史志》）、元祐元年至嘉定六年 14 657	35—49

食貨 52

庫

標　目	內容及《大典》卷數	頁
御酒庫	淳熙七年至九年 14 788	1
法酒庫	序文、天聖二年至熙寧三年 14 788	1—3
油醋庫	序文、至道二年至天聖元年 14 788	3
茶庫都茶房附	端拱二年至熙寧八年 14 788	3—4
內茶紙庫	14 788	4
內茶炭庫	14 788	4
物料庫	內物料庫，外物料庫　作坊物料庫序文，淳化元年至熙寧七年 14 788	4—5
內香藥庫	序文、景德三年至熙寧元年（篇尾景德四年條當移前） 14 788	5—7

續表

標　目	內容及《大典》卷數	頁
〔吏部〕甲庫	至道三年至〔大中祥符〕七年（與職官"甲庫"門互見,本門脫大中祥符五年1條。又"大中祥符"據復文補） 14 788	7
雜物庫	序文、景德四年至熙寧三年 14 789	8
大軍庫	嘉定五年至六年 14 789	8—9
皮角場庫〔椿水牛皮筋庫附〕	序文 14 789	9—10
專副庫	紹興十五年至二十一年 14 789	10
大觀庫	大觀二年 14 789	10—11
文書庫	景德三年至熙寧二年 14 789	11—12
藥密庫	序文、淳化五年至熙寧三年（熙寧三年併入"雜物庫"） 缺	13
〔元豐庫〕	元豐四年至靖康元年 缺	14—16
〔元祐庫〕	元祐三年 缺	16
〔朝服法物庫〕	太平興國二年至天聖八年 缺	16
〔南郊家事庫宣德門家事庫三庫附〕	景德四年至熙寧五年 缺	17

續表

標　　目	内容及《大典》卷數	頁
〔奉宸庫〕	慶曆四年至熙寧元年（此門序文在後）缺	17
〔封樁庫〕	淳熙四年至開禧元年缺	17—19
〔左藏封樁庫〕	紹熙元年至嘉定七年缺	20—22
〔寄樁庫〕	隆興元年至淳熙十五年缺	22—23
〔内衣物庫〕	（舊"衣庫"）序文、開寶三年至熙寧四年缺	23—24
〔新衣庫〕	序文、咸平元年至熙寧四年缺	24—25
〔尚衣庫〕	嘉祐八年缺	25
〔軍器庫〕	淳化元年至熙寧元年缺	25—27
〔内軍器庫〕	建炎四年至乾道七年缺	27—30
〔内弓箭庫〕	序文、景德二年至熙寧八年缺	30—32
〔軍資庫〕	建炎元年至紹興二十六年缺	32—33
〔布庫〕	序文、咸平五年至熙寧十年缺	33—34
〔省庫〕	開寶四年缺	34
〔祗候庫〕	序文、景德二年至嘉泰元年 14 790	35—37

續表

標　目	内容及《大典》卷數	頁
〔瓷器庫〕	序文、淳化元年至熙寧三年（熙寧三年併入"雜物庫"） 14 790	37
〔鞍轡庫〕	序文、大中祥符四年至乾道六年（建炎至紹興段在 41 頁） 14 790	37—39
〔庫子〕	〔紹興〕三十一年（原作"建炎"誤） 14 791	39—40
〔鞍轡庫〕	建炎三年至紹興十三年（接 39 頁隆興條前） 14 790	41

第 147 册　食貨 53—55

食貨 53

倉

標　目	内容及《大典》卷數	頁
倉部	（《兩朝國史志》）序文、元祐元年至紹熙元年 14 658	1—5
△常平倉	淳化三年至宣和七年（《大典》7 506 有建炎乾道 8 條、政和 1 條及旁注 9 處，爲本門所缺） 17 541　又 7 506（據《大典》補入）	6—19
〔義倉〕	建隆四年至乾道九年（紹興以下兼敍常平。又與食貨 62"義倉"門互見。本門脱注文 4 處，并紹熙至嘉定正文 7 條） 17 541	19—33
△〔廣惠倉〕	嘉祐二年至四年 17 541　又 7 513（據《大典》補）	34
△司農倉	（原批"上缺"，據《大典》其上無缺文） 7 513	35

續表

標　目	內容及《大典》卷數	頁
△折中倉	（端拱二年置，淳化二年改折博倉） 7 514（原缺卷數，據《大典》補入）	36

食貨54

標　目	內容及《大典》卷數	頁
〔諸州倉庫〕	建隆四年至乾道九年（與食貨62"諸州倉庫"門互見。本門後脱淳熙至嘉定一段） 17 542	1—10
炭場	序文、天禧元年至熙寧八年 16 480	11
增錢市炭	太平興國八年 16 480	12
〔抽稅箔場〕	序文、建隆元年 6 538	13
〔麥䴬場〕	序文、景德二年 6 539	14
〔事材場〕	序文 6 537	15
〔退材場〕	序文、雍熙二年至天聖七年 6 537	15
〔草料場〕	紹興二年至乾道九年 6 537	16
〔雜賣場〕	序文、景德四年至乾道元年 6 538	17—21

食貨55

標　目	內容及《大典》卷數	頁
水磨務	序文、熙寧七年 14 990	1

續表

標　　目	內容及《大典》卷數	頁
〔冰井務〕	序文、建隆二年至熙寧六年 14 990	1—2
〔左右廂店宅務〕	序文、淳化四年至熙寧十年 14 990	2—13
竹木務	序文、淳化四年至大中祥符三年 14 990	13
煎膠務	序文、景德二年至熙寧十年 14 990	13—14
〔雜買務〕	序文、太平興國八年至隆興二年（序文以下與食貨64"和買"門互見） 14 990	15—19
〔鑄鎬務〕	序文、大中祥符二年至天聖八年 14 990	19
〔車營務〕	序文 14 990	19—20
〔致遠務〕	序文 14 990	20
折博務	（畢衍《備對》、《建安志》）序文 14 990	20
窰務	序文、景德四年至熙寧七年 14 990	20—21
榷貨務	序文、淳化五年至乾道九年 14 989	22—31
〔市易務〕	序文、熙寧三年至靖康元年 14 989	31—46
〔供庖務〕	（舊"宰殺務"，大中祥符四年改名）序文、大中祥符四年至天禧元年 14 989	46—48
茶湯步磨務	序文 14 989	48

第 148 册　食貨 56

食貨 56

標　目	内容及《大典》卷數	頁
〔金部〕	(《兩朝國史志》、《神宗正史志》)序文、元祐三年至淳熙十三年(序文已見職官 12"金部判司"門) 14 658	1—8
户部〔上〕	序文(又採《神宗正史志》序,在 10 頁)、至道三年(眞宗即位未改元)至元符二年 14 647	9—31
〔户部(下)〕	建中靖國元年至嘉定五年 14 648	32—76

第 149 册　食貨 57—58

食貨 57

標　目	内容及《大典》卷數	頁
〔賑貸〕(上)	建隆元年至紹興三十二年(與食貨 68 上"賑貸(上)"門互見) 10 898　15 239	1—21

食貨 58

標　目	内容及《大典》卷數	頁
賑貸(下)	隆興元年至乾道九年〔與食貨 68 上"賑貸(上)"門互見,本門 12 頁脱 2 條。後接食貨 68 下"賑貸(下)"〕 15 239	1—12
〔恤災(下)〕	淳熙元年至嘉定十七年,接食貨 59 及 68 (下)"恤災"重出兩門後。2 633	13—34

第 150 册　食貨 59—60

食貨 59

標　　目	內容及《大典》卷數	頁
恤災〔上〕	熙寧元年至乾道九年,與食貨68下"恤災"門互見。(本門有脫文20餘條,13頁宣和元年條重出,又宣和元年十月至靖康元年,與20—21頁複。下接食貨58"恤災"門) 2 633　20 899	1—52

食貨 60

標　　目	內容及《大典》卷數	頁
〔恩惠〕(一)	居養院　養濟院　漏澤園等雜錄 元符元年至嘉泰元年 16 715	1—2
〔恩惠〕(二)	居養院　養濟院　福田院　安濟坊 漏澤園等雜錄 熙寧二年至嘉泰三年(乾道二年以前與食貨68下"恩惠"門互見。本門較完整) 20 900　11 621	3—17

第 151 册　食貨 61 上

食貨 61(上)

標　　目	內容及《大典》卷數	頁
官田雜錄	建炎元年至嘉定十二年(乾道九年以前,與食貨5"官田雜錄"門互見。本門較完整) 4 784	1—46
賜田雜錄	紹興五年至乾道九年 4 782	47—55
民產雜錄	建隆三年至乾道九年 17 539	56—67
〔水利田〕	(《中書備對》所載熙寧間諸路水利田數) 4 785	68—69

· 393 ·

續表

標　　目	内容及《大典》卷數	頁
〔淤田〕	熙寧四年 4 785	69
〔諸路職田〕	(《中書備對》所載) 4 782	70
檢田雜録	建隆二年至乾道九年(與食貨1"檢田雜録"門互見) 17 539	71—78
限田雜録	紹興元年至乾道八年(與食貨6"限田雜録"門互見。本門脱淳熙七年至慶元五年諸條) 17 539	78—80

第 152 册　食貨 61 下

食貨 61(下)

標　　目	内容及《大典》卷數	頁
墾田雜録	紹興二年至乾道九年(與食貨6"墾田雜録"門互見。本門脱淳熙元年至嘉定十六年諸條) 17 539	81—88
水利雜録(上)	淳化四年至乾道九年(與食貨7、8"水利上、下"門互見。本門116頁脱紹興三十二年二月1條并《通考》正文4頁) 17 540	89—122
水利〔雜録〕(下)	(原作"水利四")淳熙元年至嘉定十七年 11 109	123—150

第 153 册　食貨 62

食貨 62

標　　目	内容及《大典》卷數	頁
△京諸倉	序文、建隆元年至乾道六年 7 511	1—17

續表

標　　目	内容及《大典》卷數	頁
義倉	建隆四年至嘉定十四年（紹興至乾道兼紋"常平"，又乾道九年以前與食貨53"義倉"門互見。本門18—22頁脱5條） 7 509	18—52
△諸州倉〔庫〕	（大典原題無"庫"字）建隆四年至嘉定十四年（乾道九年以前與食貨54"諸州倉庫"門互見。本門53—62頁共脱28條） 7 512	53—75

第 154 册　食貨 63 上

食貨 63（上）

標　　目	内容及《大典》卷數	頁
蠲放	建炎元年至乾道九年（前接食貨70下"蠲放雜録"門） 17 535	1—34
〔塘泊屯田議〕	（原作"何承矩"）太宗朝至眞宗朝 4 369	35—36
屯田雜録	（《兩朝國史志》、《神宗正史志》）序文（49頁）、淳化四年至嘉定十七年（政和六年以前與食貨4"屯田雜録"門互見。本門較完整。又49頁《兩朝國史志》序文，與職官16"屯田員外郎"互見） 4 769　4 770	37—66
營田雜録（上）附莊田	序文、端拱二年至紹興六年（與食貨2"營田雜録"門互見。本門較完整） 4 765　4 775	67—108

· 395 ·

第 155 册　食货 63 下

食货 63（下）

标　　目	内容及《大典》卷数	页
〔营田杂录（下）〕	绍兴七年至嘉定十七年（乾道九年以前与食货 2—3 "营田杂录" 门互见。本门较完整） 4 776	109—160
农田杂录	建隆三年至嘉泰三年（乾道以前与食货 1 "农田杂录" 门互见。本门较完整） 4 748　4 749	161—225

第 156 册　食货 64

食货 64

标　　目	内容及《大典》卷数	页
匹帛	（诸路上供数） 缺	1—16
〔匹帛杂录〕	乾德五年至乾道八年 缺	16—34
折帛钱	建中靖国元年至嘉定十一年 4 685	35—39
和买	太平兴国八年至隆兴二年（与食货 55 "杂买务" 门互见。本门缺序文） 缺	40—44
上供	建炎三年至乾道九年（与食货 35 "〔上供钱〕" 门互见。本门较完整） 17 044（？）　17 544	45—60
〔上供银〕	雍熙四年至绍兴二十六年 3 284	61—62
无额上供	建炎元年至绍兴二十九年（与食货 35 "无额上供钱" 门互见） 17 544	63—65

續表

標　目	內容及《大典》卷數	頁
免行錢	紹興元年至二十八年 17 544	65—69
△〔封樁〕	熙寧十年至乾道九年 6 524（原作"6 523"，據《大典》改正）	70—78
△月樁錢	紹興七年至乾道四年（《大典》6 524卷存卷首6行） （6 524）又錢字（錢字不知何卷。《大典》十八陽，裝字第6 524卷"月樁"條下注"詳見錢字"。又原稿79頁版口批作"卷6 523"，查《大典》此卷，并無"月樁錢"，此門當係錄自《大典》錢字下）	79—82
〔內藏庫錢〕	紹興四年至十四年 14 785	83
經總制錢	建炎二年至嘉定十七年（乾道八年以前與食貨35"經總制錢"門互見。本門較完整） 4 682	84—113
公使錢	元豐五年至嘉定十四年（食貨35另有"公用錢"門，可接此門之前） 4 682	113—114

第 157 冊　食貨 65

食貨 65

標　目	內容及《大典》卷數	頁
〔免役〕（一）	治平四年至元祐五年（與食貨13、14"免役錢上、下"及食貨66"免役"門并重複。本門33頁有脫文） 20 725	1—60
〔免役〕（二）	元祐六年至乾道九年（與食貨13、14"免役錢上、下"及食貨66"免役"門并重複） 20 726	61—102

第 158 冊　　食貨 66—67

食貨 66

標　　目	內容及《大典》卷數	頁
身丁錢	建炎三年至開禧三年（乾道九年以前與食貨 12"身丁"門互見。本門較完整） 4 687　7 879	1—20
役法	淳熙元年至嘉定十四年 20723	21—31
免役	治平四年至乾道九年（與食貨 13、14"免役錢上、下"及食貨 65"免役一、二"門并重複） 17 549　17 550　17 551	32—89

食貨 67

標　　目	內容及《大典》卷數	頁
置市	乾德三年至嘉定十四年（篇末殘缺） 13 476	1—2

第 159 冊　　食貨 68 上

食貨 68（上）

標　　目	內容及《大典》卷數	頁
受納	紹興三年至嘉定十四年（乾道七年以前與食貨 9"受納"門互見。本門較完整） 17 544　22 669	1—27
賑貸（上）	建隆元年至乾道九年［與食貨 57、58"賑貸（上）、賑貸（下）"門互見。本門 28 頁脫正文 1 條，注文 2 條］ 缺	28—73

第 160 册　食貨 68 下

食貨 68（下）

標　　目	内容及《大典》卷數	頁
賑貸（下）	淳熙元年至嘉定十六年（篇尾三年、四年諸條所繫年號待考） 15 003	74—111
〔恤災〕	熙寧元年至乾道九年〔與食貨 59"恤災"門互見。本門有脱文 100 餘條，下接食貨 58"恤災（下）"門〕 17 543	112—127
恩惠	居養院　安濟坊　漏澤園等雜録 熙寧二年至乾道三年（與食貨 60"恩惠〔二〕"互見。本門脱淳熙至嘉泰 6 條） 17 544	128—152

第 161 册　食貨 69

食貨 69

標　　目	内容及《大典》卷數	頁
宋量	建隆元年至紹興二十九年（紹興二十二年以前與食貨 41"量衡"門互見。本門較完整） 5 213　又 8 633（卷數均係補批）	1—13
景祐權量律度式	（《玉海》引《會要》）景祐二年至紹興二年 5 213	14—15
版籍	建隆四年至嘉定十四年（乾道六年以前與食貨 11"版籍"門互見。本門較完整） 20 359	16—34
逃移	乾德元年至開禧三年 17 531　5 578	35—69
户口〔總數〕	開寶九年至乾道九年（與食貨 11"户口〔總數〕"門互見。本門脱淳熙元年至十六年諸條） 17 531	70—77

續表

標　目	內容及《大典》卷數	頁
〔戶口〕雜錄	建隆元年至乾道七年（與食貨12"戶口雜錄"門互見。本門較完整,篇首38行原批當移至81頁） 17 531	77—81

第 162 冊　食貨 70 上

食貨 70（上）

標　目	內容及《大典》卷數	頁
賦稅雜錄〔上〕	序文、建隆四年至乾道九年（政和二年以下與食貨9—10"賦稅雜錄上、下"互見。本門較完整） 17 533（44頁以前,缺《大典》卷數）	1—67

第 163 冊　食貨 70 下

食貨 70（下）

標　目	內容及《大典》卷數	頁
賦稅〔雜錄（下）〕	淳熙元年至嘉定十一年 15 423	68—113
方田雜錄	熙寧五年至宣和三年（與食貨4"方田"門互見） 17 533	114—123
經界雜錄	紹興十二年至嘉定十五年（紹興二十八年以前與食貨6"經界"門互見。本門較完整） 15 076	124—134
鈔旁定帖雜錄	崇寧三年至乾道九年（與食貨35"鈔旁印帖"門互見。篇尾"四年"疑誤,待考） 17 534	135—152
均糴雜錄	政和元年至宣和七年（與食貨41"均糴"門互見） 17 534	152—155

續表

標　目	内容及《大典》卷數	頁
蠲放雜録	乾德四年至宣和八年（下接食貨63上"蠲放"門） 17 534	155—182

（十三）刑法類　共8册8卷（第2卷分上下卷）

第 164 册　刑法 1

刑法 1

標　目	内容及《大典》卷數	頁
格令（一）	序文、建隆四年至熙寧九年 19 026	1—10
格令（二）	熙寧十年至政和二年 19 027	11—26
格令（三）	（原作"格令二"）政和三年至紹興二十六年 19 028	27—44
格令（四）	（原作"格令三"）紹興二十七年至嘉定十五年 19 028	45—61
〔試〕法律	乾德四年至熙寧五年（選舉13另有"試法"門） 21 390	62—68

第 165 册　刑法 2 上

刑法 2（上）

標　目	内容及《大典》卷數	頁
刑法禁約〔一〕	建隆四年至政和二年 21 777	1—59

· 401 ·

续表

標 目	内容及《大典》卷數	頁
〔刑法〕禁約〔二〕	政和三年至紹興三十年（113頁。又建炎四年以下年次錯亂） 21 778	60—117

第 166 册 刑法 2 下

刑法 2（下）

標 目	内容及《大典》卷數	頁
〔刑法〕禁約（四）	淳熙元年至嘉定十七年 19 392	118—146
〔刑法〕禁約（三）	（原作"禁約三"）紹興三年至乾道九年 21 779	147—159
〔禁採捕〕	建隆二年至紹興二十九年 21 779	159—161
附〔雜禁〕	禁造偽金　詔禁市金　禁服用金 禁金出關 開寶四年至淳熙元年 9 484	162—163

第 167 册 刑法 3

刑法 3

標 目	内容及《大典》卷數	頁
定贓罪	序文、建隆二年至紹興三十一年 7 520	1—9
〔訴訟〕	乾德二年至嘉定十二年 13 220	10—43
〔田訟〕	乾德四年至隆興元年 13 220	43—48
〔勘獄〕	太平興國五年至嘉定十五年 19 978（63頁作"19 970"，疑誤）	49—88

第 168 册　刑法 4

刑法 4

標　　目	内容及《大典》卷數	頁
配隸	序文、建隆二年至嘉定十四年（15 頁所脱 4 條在 68 頁。又 57 頁以下，年次錯亂） 15 168	1—68
〔斷獄〕失誤	雍熙三年至乾道九年（篇尾"二年"條所系年號待考） 19 979	69—84
〔獄空〕	序文、太平興國七年至嘉定十六年 19 983	85—92
〔冤獄〕	建隆二年至紹興二十六年 19 987	93—94
斷死罪	淳熙四年 15 458	95
出入罪	淳熙元年至六年 15 458	95

第 169 册　刑法 5

刑法 5

標　　目	内容及《大典》卷數	頁
親決獄	乾德四年至乾道九年 19 980	1—15
〔省獄〕	建隆二年至嘉定十四年 19 980	15—48

第 170 册　刑法 6

刑法 6

標　　目	内容及《大典》卷數	頁
檢驗	咸平三年至嘉定六年 缺	1—8

續表

標　　目	内容及《大典》卷數	頁
矜貸	至道二年至嘉定八年 15 004	9—50
禁囚	序文、開寶二年至嘉定十六年 9 216	51—76
枷制	序文、淳化二年至紹興十二年 5 811	77—79

第 171 册　刑法 7—8

刑法 7

標　　目	内容及《大典》卷數	頁
軍制	建隆三年至紹興三十一年 8 345	1—39

刑法 8

標　　目	内容及《大典》卷數	頁
赦宥	淳熙十四年 9 060	1

（十四）兵類　共 15 册 29 卷

第 172 册　兵 1—2

兵 1

標　　目	内容及《大典》卷數	頁
鄉兵	咸平五年至乾道九年 8 305	1—36

兵 2

鄉兵

標　　目	內容及《大典》卷數	頁
義勇保甲	慶歷二年至嘉定十五年 8 306	1—49
忠義巡社	建炎元年至紹興十七年 8 306	50—60

第 173 冊 兵 3—4

兵 3

標　　目	內容及《大典》卷數	頁
〔廂巡〕	景德四年至嘉定十一年 8 304	1—12
〔弓手〕	建炎元年至嘉定十六年 8 307	13—37

兵 4

標　　目	內容及《大典》卷數	頁
弓箭手	景德二年至紹興九年（職官 44"提舉弓箭手司"門諸條,皆散見本門） 8 307	1—31
峒丁	皇祐四年至紹興四年 8 306	32—39

第 174 冊 兵 5—6

兵 5

標　　目	內容及《大典》卷數	頁
屯戍〔上〕	咸平六年至乾道九年 8 309	1—30

· 405 ·

兵 6

標　　目	內容及《大典》卷數	頁
屯戍（下）	淳熙二年至嘉定十三年 8 309	1—11
〔營壘〕	（一作"修軍營"）咸平五年至嘉定十四年 11 073	12—30

第 175 册 兵 7—8

兵 7

標　　目	內容及《大典》卷數	頁
親征	建隆元年至乾道八年 7 998　7 999	1—22

討叛（一）

標　　目	內容及《大典》卷數	頁
李筠	建隆元年四月至五月 930	23
〔李重進〕	建隆元年九月 930	23
〔周保權〕	建隆四年至乾德二年 930	23—24
〔平蜀〕	乾德二年至三年 930	24—28
〔平廣南〕	開寶三年至四年 930	28—29
〔平江南〕	開寶七年至八年 930	29—31
〔平太原〕	乾德二年至太平興國四年 930	31—35

兵 8

討叛（二）

標　　目	內容及《大典》卷數	頁
契丹大遼附	雍熙三年至宣和六年 930	1—18
〔夏州〕	淳化五年至元符二年 930	18—36
〔交州〕	（《續會要》作"交趾"）太平興國五年至熙寧十年 930	36—37

第 176 冊　兵 9—10

兵 9

討叛（三）

標　　目	內容及《大典》卷數	頁
青唐	熙寧八年至宣和元年 931	1—6
〔木征〕	熙寧四年至七年 931	6
〔金國〕	建炎元年至嘉定十年 931　932	6—27

兵 10

討叛（四）

標　　目	內容及《大典》卷數	頁
黎瀘州蠻夷 瀘南附	大中祥符二年至元豐五年 931	1—8
〔桂楊蠻猺〕	慶曆三年至七年 931	8—9

續表

標　目	內容及《大典》卷數	頁
〔儂智高〕	皇祐三年至五年 931	9—10
〔王均〕	咸平三年正月至八月 931	10—12
〔陳進〕	景德四年七月至九月 931	12—14
〔王倫〕	慶曆三年五月至七月 931	14—15
〔雲翼軍〕	慶曆四年八月 931	15
〔王則〕	慶曆七年十一月至八年正月 931	15—16
〔方臘〕	宣和二年十一月至三年八月 931	16—19
〔陳通〕	建炎元年八月至十二月 931	19
〔李成〕	建炎二年至紹興元年 932	20—22
〔苗傅、劉正彥〕	建炎三年四月至九月 932	22—24
〔范汝爲〕	建炎四年至紹興二年 932	24—26
〔李敦仁〕	建炎四年十二月至紹興元年十二月 932	26—28
〔邵清〕	紹興元年五月至九月 932	28—29
〔張琪〕	紹興元年五月至十一月 932	29—31
〔曹成〕	紹興元年九月至二年六月 932	31—32
〔楊么〕	紹興二年十二月至五年三月 932	32—37

第 177 册　兵 11—12

兵 11

標　　目	内容及《大典》卷數	頁
捕賊〔一〕	建隆三年至康定二年 22 488	1—17
捕賊（二）	慶歷元年至治平四年（神宗已即位，未改元） 22 489	18—29

兵 12

標　　目	内容及《大典》卷數	頁
捕賊（三）	（原作"捕賊二"）熙寧元年至靖康元年 22 489	1—31

第 178 册　兵 13

兵 13

標　　目	内容及《大典》卷數	頁
捕賊（四）	（原作"捕賊下"）建炎元年至淳熙十六年 22 490	1—36
捕賊（五）	紹熙元年至嘉定十五年（卷首原作"紹興"誤） 22 491	37—50

第 179 册　兵 14—15

兵 14

標　　目	内容及《大典》卷數	頁
便宜行事	淳化五年至紹興五年 1 297	1—9
兵捷	（原作"兵捷四"）乾德三年至乾道元年 缺	10—48

兵 15

〔歸正〕（上）

標　　目	內容及《大典》卷數	頁
〔歸正〕（上）	建炎元年至乾道八年 18 907	1—24

第 180 册　兵 16—17

兵 16

〔歸正〕（下）

標　　目	內容及《大典》卷數	頁
〔歸正官〕	乾道元年至淳熙十三年 18 908（3 頁作"18 900"，疑誤）	1—4
〔歸正〕士人	淳熙二年至十二年 18 908	4—5
〔歸正〕軍兵	淳熙元年至十五年 18 908	5—6
〔歸正人〕	淳熙元年至嘉定十七年 18 908	6—18

兵 17

標　　目	內容及《大典》卷數	頁
歸明〔上〕	雍熙三年至乾道九年 8 210（1 頁作"8 201"，疑誤）	1—31
〔歸明（下）〕	紹熙二年至嘉定十七年 8 211	32—40

第 181 册　兵 18—19

兵 18

標　　目	內容及《大典》卷數	頁
軍賞〔一〕	景德元年至紹興三十二年 11 666（？）　11 866	1—46

兵 19

標　　目	內容及《大典》卷數	頁
軍賞〔二〕	紹興三十二年（孝宗已即位，未改元）至紹熙四年 11 867　11 868	1—42

第 182 冊　兵 20—21

兵 20

標　　目	內容及《大典》卷數	頁
軍賞〔三〕	〔軍功〕紹熙（原作"淳熙"，誤）五年至嘉定十七年 11 868	1—29
〔軍賞（四）〕	〔例賞〕淳熙元年至嘉定十七年 11 868	29—46

兵 21

標　　目	內容及《大典》卷數	頁
監牧	牧養上下監序文、雍熙二年至乾道九年 缺	1—4
〔諸州監務〕	河南府洛陽監　大名三監　洺州廣平二監　衛州淇水二監　管城原武監　同州沙苑二監　相州安陽監　澶州鎮寧監　白馬靈昌監　邢州安國監　鄆州東平監　中牟縣淳澤監　許州單鎮監　同州病馬務 缺	4—5
〔諸州牧馬監雜錄〕	咸平六年至乾道九年 缺	5—16
估馬司	（原作"佑馬司"，誤。又《續會要》以下無此門）序文、咸平元年至天禧元年 缺	17—18

· 411 ·

續表

標　　目	内容及《大典》卷數	頁
牧馬官	序文、政和五年至宣和二年（序文與職官23"群牧司"門互見，本門較完整） 缺	19—22
〔禱馬祀〕	太平興國五年至景德二年 11 672	23
牧地	淳化五年至乾道九年 14 199	24—35
涼棚	建隆四年至熙寧三年 缺	36—37

第 183 冊　兵 22—23

兵 22

標　　目	内容及《大典》卷數	頁
買馬〔上〕	太平興國四年至隆興二年 11 669（卷首補批）	1—32

兵 23

標　　目	内容及《大典》卷數	頁
買馬（下）	乾道元年至嘉定十五年 11 669（卷數補批在前門卷首欄外）	1—28
川馬綱	乾道元年至三年 缺	29—37

第 184 冊　兵 24—25

兵 24

標　　目	内容及《大典》卷數	頁
〔馬政雜錄（一）〕	（原作"馬政六"）序文、建隆二年至大中祥符四年 11 675	1—9

續表

標 目	內容及《大典》卷數	頁
〔馬政雜錄（二）〕	（原作"馬政七"）大中祥符四年至紹興三十二年 11 676	10—43

兵 25

標 目	內容及《大典》卷數	頁
馬政雜錄（三）	（原作"馬政雜錄中"）隆興元年至乾道三年 11 676	1—9
馬政雜錄（四）	（原作"雜錄中"）乾道元年至九年 11 677	10—53

第 185 冊　兵 26—27

兵 26

標 目	內容及《大典》卷數	頁
〔馬政雜錄（五）〕	淳熙十六年至嘉定十二年 11 672	1—23
〔兵械〕	兵車　刀制　弓　弩　諸式箭　火器　牌　棒 1 692　5 570　204　205　10 879　1 567　2 545　16 288	24—40

兵 27

標 目	內容及《大典》卷數	頁
〔備邊（一）〕	太平興國三年至嘉祐七年 4 710　4 711	1—45

· 413 ·

第 186 冊　兵 28—29

兵 28

標　　目	内容及《大典》卷數	頁
備邊（二）	治平元年至元符三年 4 712　4 713	1—46

兵 29

標　　目	内容及《大典》卷數	頁
備邊（三）	建中靖國元年至乾道九年 4 713	1—26
〔邊防〕	紹興二年至二十九年（下接後"邊防"門） 4 713	27—30
△〔備禦〕	建炎元年至乾道三年（原缺標題，據《大典》補入，書眉所批分隸他門，校語非是） 14 464	31—39
〔邊防〕	淳熙元年至嘉定十五年 6 150	40—52

（十五）方域類　共 9 冊 21 卷

第 187 冊　方域 1—3

方域 1

標　　目	内容及《大典》卷數	頁
東京	（原作"東京大内"）舊城　新城　大内 7 699	1—7
〔西京〕	大内　皇城 7 699	7—11
〔東京雜錄〕	建隆三年至宣和七年（22—23 頁，原批移"16 頁"） 7 699	11—23

續表

標　　目	内容及《大典》卷數	頁
西京雜録	景德二年至政和四年 7 698	24—25

方域 2

標　　目	内容及《大典》卷數	頁
△南京	景德三年至慶曆五年 7 701	1
△北京	慶曆二年至熙寧八年 7 702	1—2
〔行在所〕	(臨安府)序文、建炎元年至嘉泰二年 10 940	3—23
杭州府城	紹興二年至隆興元年 8 072	24—25

方域 3

標　　目	内容及《大典》卷數	頁
〔宫〕	康壽宮　慈福宮 237	1—2
〔殿〕	東京、西京、北京、臨安諸殿 缺	3—6
〔閣〕	天章閣　降真閣　延春閣　邇英閣　延 義閣　勑閣　焕章閣　華文閣　寶謨閣 顯謨閣　寶文閣　儀鳳閣　翔鸞閣 21 841	7—9
〔園〕	玉津園　瑞聖園 5 134	10—13

· 415 ·

續表

標　目	內容及《大典》卷數	頁
〔亭〕	垂雲亭　達觀亭　泛羽亭　婆羅亭　源清亭　綠漪亭　瑤津亭（16頁誤入元事1條） 7 902　7 956　7 917	14—16
〔苑〕	后苑　瓊林苑　外苑 11 480	17
〔堂〕	繼照堂　資善堂　射堂 天禧二年至淳祐七年 7 217　7 215	18—30
〔門〕	東京大內諸門　西京大內諸門　西京皇城諸門　北京行宮順豫門　青城內殿宇諸門　東京諸城門　西京東城諸門　南京諸城門 3 520　5 487　3 522	31—47
〔坊〕	左右天厩坊　馳坊　內酒坊　東西作坊　作坊物料庫 6 137	48—53

第 188 册　方域 4—5

方域 4

標　目	內容及《大典》卷數	頁
御厨	序文、淳化三年至慶元元年 2 065	1—9
附《中書備對》	熙寧十年支使過米面肉柴炭油醋等數 2 065	10
〔官廨〕	乾德六年至紹熙二年 缺	11—21
第宅	建隆四年至紹興十五年 22 224	22—25

方域 5

標　　目	内容及《大典》卷數	頁
〔諸路節鎮陞降〕	(原作"節鎮")京東路　京西路　河北路　燕山府路　永興軍路　環慶路　涇原路　熙河路　河東路　〔兩〕浙東西路　淮南東路　淮南西路　福建路　江南路　荊湖路　成都府路　潼川府路　利州路　夔州路　廣南路　化外節鎮 15 483	1—9
〔州縣陞降廢置附帥府、輔郡（一）〕	(原作"地理") 置帥府　開封府　河南府　應天府　大名府　四輔郡〔京東東路〕　〔京東西路〕　〔京西〕南路　〔京西北路〕　〔河北〕東路　〔河北西路〕　陝西〔永興軍〕路　秦鳳路 14 188	10—44

第 189 册　方域 6—7

方域 6

標　　目	内容及《大典》卷數	頁
〔州縣陞降廢置（二）〕	熙河路　〔河東路〕　淮南〔東〕路　〔淮南〕西路 14 188	1—20
〔州縣陞降廢置（三）〕	(原作"地理") 〔兩浙路〕(東陽縣在38頁)　江南〔東〕路　〔江南西路〕　荊湖〔南〕路　〔荊湖〕北路 14 189	21—38

方域 7

標　　目	内容及《大典》卷數	頁
〔州縣陞降廢置〕（四）	成都府路　潼川府路　利州路　夔州路　福建路　〔廣南東路〕　〔廣南〕西路 (本卷32頁陽春縣1條當接15頁慶曆八年上) 14 189	1—24

續表

標　　目	内容及《大典》卷數	頁
〔州縣陞降廢置雜録〕	建隆元年至紹興三十二年(孝宗即位,未改元) 14 189	24—31
〔陽春縣〕	(接本卷"州縣陞降廢置四"15頁慶曆八年上) 3 313	32

第 190 册　方域 8—9

方域 8

標　　目	内容及《大典》卷數	頁
〔諸城修改移併(上)〕	廣南西路(雍熙三年至淳熙三年諸路修城)　京東路　京畿路　河北路　京東東路　秦鳳路　熙河路　涇原路　鄜延路　環慶路　永興軍路　河東路　荆湖路　兩浙東西路所轄諸城(29頁誤入元事1條,30—32頁見現存《大典》) 8 106　8 067　8 077　8 078　8 082 8 083　8 081　8 079　8 104　8 086 8 087　8 089　8 090　8 084　8 073	1—36

方域 9

標　　目	内容及《大典》卷數	頁
諸城修改移併(下)	淮南東西路　京東路　江南東西路　廣南西路　荆湖南北路　永州府城 (咸淳癸亥至洪武元年)　京西南路　永興軍路　福建路　成都府路　潼川府路　夔州路　廣南東路　所轄諸城(内14—16頁現存於《大典》,又21頁誤入明事1條) 8 069　8 070　8 064　8 066　8 065　8 068 8 104　8 063　8 091　8 093　8 096 8 094　8 102　8 099　8 103　8 175	1—30

第 191 册　方域 10—11

方域 10

標　目	內容及《大典》卷數	頁
〔道路〕	建隆三年至嘉定十七年 14 749	1—10
〔驛傳〕	都亭驛　來遠驛　懷遠驛 20 545　20 547	11—12
〔驛傳雜錄〕	開寶四年至淳熙十二年 20 544	13—17
△急遞鋪〔上〕	建隆二年至紹興三年 14 574	18—53

方域 11

標　目	內容及《大典》卷數	頁
△急遞鋪〔下〕	紹興四年至嘉定十年 14 574　14 575	1—39

第 192 册　方域 12—14

方域 12

標　目	內容及《大典》卷數	頁
〔關〕	行慶關　平安關　東西關　玉京關　綏遠關　鞏哥關　安鄉關 4 181　4 184	1—2
關雜錄	太平興國八年至嘉定十五年 缺	3—11
〔諸路〕市鎮	淮南東路　北京大名府　河北西路〔京東東〕西路　河北南路　河東路　東京開封府　西京河南府　陝西永興軍路　荊湖南北路　成都府路　潼川府路　利州路　夔州路　京西南路　江南東路　廣〔南〕東西路　福建路　兩浙路 15 484　15 485　15 486	12—18

· 419 ·

续表

標　目	内容及《大典》卷數	頁
〔市鎮雜録〕	咸平五年至嘉定九年 15 486	18—21

方域 13

標　目	内容及《大典》卷數	頁
〔夷門山〕	（原作"山泉"）元豐四年 4 133	1
泉	大中祥符元年至天禧三年 5 063	2
四方津渡	序文、建隆元年至嘉定十四年 14 723	3—18
〔橋梁〕	建隆二年至淳熙十年 5 420　5 414	19—29
河鎖	太平興國三年至天聖三年 11 646	30
江鎖	政和元年 11 646	30—31
城門鎖	乾道六年 11 646	31

方域 14

標　目	内容及《大典》卷數	頁
治河〔上〕	建隆元年至治平三年 缺	1—20
附二股河	嘉祐二年（27頁）至元祐七年 5 685	20—27

第 193 册　方域 15—17

方域 15

標　　目	内容及《大典》卷數	頁
治河（下）	元豐元年至宣和七年 缺	1—32

方域 16

標　　目	内容及《大典》卷數	頁
〔汴河〕	建隆三年至建炎三年（《乾道會要》無此門） 5 651	1—19
廣濟河	（舊"五丈河"、開寶六年改名）建隆三年至元祐元年 5 660	20—21
惠民河	（即"閔河"）序文、建隆元年至崇寧元年（《中興》、《乾道會要》無此門） 5 661	22—25
金水河	（一名"天源河"）序文、建隆二年至宣和元年（正文爲《宋史》，注文爲《會要》） 5 654	26—27
白溝河	咸平六年至政和三年 5 654	28—33
月河	淳熙六年 5 655	34
運河	淳熙二年至嘉定六年 5 655	34—36
許浦河	淳熙元年至二年 5 656	37
呂城河	淳熙五年 5 657	38

續表

標　　目	內容及《大典》卷數	頁
嶇河	治平四年 5 657	38
鹽河	淳熙五年 5 657	38
馬崗河	淳熙十一年 5 657	38—39
東南諸水 奉口河　五河 新河	淳熙十至十五年 5 659	40—42

方域 17

標　　目	內容及《大典》卷數	頁
水利	建隆二年至紹興二十九年 11 106　11 107　11 108	1—25

第 194 冊　方域 18—19

方域 18

標　　目	內容及《大典》卷數	頁
壕壍	大中祥符二年 5 528	1
〔諸寨〕	置水軍寨　牧馬軍寨　殿司戍寨　臨宗寨　羅蒙寨……寧遠寨……安疆寨……天都寨等 15 117　15 118　15 119	2—32

方域 19

標　　目	内容及《大典》卷數	頁
諸寨雜録	(《哲宗正史志》)序文(43頁)、大中祥符二年至嘉定十五年(43—45頁當移前) 15 119　15 121	1—46
請城山界	元豐五年 8 107	47—49

第 195 册　方域 20—21

方域 20

標　　目	内容及《大典》卷數	頁
諸堡	金村堡　鐵城堡　擦珠堡　簷翠堡　山丹堡　龍潭堡　遮羊堡等 11 584	1—16
〔堡寨城壘雜録〕	天禧五年至紹興二十六年 11 584	16—21

方域 21

標　　目	内容及《大典》卷數	頁
邊州〔一〕	(府州) 序文、建隆元年至政和五年 11 003	1—8
〔邊州(二)〕	(豐州) 序文、開寶二年至紹聖元年 343	9—13
〔邊州(三)〕	(西涼府) 序文、乾德四年至天聖四年 6 625	14—23

（十六）蕃夷類　共 4 册 7 卷

第 196 册　蕃夷 1—3

蕃夷 1

標　　目	內容及《大典》卷數	頁
〔遼（上）〕	序文、建隆二年至景德四年（卷末殘缺） 5 257	1—39

蕃夷 2

標　　目	內容及《大典》卷數	頁
〔遼（下）〕	大中祥符元年至紹興三十一年 5 257	1—38

蕃夷 3

標　　目	內容及《大典》卷數	頁
〔女眞〕	序文、建隆二年至天禧三年 2 916	1—3
〔眞臘〕	元豐元年至建炎三年 22 665	4—5

第 197 册　蕃夷 4

蕃夷 4

標　　目	內容及《大典》卷數	頁
〔回鶻〕	序文、建隆二年至宣和三年 21 199	1—11
〔高昌〕	序文、〔太平興國〕（原缺，據《宋史·外國傳》補）八年至景德元年 6 291	12
〔龜茲〕	序文、太平興國元年至熙寧五年 1 076	13—15

續表

標　目	內容及《大典》卷數	頁
〔于闐〕	（卷首十月條年次待考）元豐元年至宣和六年 4 810	16—18
〔拂菻〕	元豐四年至元祐六年 12 164	19
〔交趾〕	（即安南，淳熙元年二月一日改）序文（有殘缺）、開寶五年至嘉定八年 10 122　10 123	20—57
〔大理國〕	政和六年至紹興六年（《乾道會要》無此門） 10 353	58—60
〔占城〕	（原作"占城蒲端"，蒲端見後）序文、建隆元年至慶元五年（原作"慶元己未"） 8 116	61—84
天竺國	序文、乾德三年至熙寧五年（注文至六年） 19 878	85—90
〔大食國〕	咸平元年至乾道四年 20 522	91—94
〔蒲端〕	序文、咸平六年至大中祥符四年 3 997	95—96
〔闍婆國〕	淳化三年至乾道六年 5 737	97—98
眞理富國	慶元六年至嘉定九年（在篇首） 缺	99—101
佛泥國	元豐四年（《國朝會要》、《中興會要》、《乾道會要》無此門） 1 552（所注卷數勾去）	102
渤海國	序文、太平興國四年至政和八年 11 053	103—105

第 198 册　蕃夷 5

蕃夷 5

標　目	内容及《大典》卷數	頁
△瓜沙二州	序文、建隆二年至皇祐二年 5 770	1—3
〔雅州諸蠻及富順州〕	序文、太平興國三年至元符三年 4 235	4
安化州	（舊"撫水"，天禧中改賜）序文、淳化元年至乾道二年 17 671	5—9
西南蕃	序文、乾德四年至嘉定九年 4 260	10—42
〔黎峒（上）〕	序文、大中祥符二年至乾道九年 1 566	43—46
〔邈黎國〕	元祐四年（《續國朝會要》、《國朝會要》、《中興會要》、《乾道會要》無此門） 1 566	46
黎峒〔下〕	紹興三十年至嘉泰二年 10 381	47—50
黎州諸蠻	〔開寶〕八年（"開寶"原缺，據《宋史》補）至淳熙十五年 4 234	51—56
邛部川蠻	太平興國四年至紹興二十七年 缺	56—58
〔風琶蠻〕	景德三年 缺	58
〔堡塞蠻〕	序文、開寶六年至乾道元年 缺	58—60
〔儂氏廣源州蠻〕	序文、皇祐元年至元祐二年 641	61—67

· 426 ·

續表

標　目	内容及《大典》卷數	頁
〔西南溪峒諸蠻〕(下)	(原作"南蠻傳")嘉定元年至七年(《會要》注文至十一年。又正文爲《宋史》,注爲《會要》當移接下門) 4 231	68—72
〔西南溪峒諸蠻〕(上)	(原作"南蠻")乾德三年至嘉定五年(正文係《宋史》,注爲《會要》。又篇尾五年條係嘉泰,誤,《宋史》原係嘉定) 4 229　4 230	73—104

第 199 册　蕃夷 6—7

蕃夷 6

標　目	内容及《大典》卷數	頁
〔唃厮羅〕	序文、大中祥符七年至治平元年 5 686	1—5
吐蕃	治平四年(神宗已即位未改元)至紹興六年 4 258	6—42

蕃夷 7

標　目	内容及《大典》卷數	頁
〔歷代朝貢〕	建隆元年至咸淳元年 缺	1—58

(十七)道釋類　共 1 册 2 卷

第 200 册　道釋 1—2

道釋 1

〔封號〕

標　目	内容及《大典》卷數	頁
真人	乾道元年至紹熙四年 2 975	1

續表

標　目	内容及《大典》卷數	頁
〔大師〕	熙寧八年至嘉定七年 925	2—5
〔禪師〕	隆興元年 914	6
△〔大師禪師雜錄〕	（《大典》原題作"僧號"）嘉祐七年至紹熙二年 8 706（卷數原缺，據《大典》補入）	7—9
〔贈師號〕	紹熙五年 3 931	10
△僧道官	景德二年至乾道元年（12頁空行缺元豐三年1條） 8 706（原缺卷數據《大典》補入）	11—12
△披度、普度、度牒、〔僧籍、還俗〕附	序文、開寶六年至乾道九年（15—16頁"僧籍"、"度僧"二篇存於《大典》，前者《輯稿》卷首殘46字，後者脱太平興國七年至乾道九年諸條） 14 706　8 706（據《大典》補入）	13—38
〔僧道免丁錢〕	乾道元年至嘉泰三年 8 797	39—40

道釋2

標　目	内容及《大典》卷數	頁
開壇受戒	序文、開寶五年至紹興三十二年（孝宗已即位，未改元） 15 065	1—3
道士受戒	宣和元年 15 065	3
筆受譯經	太平興國七年 缺	4

續表

標　目	内容及《大典》卷數	頁
〔寺院〕	興化院　功德院　傳法院　應天院　崇恩延福院　永寧崇福院　奉先資福院　百福院　普安禪院　惠安院　普明院　資聖院　十方寺　仙林寺　開寶仁王寺　上天竺靈感觀音寺　東山太平禪寺　天臺東教寺　寄居僧寺 16 597　16 697　16 683　16 700 16 704　16 691　13 799　13 797 13 809　13 827	5—19

再 版 感 言

苗書梅

　　王雲海師離開我們將近八年了，現在，河南大學出版社決定出版一套"百年河大國學舊著新刊"叢書，王師的《宋會要輯稿考校》名列其中，這是一件嘉惠學林的大好事。王師是國內外研究和整理《宋會要輯稿》（以下簡稱《輯稿》）成就最突出的學者，在國內外史學界享有極高聲望。此書的再版必將促進學界對《輯稿》這部珍貴典籍的研究和利用，使其發揮更大的作用，從而推動宋史研究的進一步開展，同時也是對王師的最好紀念。

　　1985年，我考上河南大學中國古代史專業的碩士研究生，開始在王師和姚瀛艇師門下學習宋史。王師學術視野開闊，非常關注國內外宋史研究的新進展，要求我們充分了解學術動態，在前人的基礎上進行創新性研究。他不但手把手教我們查閱史料，而且督促我們學理論、學英語。我們那一年考上的六位碩士研究生，後來有五位考上了博士研究生，這與兩位老師對我們的嚴格要求和悉心指導是分不開的。王師給我們開設的專業課中有《校勘學》，在他的指導下，作爲課程作業，我和其他同學一起點校了《輯稿》的《崇儒》部分（河南大學出版社1999年出版）。因此，我對於王師整理《輯稿》的艱辛和執着有一些了解。

　　任何時候,歷史研究都必須重視史料,古今中外概莫能外。《輯稿》是一部卷帙浩繁、門類衆多、内容豐富的原始檔案材料,涉及宋朝歷史的帝王后妃、職官制度、經濟、軍事、法律、教育科舉、禮樂、天文曆法、地理、民族、宗教等各個領域,是研究宋史最重要和内容最豐富的文獻。如今,很多文獻已經被整理出版,不僅《宋史》、《續資治通鑒長編》等單本書早已有了查閲比較便利的點校本,《全宋文》、《全宋詩》、《全宋詞》已經被整理出版,《全宋筆記》和《宋元珍稀地方志叢刊》也完成了點校工作,正在陸續和學者見面,四庫全書等有了電子版全文檢索數據庫。這些都是古籍整理事業繁榮發展的標志。但是,作爲宋代價值最高的原始史料,《輯稿》却没有得到系統地點校整理,這是非常令人遺憾的一件事情。整理出版《輯稿》是王師晚年一直縈繞於懷的願望。

　　《輯稿》之所以還没有被系統整理,是由這部書的特殊性决定的。關於這部書的成書及其曲折的流傳過程,在流傳過程中産生的衆多問題等,王師在 1984 年出版的《宋會要輯稿研究》(《河南師大學報》增刊),1986 年出版的《宋會要輯稿考校》(上海古籍出版社),以及發表的系列論文中,已經有了詳細論述,鄧廣銘先生在《宋會要輯稿考校》的序言中也有介紹。《輯稿》的字數多達近千萬字,内容涉及面很寬,進行整理需要具備多方面的知識積累,而且很多地方字迹很小且模糊,難以識讀,其整理工作,遠非少數人在短期内所能完成。再者,原書没有系統的目録,使用起來非常麻煩。因此,王師的研究從最基礎的考查版本源流、制作查閲目録着手,他在借鑒吸收國内外同行研究成果的基礎上,糾正了很多前人的錯訛之處,爲

《輯稿》編制了至今最爲完備的"篇目索引"。該索引系統編排和補充了各門的標題，注明每一門内容的起訖時間，及其在《永樂大典》原書中的卷數，在現存《輯稿》中的頁碼。利用其目録會很容易找到某類相關内容在《輯稿》的哪一册哪一頁，爲查閲該書者提供了極大的便利。這就是這次重印本書中的第三部分，即"附編"。

特别值得指出的是，爲了方便學者使用《輯稿》，爲該書編寫各種索引的工作在中國臺灣、在日本都引起了高度重視。臺灣大學的王德毅教授編制有《宋會要輯稿人名索引》①，至今仍被廣泛使用。在日本，東洋文庫是日本研究中國史和收藏中國史圖書的重鎮，早在20世紀50年代，爲了響應法國學者巴拉兹提議的"宋史研究計劃"，東洋文庫就成立了"宋代史研究委員會"，開始加强對宋代歷史及史料的研究，他們系統地對《宋史》的選舉志、食貨志等進行譯注。其研究員青山定雄於1970年刊行的《宋會要研究備要》，是關於《宋會要》最早的篇目索引，該索引盡可能詳盡地列出了本書中篇目的名稱，這些篇目在200册北京圖書館影印本《輯稿》中的册數、頁數，及在《永樂大典》中的卷數、每篇記事的年代等，是王雲海師的"篇目索引"面世之前，國内外學者使用最廣泛的索引。1976年，臺灣影印的《宋會要輯稿》，在卷末編制了簡單的篇目索引。這個篇目索引實際上是在青山定雄所做索引的基礎上編成的。20世紀80年代以來，東洋文庫的研究員們在青山定雄所積累的卡片等資料的基礎上，開展對《宋會要輯稿·食貨》部分的系統研讀，前後幾十年孜孜不倦，編寫出版了《宋會要

---

① 臺北：新文豐出版公司，1978年。

輯稿食貨索引》的《人名、書名篇》（1982年）、《年月日、詔敕篇》（1985年）、《職官篇》（1995年）、《地名篇》（2005）等。與此同時，京都大學的梅原郁教授也組織編纂了一系列宋遼金元史方面的索引，①《宋會要輯稿編年索引》②便是其中之一。爲了編制該索引，梅原教授和他的合作者，把《輯稿》全書的每一條按日期抄録到一張卡片上，寫明時間和出處，并制作了統一的卡片櫃，分類放置這些卡片，這些卡片和櫃子1995年後被贈送給了東洋文庫。

在没有電子全文檢索系統的時代，這些索引是研究者使用《輯稿》時最爲省時省力的工具。編寫索引和目録的工作都是功德無量的，王師的索引在1963年已油印成册，作爲内部交流成果使用。後來，青山定雄的索引出版後，他認真校閲，糾正了青山氏索引九百余處錯誤。③"在諸種篇目索引中，王雲海先生的最詳細、最準確、最適用。即使在已有電子版的今天依然有着不可替代的作用"。④

與衆不同的是，王雲海師不僅僅爲《輯稿》編制了詳細目録，而且對文本的内容進行了校補，并對版本開展研究。1960

---

①　如《續資治通鑑長編人名索引》，京都：同朋舍，1974年；《建炎以來系年要録人名索引》，同朋舍，1986年；《續資治通鑑長編語匯索引》，同朋舍，1989年等等。

②　同朋舍，1995年。

③　王雲海：《評〈宋會要研究備要〉》，載《宋史論集》第474～493頁，中州書畫社，1983年。

④　關於日本學者編制索引的成果介紹，得到了日本學習院大學東洋文化研究所王瑞來先生的熱心指教，引號内的話是王師來信中的原話。在此謹致謝意！

年,中華書局影印出版了從世界各地搜集到的殘存的七百多卷《永樂大典》後,王師仔細查閱,從中得到了103篇現存《輯稿》中完全沒有或者有不同程度殘缺的內容。他對這些新發現的內容進行分類,對《輯稿》進行補入和校勘,撰寫了一百多頁的《〈宋會要輯稿〉校補》,這是一項重大的貢獻,加上後來寫的《校補》(續),組成本書的"上編"。

《宋會要輯稿考校》第一版中附有兩篇研究《輯稿》體例和編排問題的文章。該書出版前後,王師還撰寫了一系列論文,對《輯稿》的底本來源、副本、原書狀況、增入後人書籍等問題,從文獻學與歷史結合的角度進行深入的考索。這次,在責任編輯袁喜生老師建議下,增加了幾篇代表性文章,是爲本書的"下編"。

關於《宋會要輯稿考校》的學術貢獻,鄧廣銘先生在序言中提出了五條。2006年,在《王雲海文集》①的序言中,與王師共事45年的姚瀛艇師又把王師對於《輯稿》研究的貢獻增加到七條,此不贅述。《宋會要輯稿考校》出版以後,受到了國內外同行專家的充分肯定,並且獲得了河南省優秀科研成果二等獎;1995年,又獲得了首屆全國高等學校人文社會科學研究優秀成果二等獎,這是1979年以後15年間全國文科研究成果首次評獎,該書與漆俠先生的《宋代經濟史》、吳天墀先生的《西夏史稿》是宋史和西夏史研究方面僅有的獲獎著作。

在我攻讀碩士研究生期間,王師指導我選擇了宋朝官僚制度作爲主要研究方向;後來攻讀博士學位時,漆俠師讓我繼續堅持了這一研究方向。宋代官制的史料浩如烟海,《輯稿》

---

① 河南大學出版社,2006年。

職官部分的史料相對集中,可信度高,是我經常要查閱的,因此《宋會要輯稿考校》是我案頭常用的工具書,我在享用其便捷時,在腦海中經常會浮現出王師伏案筆耕的身影,內心充滿無限敬意。因爲,從王師母和姚師的介紹中我得知,王師是在中國經濟生活極爲匱乏的 20 世紀 60 年代初開始《輯稿》研究的。1957 年,王師在政治上被錯誤處理,曾經下放到農場勞動,四年後才回到單位資料室工作。家里房屋簡陋,生活條件艱苦,糧、油、煤等都是按計劃供給。在最困難的年代,爲了照顧體力嚴重透支的王師,王師母總是以稀飯、野菜果腹,每天省出一個饅頭,積攢到周日,給從農場勞動改造回來的王師充饑。在此期間,王師積勞成疾,得過肝炎、腎炎、气管炎、胃穿孔等多種疾病,身體受到嚴重摧殘。即使這樣,在閱讀與整理《輯稿》的工作開始後,他非常投入地鑽了進去。一個個酷暑嚴冬,他白天從事教研室安排的其他工作,夜晚伏案挑燈;夏天光着膀子、汗流浹背,冬天身裹棉衣、凍僵手脚,仍持之以恒。經過前後二十余年的努力,才有了以《宋會要輯稿考校》爲代表的一系列成果奉獻給學界。

現在,我們的生活條件大大改善,有時真是難以體會:老師那種執着精神的動力是什麽呢?是對職業的無私奉獻的精神,是追求學術上至真至善至美的大愛精神,還是發現問題并解決問題後難以言狀的欣慰?我不得而知。但是,有一點對我印象非常深刻:王師從不怨天尤人,做什麼事都勤勉認真,一絲不苟,總是以積極向上、不斷進取的精神狀態面對生活,并感染他周圍的每一個人。

《宋會要輯稿考校》第一版是 20 年前面世的,早就銷售一空,這次再版意義重大。因爲,國内另一位研究《輯稿》有突出

再版感言

貢獻的專家、中國社會科學院陳智超先生，對《輯稿》及《宋會要》的其他存留資料進行系統研究，已經出版了《宋會要輯稿補編》①、《解開〈宋會要〉之謎》②兩書，他復原了《宋會要》的《食貨》和《舉士》的部分目錄，并利用《永樂大典目錄》，對今存《輯稿》"提出盡可能合理的目錄重新編排方法"。③ 在此基礎上，中國社會科學院唐宋遼金史室已經有了系統整理《輯稿》的計劃，四川大學古籍所爲美國哈佛大學和臺灣中研院史語所制作了全文電子檢索的《輯稿》數據庫（可惜大陸學者還看不到），國學網和上海人民出版社也完成了《輯稿》的電腦錄入和初校工作，不久即將公之於衆。另外，《輯稿》的《刑法》有陝西師範大學馬泓波2005年的博士論文進行了整理和研究，河南大學的研究生又重新開始了點校該書的課堂練習。相信本書的出版定能爲將來的整理工作帶來指導和便利，使王師點校整理《輯稿》的未了心願早日實現。

相信王師的在天之靈會爲《輯稿》整理工作的大大進展，和該書更廣泛的被利用而感到安慰的。

2008 年 3 月 26 日

---

① 全國圖書館文獻縮微復制中心出版，1988年。
② 中國社會科學文獻出版社，1995年。
③ 王曾瑜：《宋史研究的回顧與展望》，載《歷史研究》1997年4期，第156頁。